DAXUE TIYU YU JIANKANG JIAOCHENG

大学体育与健康教程

主　编　王春华　杨通平　李丹捷

副主编　蒲西安　李　刚　彭雪玲　王　颖

江苏大学出版社
JIANGSU UNIVERSITY PRESS
镇　江

图书在版编目(CIP)数据

大学体育与健康教程 / 王春华，杨通平，李丹捷主编. — 镇江 ：江苏大学出版社，2018.9(2024.8 重印)
ISBN 978-7-5684-0942-1

Ⅰ. ①大… Ⅱ. ①王… ②杨… ③李… Ⅲ. ①体育—高等学校—教材②健康教育—高等学校—教材 Ⅳ. ①G807.4②G647.9

中国版本图书馆 CIP 数据核字(2018)第 204014 号

大学体育与健康教程

主　　编/王春华　杨通平　李丹捷
责任编辑/徐　婷
出版发行/江苏大学出版社
地　　址/江苏省镇江市京口区学府路 301 号(邮编：212013)
电　　话/0511-84446464(传真)
网　　址/http://press.ujs.edu.cn
排　　版/镇江市江东印刷有限责任公司
印　　刷/四川煤田地质制图印务有限责任公司
开　　本/787 mm×1 092 mm　1/16
印　　张/14
字　　数/330 千字
版　　次/2018 年 9 月第 1 版
印　　次/2024 年 8 月第 6 次印刷
书　　号/ISBN 978-7-5684-0942-1
定　　价/35.00 元

序　言

树立健康第一的思想，培养良好的体育锻炼习惯，掌握科学的体育锻炼方法，是我国当前大学体育的总体目标；对于提高大学生个人身体素质，进而提高全民族体质，具有特别重要的意义。中共中央、国务院《关于深化教育改革，全面推进素质教育的决定》明确指出："健康体魄是青少年为祖国和人民服务的基本前提，是中华民族旺盛生命力的体现，学校教育要树立健康第一的指导思想，切实加强体育工作。"国务院批准颁发的《学校体育工作条例》中明确规定："普通高等学校的一、二年级必须开设体育课。普通高等学校对三年级以上的学生开设体育选修课。""体育课是学生毕业、升学考试科目。"该规定充分体现了体育与健康课程在人才培养中的地位和重要意义，同时也为高校体育与健康课程建设指明了方向。

"大学体育与健康教程"是以增进大学生身心健康为主要内容的一种特殊的教育课程，通过体育与健康教育课程的教学活动，使学生了解体育的本质与功能，明确体育的目的和身心健康的系统知识，构建自身全面发展的合理机制；使学生懂得现代人才理念中"学会健康"是"学会生存、学会学习、学会做人、学会生活和学会创造"的基础；使体育与健康成为人们终身生活中不可分割的部分。"大学体育与健康教程"是我国高校教学计划中开设的基本课程之一，它与德育、智育、美育等课程相结合，共同促进大学生的身心健康发展，完成高等学校教育任务。《大学体育与健康教程》是普通高校体育课及课外有目的、有组织地进行体育学习和锻炼活动的目标体系，是体育教师教学与学生学习和锻炼活动的总体规划依据。

为了加强大学体育与健康教育课程建设，提高教学质量，我们组织常年工作在教学一线的教师认真学习领会"学校体育卫生工作应树立健康第一的指导思想"的内涵和要求，根据《全国普通高校体育课程教学指导纲要》的基本要求，结合当代大学生的体育兴趣爱好和氛围，以及经济条件、地域特征、体育装备设施等实际，注重科学性、系统性、民族性和实用性的相对统一，以四川城市职业学院"大学体育与健康课程"教育教学改革为平台，编写了《大学体育与健康教程》。

本书以《全国普通高校体育课程教学指导纲要》为指导，以增强学生体育与健康意识、发展学生体育与健康知识和基本活动能力、培养学生终身体育意识、养成良好的体育锻炼习惯为主线，详细介绍了大学生应了解和掌握的体育与健康教育、运动与营养等基本知识和基本技能，突出各体育项目包括部分民族传统体育项目的基本知识和基本技术，同时，对一些时尚运动和休闲娱乐运动项目也做了详细介绍，内容丰富，通俗易懂。在编写指导思想上着重强调了教材内容的实用性，以突出课程的实践性。

本书是四川城市职业学院体育与健康课程教学改革的主要成果，由王春华、杨通平、李丹捷担任主编，蒲西安、李刚、彭雪玲、王颖担任副主编。全书由王春华统稿。

本书的编写及出版受到四川城市职业学院的高度重视并提供资助，在此表示诚挚谢意。

在编写过程中，我们参阅了大量的文献资料，借鉴了许多著作的精华。在此，向各位专家一并表示谢忱。由于编者理论修养和实践经验所限，书中难免存在疏漏之处，敬请广大师生和教育界的同行批评指正。

编　者

2018 年 6 月

目　录

第三篇　职业体能训练

第一篇

基础理论

第一章　体育与健康概述

第一节　体育概述

一、体育的概念

19 世纪 50 年代以后，由西方传入的“体育”（physical education），按其译意是指：同维持和发展身体的各种活动有关联的一种教育过程。近几十年来，随着社会的进步和体育实践的不断发展，出现了体育教育、竞技运动和身体锻炼三个既有区别又互为联系的内容，并逐渐形成与教育和文化相并列的新体系。根据我国体育发展的特点和规律，“体育”一词有狭义和广义两种用法。用于狭义时，主要指体育教育；用于广义时，一般指体育教育、竞技运动和身体锻炼。其含义是指：体育是一种特殊的社会现象，作为有意识的社会和教育过程，其实质包含了体育教育和体育运动这两层含义。它受一定的社会政治、经济的影响和制约，也为一定的政治和经济服务。

按此理解，体育是以发展身体，增强体质为基本特征的，它作为包括体育教育、竞技运动和身体锻炼三方面内容的总称，一方面通过以发展身体为核心的教育过程，承担着人体完美发展、增强体质的重任，并与德育、智育、美育、劳动教育密切配合，共同实现培养全面发展的人才的任务；另一方面则通过以健身、健美、医疗、卫生为目标的竞技运动，达到人体自我完善、挖掘人体内在潜力，并充分发挥它们在建设物质文明和精神文明中的特殊作用。但是，体育的概念并非是一成不变的。随着社会的不断发展和进步，人们对体育的认识也在进一步深化。

二、体育的分类

由广义体育的概念表明，不同内容和范围的“体育”，它们都以身体运动为基本手段，都要全面发展身体和增强体质，都有教育、教学和竞赛等因素。但根据目的、对象和社会施予的影响不同，目前普遍认为，体育可由学校体育、竞技体育和社会体育三个部分组成。

（一）学校体育

学校体育是学校教育的重要组成部分，也是全民体育的基础。它作为教育和体育的交叉点和结合部，又是国家体育事业发展的战略重点。为了达到教育、教养及发展身体的总目的，根据不同层次的学校的体育阶段和学生年龄特征，通过体育课程、课余体育训练及课外体育活动这三种基本组织形式，围绕“增强体质”这个中心，全面实现学校体育的各项任务。由于它处在学校这个特定的领域，实施内容被纳入学校的总体计划，实施效果又有相应的措施予以保证，从而与其他教育环节共同构成一个完整的教育过程，使学生在德、智、体、美等方面得到全面发展。

随着体育的不断社会化、娱乐化和终身化，以及竞技体育的发展，从提高学校体育的要求考虑，现代学校体育既要注重增强体质的近期效益，又要着眼于将来学生对“享受”和“发展”的需要。为此，学校体育在充分注意体现现代体育主要特征的基础上，还必须拓宽体育的社会渠道，满足个人体育兴趣和爱好，启发学生主动参与体育的意识，讲究体育锻炼的科学性，不断提高体育欣赏水平，并创造条件为国家输送和培养竞技体育人才，以适应当代社会和青年对精神、文化生活日益增长的需要。

（二）竞技体育

竞技体育亦称竞技运动，是指最大限度地挖掘体力、智力与运动才能，以取得优异的成绩为目标而进行的科学训练和各种竞赛活动。竞技体育在现代奥林匹克运动会的推动下，已有50多种用于国际比赛的运动项目，并设有相应的国际组织和单项运动协会。当前，随着竞技水平的不断提高，为了应付日趋激烈的赛场竞争，正广泛采用先进的科学训练和手段，以探索人类运动的极限。

值得注意的是，随着社会经济逐渐繁荣，生活水平不断提高，具有竞技体育特点的群众性竞赛活动的开展也日趋频繁，参加这些竞赛活动的对象和层次水平不同，其中一些有规则约束的竞赛逐渐向以取胜为目的的方向转移，从而不断扩大了竞技体育的领域。由于竞技体育的表演技艺高超、竞争性强，且极易吸引广大观众，因此，它作为一种极富感染力，又容易传播的精神力量，在活跃社会文化生活、振奋民族精神、提高国防威望，促进各国人民之间的友谊和团结等方面，都有着特殊的教育作用。

（三）社会体育

社会体育也称为大众体育，是指以健身、娱乐、休闲、医疗和康复为目的的体育活动。国内外经常提到的娱乐体育、休闲体育、余暇体育、养生体育或医疗体育均可列入此范畴。由于它吸引的对象主要为一般民众，包括男女老幼及伤病残者，活动领域遍及整个社会乃至家庭，所以堪称活动内容最广、表现形式最新、趣味性最强、参加人数最多的一项群众性体育活动。它作为学校体育的延伸，可使人们的体育生涯得以继续维持。

社会体育开展的广泛性和社会化程度，取决于国家经济、生活水平、余暇时间及社会环境。从世界发展趋势来看，社会体育作为现代体育发展的重要标志，无论普及程度、开展规模，都不亚于竞技体育，已大有跃居为第一股国际体育力量的趋向。

三、体育的功能

随着社会的不断进步和人类需求层次的不断提高，人们对体育功能的认识更加深刻。具体来说，体育具有以下6大功能。

1. 健身功能

“强身健体”是体育最主要的本质功能。体育以身体运动为基本表现形式，由它构成的体育锻炼过程，给予各器官系统以一定的强度和量的刺激，使身体在形态结构、身体机能和生物化学等方面发生一系列适应性反应。这种“适应性反应”对机体产生的积极性影响，有利于促进健康和增强体质。

体质作为体育科学中的一个基本概念，指的是人体的质量。它是在先天遗传和后天获得的基础上，表现出来的形态结构、生理功能、身体素质、适应能力和心理因素综合、不断发展相对稳定的特征。体质与健康两者之间既有联系又有区别。如果把健康作为评价体质状况的基本条件，那么体质则是健康的物质基础。

在现实生活中，体育对增强体质的作用是显而易见的。科学的体育锻炼，在改造人体器官系统方面，不仅有利于人体骨骼、肌肉的生长，促使形态与内脏器官正常发育，而且经常从事体育锻炼，还能提高人体对外界的适应能力，改善血液循环系统、呼吸系统、消化系统、排泌系统的机能状况，使组成这些系统工作的器官，在构造上发生变化，在功能上得到加强，从而提高人的“防卫体力”。另外，系统地进行体育锻炼，对提高肌肉力量、耐久力、敏捷性、平衡性、灵巧性及调节能力等基本身体素质所起的作用也是十分明显的。正是因为这些支配人们活动能力的“行动体力”得到发展，使之有可能充分发挥人体的潜在功能，改善人体对环境的适应能力，乃至弥补人体内部许多不健康因素。

总而言之，人体在体育锻炼的影响下，无论是由骨骼、肌肉改善引起的形体变化，由消化能力提高对营养物质的消化与吸引，由心肺功能加强而出现的“节省化”现象，或是由中枢神经所引起的良好的调节作用等，都促进了人的生长发育，提高了有机体的运动能力和适应能力，最终获得强身健体、调节身心、防病治病和延年益寿的综合效果。

2. 教育功能

教育功能是体育最基本的派生功能，就其作用的广泛性而言，它对人类社会产生的影响，是体育的其他社会功能所无法比拟的。尽管世界各国的社会制度、政治观点和意识形态不尽相同，却都十分重视发挥体育在教育中的作用。体育作为一种特殊的社会现象，不仅本身是学校教育的重要组成部分，而且对整个社会也会产生深刻的影响。

3. 娱乐功能

当今世界随着体育运动技术向高、难、尖的方向发展，由它显示的优美造型、和谐的韵律、鲜明的节奏、高超的技艺和巧妙的配合等，给人以健、力、美的享受，愈来愈多地吸引人们自觉地投身其中。应该指出，体育、娱乐是两个互为区别又有联系的范畴，但目前已有迹象表明，娱乐为了更有效地发挥自身的作用，已开始加快向体育领域渗透的步伐，使一些娱乐项目逐渐向运动项目转化。人们为领略生活乐趣，逐渐将注意力转向娱乐体育时，标志着体育正悄然向消遣形态转移，致使现代体育的娱乐功能变得更加突出。

4. 军事功能

体育的军事功能，主要是用于战争和训练士兵的需要。

现代社会，由于尖端武器的高速发展，需要士兵在短期内掌握复杂的军事技能，且能有效地加以应用，这就要求最大限度地动员人的精神和身体能力。为此不仅要进行全面体力训练，而且还必须掌握军事需要的专门技巧，如游泳、爬山、攀登、滑雪、划船、跳伞、摔跤、格斗、擒拿、拳击及队列操练等。特别随着部队机动性的提高和新的战略战术的运用，体育与军事结合的项目在不断涌现，使专门为军事服务的“军事体育”应运而生。

5. 政治功能

在国际舆论中，经常宣传体育超脱政治的观点。其实体育和政治的相互联系是客观存在的。一方面，体育在为本国外交政策服务方面所起的政治作用是众所周知的，最典型的事例就是中国的“乒乓外交”，用和平的方式促使中美关系正常化，曾轰动全球，堪称一绝；另一方面，体育在宣传民族自强及爱国主义精神方面所起的政治作用也是不可低估的，在体育比赛中获胜可以提高民族威望，振奋民族精神。

6. 经济功能

体育的经济功能，由体育与经济的互相促进作用所决定。国民经济制约着体育的发展，发展的体育又反作用地促进社会经济的繁荣，由此构成体育经济功能的内涵。

体育的发展对国民经济的直接促进作用。譬如，一场精彩的体育比赛可以吸引成千上万的观众，并直接获取门票收入；一些大型运动会，除可带动旅游、商业、交通、电信和新闻出版等行业的发展，组织者还可通过出售电视转播权，发行彩票、邮票、纪念币，收纳广告费，印刷宣传品等手段，从中获得相当可观的经济效益；重大国际比赛能促进国际旅游业的发展。在高度发达的商品经济社会，体育的经济效益又取决于体育的社会化、娱乐化和终身化的发展程度，以及竞技体育的发展水平。

第二节 健康概述

一、健康的概念

1948 年世界卫生组织（World Health Organization，简称 WHO）在宪章中指出：“健康不仅是没有疾病或虚弱，而是在躯体上、心理上和社会适应能力上达到一个完美的状态。”这种“三维”健康观，是人类在总结了近代医学成就的基础上，对健康认识的一次飞跃性进步。近年来有人主张把道德健康列入健康范畴，即从道德观念出发，每个人不仅对个人健康负有责任，同时也对社会健康承担义务，此所谓“四维”健康概念。当代大学生应从时代和文化高度，从生理、心理、社会、道德四个维度去珍惜生命存在，提高生命质量，创造生命价值。

健康的概念随着人类社会的不断发展而不断地深化，世界卫生组织制定了衡量健康的 10 项标准，包括躯体的、心理的和社会适应的能力 3 个方面，但也存在一定的局限性，大学生应用发展的观点加以对照。

二、健康的内容

人的健康不只是指身体的无疾病状态，而应包括身体健康、心理健康和社会适应 3 个方面。

1. 身体健康

具有强壮的体力和体魄。主要包括生理功能状态良好，没有疾病，并能抵御各种疾病的侵袭，身体发育匀称，体重标准，能适应自然环境的变化。

世界卫生组织制订的身体健康新标准可用“五快”来衡量。“五快”包括：

（1）吃得快：指食欲旺盛，吃得香，不挑食，充分反映胃肠功能完好及机体各系统的协调与统一。

（2）睡得快：指睡得香，睡得快，不择地点、环境，醒后精神饱满、头脑清醒，充分反映神经系统完好及各脏器的协调。

（3）便得快：指大便规律，无便秘，排泄通畅，说明胃肠功能完好及植物神经调节功能正常。

（4）行得快：指步履轻盈，行走自如，活动灵活，充分反映体力强，精力充沛，心肺功能正常。

（5）说得快：指谈话流利、准确、洪亮，反映神经调节功能正常及心肺功能完好。

养生专家们更将躯体健康归纳为“三句话”，即说话洪亮有力、走路轻盈快速及正常的性功能。显然，“五快”也好，“三句话”也罢，都是人体内脏器官功能正常的一些表征与反映，只不过表征与反映的内容多少而已。同学们只要稍加比较，将自己的状态用“五快”与“三句话”加以对照，就会对自己的健康状态有所了解。

2. 心理健康

心理健康指在心理上能够控制自己，能够正确地对待外界的客观影响，并使心理处于平衡状态。

（1）智力正常

智力正常是衡量心理健康的重要标志之一，是正常学习和工作的基本条件，也是一个人与周围环境取得动态平衡最重要的心理保证。智力是指人们的注意力、观察力、思维力、想象力和实践活动能力等的总和。智力正常的人能取得较好的成绩，并从中得到满足和快乐；而智力低下者却很难达到成功，并因此而自卑，陷入痛苦之中。心理健康的大学生应该保持较浓厚的学习兴趣和求知欲望，能克服学习中的困难，保持一定的学习效率，并能从学习中体验到满足和快乐。

（2）适当的情绪控制能力

人不是生活在世外桃源，而是生活在社会这个大环境之中。因此，会遇到各种各样的困难和挫折，产生各种各样的情绪。情绪影响人的健康、工作效率和人际关系。一个人有消极情绪是正常的，也是难免的，关键是如何对待它。心理不健康的人，常会陷入消极情绪不能自拔，心理健康者则善于协调与控制情绪。对于心理健康的大学生来说，他们能协调与控制情绪，能经常保持愉快、开朗、乐观满足的良好心境，并且对生活和未来充满希望。他们虽然也有悲、忧、哀、愁等消极情绪，但能主动调节，能适度表达和控制情绪，喜不狂、忧不绝、胜不骄、败不馁。

（3）正确的自我意识

自我意识是指人对自己及自己与周围世界关系的认识和体验。正确的自我意识是人格的核心，是心理健康的重要条件。心理健康者既能看到自己的长处，也能看到自己的短处。在学习、工作上扬长避短，不断进步，在生活中能与他人和谐相处。心理不健康者往往过分为自己辩护，不愿意充分解剖自己，有时会过分地自我拒绝，甚至认为自己活着都是毫无意义的。心理健康的大学生能够客观地认识和评价自我、他人、社会，具有良好的自我概念。他们既不会自我清高、妄自尊大，也不会自轻自贱、妄自菲薄。他们善于从客观环境中吸取有价值的信息，完善自己，并且自尊自信，对前途充满信心。

（4）具有坚强的意志品质

意志是人的意识形态的集中表现，是人个性的重要支柱。一个心理健康的人在任何时候对生活都能持积极的态度，不仅在顺境中对生活充满希望，而且在逆境中对生活也不会失去希望。面对各种困难，常常能选择积极的适应机制或者通过改变环境、心理咨询等合理方式使自己摆脱困境。心理健康的大学生生活目标明确、合理，自觉性高，意志坚韧，心理承受能力强，既有实现目标的坚定性，又有排除干扰的能力。

（5）具有和谐的人际关系

人际关系状况最能体现和反映人的心理健康状况，和谐的人际关系是心理健康必不可少的条件，也是获得心理健康的重要途径。心理健康的人，乐于与他人交往，建立互助、互爱、互敬的积极的人际关系；能用尊重、信任、友爱、宽容、理解的态度与他人相处；能分享、给予、接受爱和友谊，与集体保持协调的关系。他们在交往中往往善于取人之长，补己之短，且积极态度大于消极态度。如果一个大学生总是将自己困在一个小圈子里，离群索居，在与他人交往中，心中只有自己，而不为他人和集体考虑，或者不能以真诚、友爱、宽容的态度对待他人，就会给自己增添烦恼和痛苦，更谈不上心情愉快和健康。

（6）与社会协调一致

心理健康的人对现实环境会采取积极的适应和改造的态度。他们与社会广泛接触，对社会现状有较清晰的认识，勇于改造社会，从而达到实现自我和奉献社会的统一。心理健康的大学生能和社会保持协调的关系，目标、思想、信念、行为与社会发展的步伐相一致。一旦发现自己的愿望、需要和社会的现实、需要发生冲突，能及时调节自己的愿望和需要，以适应社会的发展。

（7）保持完整与健康的人格

人格是指人的整体精神面貌。人格完整是指人格构成要素的气质、能力、性格、理想和信念等各方面平衡发展。人的心理健康在很大程度上是人格的健康，人格是个人比较稳定的心理特征的总和。心理健康的最终目的是保证人格的完整性，即培养健康的人格。心理健康的人在与他人交往时，能保持完整的人格，不会为了得到对方赞许而丧失自己的人格。

（8）生理的发育符合该阶段的心理特征

人在生理发育的不同年龄段，都有相应的心理行为表现。每个人的言行、举止、情绪、意志、认知都应与他年龄的特征基本相符。心理健康者应具有与同龄多数人相符合的心理行为特征，心理不健康者的心理行为常常会偏离自己的年龄特征。大学阶段是人生思维最敏捷、精力最充沛、情感认知最活跃的阶段。因此，在这个阶段，心理健康的大学生在行为上常表现为朝气蓬勃、精力充沛、反应敏捷、勤学好问、乐观进取、喜欢探索、自我完善，而过于老成、过于幼稚或过于依赖都是不健康的表现。

三、衡量健康的标准

能够建立良好的人际关系，有适应各种复杂环境及其变化的能力。世界卫生组织提出的健康标准如下：

（1）有充沛的精力，能从容不迫地应对日常生活和工作而不感到精神压力；

（2）处事乐观，态度积极，勇于承担责任；

（3）善于休息，睡眠良好；

（4）应变能力强，能适应环境的各种变化；

（5）能抵抗普通感冒和传染病；

（6）体重合适，身材匀称而挺拔；

（7）眼睛明亮，反应敏锐；

（8）头发具有光泽而少头屑；

（9）牙齿清洁无龋，牙龈无出血且颜色正常；

（10）肌肤富有弹性。

四、健康生活方式与健康相关行为

人类的健康受多种因素的影响。有学者报道，美国前10位的死因疾病中，不良行为和生活方式在致病因素中占70%，中国占44.7%。由此可以看出，健康的生活方式在预防疾病、促进健康方面具有很重要的地位。

但因国情不同，健康生活方式的具体内容也有差异，世界卫生组织提出以下5项健康生活方式，建议大学生参照执行：① 不吸烟；② 不酗酒；③ 平衡膳食；④ 锻炼身体；⑤ 心理平衡。

我国专家提倡的健康生活方式有以下8项：① 不吸烟，不酗酒；② 营养适当，防止肥胖；③ 坚持锻炼，劳逸结合；④ 生活规律，善用闲暇；⑤ 心胸豁达，情绪乐观；⑥ 与人为善，自尊自重；⑦ 家庭和谐，适应环境；⑧ 爱好清洁，注意安全。

健康相关行为是指个体或团体的、与健康和疾病有关的行为，常分为两大类，一类是促进健康的行为，另一类是危害健康的行为。

（1）促进健康的行为是指个人或群体表现出的、客观上有利自身和他人健康的一组行为。主要包括日常健康行为、保健行为、避免有害环境行为、戒除不良嗜好行为、预警行为、求医行为、遵医行为、患者角色行为。

（2）危害健康的行为是指个体或群体在偏离个人、他人、社会的期望方向上表现的一组行为。其特点主要表现在以下方面：① 对己、对人、对整个社会的健康有直接或间接、明显或潜在的危害作用；② 对健康的危害有相对稳定性；③ 个体在后天生活经历中习得，主要包括吸烟、酗酒、久坐而不锻炼、药物依赖、不合理饮食、不良进食习惯、驾车和乘机不系安全带等。

第三节　健康教育

一、健康教育的概念及特点

健康教育是指通过信息传播和行为干预，帮助个人和群体掌握卫生保健知识，树立健康观念，自愿采纳有利于健康行为和生活方式的系列教育活动与过程。目的是消除或减轻影响健康的危险因素、预防疾病、促进健康和提高生活质量。

健康教育的特点：① 以预防为主，以增加健康为目标，强调自我保健；② 核心是教育人们树立健康意识，养成良好的行为和生活方式；③ 实质是一种干预，它提供人们行为改变所必需的知识、技术与服务等，使人们面对疾病的预防、治疗、康复等各个层次的健康问题时，有能力自我做出科学的选择；④ 它是一个系统工程，有计划、有组织、有评价，与传统意义上的卫生宣传不同，传统的卫生宣传更多的是知识的单向传播，不注重宣传结果的评价和反馈。

二、健康教育的意义

（1）健康教育是实现人人健康的重要战略措施。通过健康教育，可以解决人们行为和生活方式上存在的影响健康的问题，让人们养成有益的习惯，避免有害行为，预防各种“生活方式病”，从而使自己健康。正因为如此，WHO 将健康教育列为初级卫生保健八项任务之首，并指出健康教育是所有卫生问题、预防方法及控制措施中最为重要的，所以，健康教育是实现人人健康的重要战略措施，同时也是卫生保健事业发展的必然趋势。

（2）健康教育是一项投入少、产出多、效益高的保健措施。健康教育通过传播和教育手段，让人们了解、掌握并自觉利用卫生保健知识，提高自我保健能力，养成健康行为，纠正不良习惯，消除危险因素，防止疾病发生，达到促进人类健康的目标。

（3）健康教育是解决青年大学生健康问题的关键途径。青年大学生健康问题主要表现在对健康概念理解不全面，自我保健意识淡薄，在躯体健康方面自认为年轻、身体好，不太注意改变不良行为和不良的生活方式，存在引起慢性疾病的潜在危险等方面。要解决好以上大学生所遇到的主要健康问题，就要通过健康教育提高大学生的自我保健意识和能力，增强其自觉性和主动性，促进他们在躯体上做到自我保护，在心理上做到自我调节，在行为生活方式上做到自我控制，在人际关系上做到自我调整，以提高大学生的自身健康素质。

三、健康促进的内涵

1995 年，WHO 西太区办事处在《健康新地平线》中指出：“健康促进是指个人与其家庭、社区和国家一起采取措施，鼓励健康的行为，增强人们改进和处理自身健康问题的能力。”由此可以看出，健康促进不仅是卫生部门的事业，而且是要求全社会参与和多部门合作的社会工程。其基本内涵包括 5 个方面：

（1）制定促进健康的公共政策：健康促进的含义已超出卫生保健的范畴，它涉及多个方面，包括立法、财政措施、税收和组织改变。这就要求非卫生部门实行健康促进政策，目的在于使人们更容易做出有利于健康的选择。

（2）创造支持环境：健康促进必须创造一种安全、舒适、满意、愉快的生活和工作环境。系统评估不断变化的环境对健康的影响，以保护自然，创造良好环境，促进人类健康发展。

（3）加强社区行为：健康促进工作是通过具体和有效的社区活动来实现的，必须充分发动社区力量，让居民积极有效地参与卫生保健计划的制订和执行，以达到健康的目标。

（4）发展个人技能：健康促进通过提供健康信息，提高人们做出健康选择的技能来支持个人和社会的发展。促进群众不断地从生活中学习健康知识，有准备地应对人生各个阶段可能遇到的健康问题，并能很好地处理慢性疾病及外伤。学校、家庭、工作单位和社区都有责任帮助人们做到这一点。

（5）调整卫生服务方向：健康促进中的卫生服务责任是由个人、社会、团体卫生专业人员、卫生部门、工商机构和政府共同分担的。他们必须团结协作，共同努力，把一个完整的人的总需求作为服务对象，建立一个有助于健康的卫生保健系统。

第二章　科学体育锻炼

第一节　营养与健康

一、营养素

（一）蛋白质

蛋白质是生命的物质基础，是营养素中的第一要素。人体的一切细胞组织主要由蛋白质组成。蛋白质分子中含有碳、氢、氧和氮，有些含有硫、磷、铁等元素。正常人体中蛋白质占人体质量的16% ~19%，并始终处于不断分解又不断合成的动态平衡之中。

1. 蛋白质的生理功能

蛋白质的生理功能：① 构成和修复组织；② 维持正常的神经功能；③ 形成人体必需的酶和激素及抗体；④ 调节体液平衡，运输各类物质；⑤ 蛋白质还能作为载体，把各类物质通过循环系统运送到人体各部，发挥作用，提供能量。

2. 蛋白质的膳食参考摄入量

中国营养学会（2000）推荐我国居民膳食蛋白质摄入量：成年男性轻体力活动每日75 g，中等体力活动每日80 g，重体力活动每日90 g；成年女性轻体力活动每日65 g，中等体力活动每日70 g，重体力活动每日80 g。

3. 蛋白质的食物来源

蛋白质的主要来源是蛋类、肉类、乳类、豆类及豆制品。

（二）脂肪

脂肪是组成人体组织细胞的一个重要组成部分，占体重的10% ~20%，是体内不可缺少的营养素。

1. 脂肪的生理功能

① 供给热量，维持正常体温：每1g脂肪氧化可产生37.6 kJ（9 kcal）热量，是体内能量密度最大的营养素。脂肪贮存于体内构成体脂，可以起到隔热保温的作用，使体温达到正常和稳定。② 贮存能量：当机体摄入过多能量时，各种产能的营养素都可以脂肪的形式贮存起来，称为贮存脂肪。③ 保护作用：脂肪组织能支撑和保护体内各器官和神经组织，免受外界震动与撞击的伤害。④ 节约蛋白质作用：充足的脂肪可以保护体内蛋白质不被用来作为能源物质，使其更有效发挥其他重要生理功能。⑤ 机体重要构成成分：脂肪是构成细胞的基本原料之一。如细胞膜中含有大量脂类，特别是磷脂和胆固醇，它们是维持细胞正常结构和功能的必要组成成分。

⑥ 特殊作用：增加饱腹感，促进脂溶性维生素的吸收和利用，改善食物感官性状，增加食欲。

2. 脂肪的膳食参考摄入量

中国营养学会（2000）推荐我国居民膳食脂肪摄入量（脂肪能量占总能量百分比），其中成年人为20%～30%。

3. 脂肪的食物来源

脂肪主要来源于食油、动物性食品、坚果类、豆类、蛋黄等。

（三）碳水化合物与膳食纤维

碳水化合物是由碳、氢和氧三种元素组成的化合物，根据其分子结构分成单糖、双糖、低聚糖和多糖。

1. 碳水化合物的生理功能

碳水化合物的生理功能包括供给能量、构成机体的重要组成成分、解毒作用、节约蛋白质作用、维持脂肪的正常代谢。

2. 碳水化合物膳食参考摄入量和食物来源

中国营养学会（2000）推荐碳水化合物适宜摄入量应占总能量的55%～65%。碳水化合物的主要来源是粮食类和薯类、根茎类、蔬菜类、豆类等。粮食类一般含碳水化合物60%～80%，薯类一般含15%～29%，豆类含40%～60%。

3. 膳食纤维及其生理功能

膳食纤维是不能被人体消化道分泌的消化酶所消化的，且不被人体吸收利用的多糖和木质素。其主要生理功能有增加饱腹感，降低对其他营养素或食物成分的吸收，改善肠道菌群，促进排便，防止能量过剩和肥胖。

4. 膳食纤维参考摄入量和食物来源

中国营养学会（2000）推荐中国居民摄入膳食纤维量：低能量膳食（1800 kcal）为每日25 g，中等能量膳食（2400 kcal）为每日30 g，高能量膳食（2800 kcal）为每日35 g。膳食纤维主要来源于植物性食物，如粮食类和豆类的麸皮和糠。

（四）维生素

维生素（见表2-1-1）是维持人体生命活动所必需的低分子有机化合物。它既不参与机体组成也不提供热量，但却在机体代谢、生长发育过程中起重要作用。维生素分为脂溶性和水溶性两大类。脂溶性维生素有维生素A、维生素D、维生素E、维生素K，可溶于脂肪和脂溶剂，缓慢排出体外。水溶性维生素有B族（包括维生素B_1、维生素B_2、维生素B_6、维生素B_{12}）、烟酸、叶酸、泛酸、胆碱及维生素C等，都可溶于水排出体外。

表2-1-1　维生素的主要功能、食物来源及缺乏造成的症状

名称	主要功能	食物来源	缺乏症状
维生素A	维持正常视觉；维持上皮生长和分化；有防癌作用；调节免疫功能	动物肝脏，奶制品，绿叶菜，棕黄色菜	夜盲症，角膜软化症甚至失眠，皮肤干燥与角化症

续表

名称	主要功能	食物来源	缺乏症状
维生素 D	促进钙、磷吸收，调节钙、磷代谢；维持骨骼正常发育	海鱼，动物肝脏，蛋黄，奶油	佝偻病，骨质软化症，骨质疏松症
维生素 E	抗氧化；延缓衰老；保护红细胞完整性	油料种子，植物油，坚果类	早产
维生素 K	参与凝血因子的羧化修饰	绿叶蔬菜	凝血因子异常
维生素 B_1	参与物质代谢和能量代谢	未经加工的粮，谷类	脚气病
维生素 B_2	参与体内生物氧化与能量生成；抗氧化作用	动物内脏，蛋类，奶类，肉类	口角炎，舌炎，皮炎，角膜炎，阴囊炎，脂溢性皮炎
维生素 B_6	参与氨基酸、糖及脂肪的代谢；维持神经系统健康	白色肉类，肝脏，蛋黄，豆类	口炎，口唇干裂，小细胞贫血
维生素 B_{12}	参与蛋氨酸的合成；参与脂肪酸代谢	肉，贝，鱼，禽类	巨幼红细胞贫血，神经系统损害
维生素 C	抗氧化；促进铁的吸收；转运储备	新鲜蔬菜和水果	坏血症，齿龈肿胀，牙龈出血
叶酸	参与氨基酸代谢；参与核酸合成；参与血红蛋白几重要的甲基化合物合成	动物肝脏，肾脏，蛋类，鱼类，豆类	巨幼红细胞贫血，自发性流产，胎儿神经管畸形

（五）*矿物质*

人体组织中几乎含有自然界存在的所有元素，其组成与地球表层元素组成基本一致。目前人体内可检出 70 多种元素，除碳、氢、氧和氮主要以有机化合物形式存在外，其余的统称为矿物质（无机盐）。矿物质与其他有机营养素不同，不能在体内生成，且在体内分布极不均匀。人体所含矿物质中含量大于体重的 0.01%，每人每日需要量在 100 mg 以上的元素，称为常量元素，包括钙、磷、钾、钠、硫、氯、镁 7 种；含量小于体重的 0.01%，每人每日膳食需要量为微克至毫克，称为微量元素。

常量元素和微量元素主要来源于食物和水，在体内都有适宜的浓度范围。在此范围内有益于人体正常的生理活动，缺乏和摄入量过多都会导致疾病的发生和发展。尤其微量元素在体内的含量以微克或毫克来计，膳食以外的补充必须谨慎。1995 年 FAO/IAEA/WHO 的专家委员会确定了 10 种人体必需微量元素，即碘（I）、锌（Zn）、硒（Se）、铜（Cu）、钼（Mo）、铬（Cr）、钴（Co）、铁（Fe）、锰（Mn）、氟（F），如表 2-1-2 所示。

表 2-1-2　主要矿物质的功能、来源、主要症状及膳食参考标准

名称	主要功能	主要食物来源	主要症状	膳食参考标准
钙	形成和维持骨骼和牙齿的主要成分；维持神经和肌肉活动；参与多种酶活性调节；维持细胞膜的稳定性和通透性	奶及奶制品，海产品，豆类	缺乏引起骨骼牙齿发育不正常，佝偻病，骨质疏松病，肌肉痉挛；过量可增加肾结石的危险性，还可以形成奶碱综合征	青少年每日 1000 mg，成人每日 800 mg
磷	构成骨骼和牙齿细胞核蛋白的主要成分	瘦肉，蛋，奶，动物的肝、肾，海带	一般不易发生缺乏，缺乏时易造成佝偻病样骨骼异常	青少年每日 1000 mg，成人每日 700 mg
钾	维持细胞的正常渗透压；维持心脏的正常功能；参与蛋白质、碳水化合物与热能代谢	蔬菜和水果	钾过量导致高钾血症，甲缺乏导致低甲血症	每日 1.6～2.0 g
钠	维持体内水与渗透压；维持酸碱平衡；维持正常血压	食盐，咸菜，腌制食物	钠缺乏导致低钠血症，过量导致高钠血症	成人每日 2200 mg
铁	血红蛋白，肌红蛋白，细胞色素酶及某些呼吸酶的主要成分	黑木耳，猪肝，桂圆，虾米	缺乏会引起营养缺乏病，缺铁性贫血，铁中毒最常见的是消化道出血	成人男性每日 15 mg，成年女性每日 20 mg
锌	促进生长发育和组织再生；促进性器官和性功能正常发育；促进食欲；参与血免疫功能	牡蛎，海蛎，鸭子，生蚝	缺乏引起食欲不振，性成熟和第二性征发育不良及障碍	成年男性每日 15 mg，成年女性每日 11.5 mg
碘	参与甲状腺的生成	海产品	缺乏导致呆小症，过量导致甲状腺功能亢进	成人每日 150 μg
硒	抗氧化作用；抗肿瘤作用；免疫作用	海洋食物和墨鱼，鱿鱼，动物肝，肾，肉类	缺乏导致克山病，大骨节病；过量中毒导致脱发，甚至偏瘫	每日 50 μg
铜	维持正常的造血功能；维持骨骼，血管和皮肤的正常结构；保护毛发正常结构和色素	贝类，动物肝，肾，豆类，坚果类	缺乏对心血管系统、造血系统、中枢神经系统有影响	每日 2 mg
铬	参与糖和脂类代谢	整粒的谷类，豆类，肉和乳制品	缺乏是糖代谢、脂代谢紊乱的危险因素之一	每日 75 μg
锰	参与能量骨骼形成、机体代谢及性激素和某些酶的合成	谷类，水果	缺乏导致机体的修复功能发生障碍，出现营养不良，发育迟缓	每日 3.5 mg
氟	是骨骼和牙齿是重要组成部分	水，茶叶	缺乏引起骨质疏松，过量导致氟骨病	每日 1.5～2.0 mg

（六）水

水是生命的源泉，是人类机体赖以维持最基本生命活动的物质，是一种重要的宏量营养素。在人体组织中，血浆中90%是水，肌肉中的水占72%，骨骼内含25%的水。水不仅可作为各种物质的溶媒，而且参与细胞代谢，也构成细胞赖以生存的外环境。

1. 水的生理功能

① 水的溶解力强，是一切营养素和代谢废弃物的溶剂；② 水是体温调节因子，在体内热量分布和体温调节中起重要作用，可维护机体正常体温；③ 水是人体自备的润滑剂，可使固体物质之间滑动更容易，关节运动更自如，在体内起到润滑剂的作用；④ 水在体内直接参加氧化还原反应，促进各种生理活动的正常进行，没有水，一切代谢活动就终止了；⑤ 水参与构成组织。

2. 水的来源和需要量

正常情况下，机体每天会通过尿液、汗液等排出一部分水，同时机体又通过饮水、饮料及食物摄入一定量的水，以维持体内的水平衡。人体所需的水主要来源于3个方面：首先是饮用水和各类饮料；其次是固体食物，多数固体食物含水量在50%以上，尤其是蔬菜、水果，含水量达85%～95%；最后是代谢水，碳水化合物、蛋白质、脂肪等物质在体内氧化的最终产物是二氧化碳和水，这种代谢水可被机体再利用。

水的需要量受年龄、体力活动、环境温度、膳食、疾病等诸多因素影响。一般情况下，人体的最低水需要量是每天1500 mL，成人每千克体重需水量为30 mL。由于人体胃对水的吸收率是每小时800 mL，如果每小时饮水量超过800 mL，则超出的部分将不能被吸收。另外，任何原因造成人体内水分增加超过正常水平的10%或以上时，都会出现水肿。水分丢失过多或摄入过多均可对机体产生不利影响。

二、大学生的合理膳食和营养

我国大学生的年龄一般在18～25岁，处于青春发育后期与青年初期阶段，活泼好动、活动量大，加上繁重的脑力劳动、紧张的学习等，是一生中各种营养素的需要量最大的时期。在这个阶段，大学生对进食的需求表现为既要热量充足、营养齐全、进餐规律来满足身体需求，又要择食合理、摄食适度、个体有别来满足每个学生学习、交往和社会活动的需要。

（一）营养需求的标准

大学生每日营养需要的标准相当于一个成年人的中等劳动需要量（见表2-1-3）。

表2-1-3　中国营养学会推荐大学生每日膳食中营养供给量（男：63 kg体重；女：53 kg体重）

热能/（kcal/MJ）	蛋白质/g	脂肪/g	钙/mg	铁/mg	锌/mg	硒/ng	碘/ng	维A/ng	维D/ng	维E/ng	维B_1/mg	维B_2/mg
男 3000（12.6）	90	70	800	12	15	50	150	800	5	10	1.5	1.5
女 2700（11.3）	80	60	800	18	15	50	150	800	5	10	1.4	1.4

（二）合理膳食构成

膳食构成是指人们摄入的主要食物种类和数量的组成，是衡量一个国家和地区农业水平和国民经济发展程度的重要标志。膳食结构主要取决于人体对营养素的生理需求和生产供应条件决定的提供食物资源的可能。合理膳食指人们通过膳食得到保证人体生理需要的能量和营养素，并且在各种营养素间建立起一种生理上的平衡。它是健康的基础，达到合理膳食的唯一途径是平衡膳食。平衡膳食是指膳食中所含的营养素种类齐全、数量充足、比例适当，膳食中所供给的营养素与机体的需要，两者能保持平衡。

中国营养学会根据平衡膳食的原则，提出《中国居民膳食指南》：① 食物多样、谷类为主；② 多吃蔬菜、水果和薯类；③ 每天吃奶类、豆类或其制品；④ 经常吃适量的鱼、禽、蛋、瘦肉，少吃肥肉和荤油；⑤ 食量与体力活动平衡，保持适宜体重；⑥ 吃清淡少盐的膳食；⑦ 饮酒应限量；⑧ 吃清洁卫生、不变质的食物。

（三）大学生健康饮食习惯

1. 大学生常见的不良饮食行为

① 进食不规律：时而暴饮暴食，时而忍饥挨饿，饥饿多半是因为睡懒觉、错过进餐时间；暴饮暴食多发生在同学聚餐等场合，这种饮食方式会使人体消化器官的功能紊乱，使机体代谢功能失去平衡，导致疾病。② 盲目节食：多发生在女大学生。为了身材苗条，过度节食，使摄入的热量不能满足生理、身体生长的需求，导致人体多种形式功能障碍或疾病产生。③ 高蛋白、高脂肪饮食：大量食用牛奶、鸡蛋、面包等高能、高蛋白的饮食，造成消化不良和营养过剩。④ 不卫生的“共食”现象：“共食”是一种不良的饮食习惯，极易导致甲型肝炎、细菌性痢疾等肠道传染病的传播，大学生应尽量避免。⑤ 偏食：部分学生凭个人饮食喜好长期只吃一种或几种食物，导致体内营养素不平衡。例如，有的大学生长期不吃肉，导致体内优质蛋白质不足，造成发育迟缓或发育不良；有的大学生偏爱吃荤，不吃蔬菜，导致体内油脂过量，维生素、矿物质不足，对身体造成伤害。

2. 培养科学的饮食习惯

① 合理安排三餐：一日三餐按照我国人民的进餐习惯，一般两餐之间的间隔时间以 4 ~6 小时为宜，三餐的热量分配要能满足学习、劳动和生理的需求。建议早餐占全天总热量的 25% ~30%，蛋白质、脂肪食物比例应多一些；午餐占全天总热量的 40%，糖、蛋白质和脂肪的供给占主体；晚餐占全天总热量的 30% ~35 %，以含糖多的食物为主。② 合理营养配餐：注意食物品种全面搭配和多样化，每天以粮谷类为主，多吃蔬菜、水果及豆制品，尽量坚持喝牛奶或豆奶，经常吃鱼、禽、蛋、瘦肉等。每天热量结构建议碳水化合物占总热量的 60% ~70%，蛋白质占总热量的 10% ~15%，脂肪占总热量的 20% ~25%。同时在饮食上还要注意营养合理，不要吃太咸、太油腻及过多油炸、烟熏的食物。大学生应注意不饮酒、不抽烟，不吃不洁及变质的食品，保证饮食卫生。由于大学生学习任务很重，一般晚上睡觉很晚，如有条件可以给学生适当增加夜宵，保证学生身体健康。

第二节　体育锻炼过程中的常识

一、科学合理地参加体育锻炼

参加体育锻炼要讲究科学，只有合理地参加运动，科学健身，才能达到预期的锻炼效果。

1. 了解自己、实事求是

在参加体育锻炼前，要对自己的体能水平和健康状况有比较充分的了解，以便能够根据自己的实际情况，有针对性地进行锻炼，从而改善自己在体能和健康方面的不足。如果患有某些疾病（如心脏病、高血压、贫血等），还需要向医生或保健人员咨询，以免出现损害健康等不良后果。

2. 树立信心、积极进取

参加体育运动之前，要注意根据自己的体能、技能和健康水平的实际情况，确立明确、具体的目标。大学生参加体育锻炼应该积极主动，要充分认识到未来的竞争是人才的竞争，而健康又是人才素质中的基本要素，增进健康不仅是个人的需要，也是时代赋予大学生的使命。自觉、积极地参加体育锻炼有利于克服惰性，培养不怕挫折、克服困难的信心和毅力。

3. 全面锻炼、注重实效

人体是一个完整统一的有机体，各部位、器官和系统的功能之间，各种身体素质和基本活动能力之间，存在着相互影响、相互制约、相互促进的内在关系。体育锻炼可以使人体在形态、技能及心理品质等方面得到全方位的和谐发展。大学生在选择项目上要注意多种运动项目和健身方法的结合，全面锻炼，以便更好地促进人体的生长发育和身体全面、协调发展。在健身的同时，还要注意健心，加强意志品质的培养，并提高对自然环境的适应能力，以全面增进健康。

4. 运动有恒、贵在坚持

锻炼要想取得效果必须持之以恒，“一曝十寒”式的锻炼往往收效甚微。用进废退，只有经常、有规律地坚持锻炼，体能、运动技能和健康水平才会得到提高。

5. 因人而异、循序渐进

大学生的日常锻炼，可以根据性别、体格、基础条件选择适当的项目。每个人的运动量、锻炼的密度、计划进程应该与自己的能力和个人兴趣相适应。体能、运动技能和健康水平的提高是一个渐进的过程，绝非一日之功。如果锻炼的效果不明显，则既不能灰心丧气、半途而废，也不可急躁冒进、盲目蛮干，而应该针对自己的情况设置目标，合理安排运动负荷，循序渐进，不断提高。

6. 运动有度、避免疲劳

大学生在运动中要学会对控制运动量，运动要适度，在锻炼中学会观察、判断：自己的主观感觉是否有明显的不适；面色是否变红；肌肉是否僵硬；心率是否加快；情绪是否安宁；注意力是否集中；等等。对于过度疲劳的状况，要学会及时处理，这样可以避免对个人健康的损害。疲劳时，应减少锻炼的负荷，甚至暂时中断锻炼，以消除疲劳，保护健康（见表 2-2-1）。

表 2-2-1 疲劳程度的自我估计

项目	轻度疲劳	中度疲劳	重度疲劳
主观感觉	无任何明显不适	明显疲乏、心悸，休息后一天内能恢复	除明显的疲乏、心悸外，有胸闷、头胀痛的情况，并持续较久，休息 24 小时尚不能恢复
面色	稍 红	明显红	十分红，甚至呈紫色或苍白
出汗量	不多并与运动负荷相当	甚多，特别是肩背部分	非常多，常是全身出汗，有出冷汗的现象
呼吸	稍增加，休息片刻后可恢复	显著加快，休息后恢复时间较长	呼吸浅而频（急促），并可伴有节律不齐
注意力	如常态	注意力不易集中	反应迟缓，有时需大声嘱咐方可接收
动作	步态轻稳如常	步态拖沓，行走摆动	动作不协调，步态明显缓慢，动作节奏紊乱

二、运动处方的内容

1．运动强度

这里介绍用心率来掌握和控制运动强度的方法。

芬兰的卡沃宁（Karvonen）提出了一个发展最大吸氧量锻炼强度阈的计算公式，只要将自己的年龄及安静时的心率代入公式，所得数字就是锻炼中的强度阈值（适宜的心率）。

有氧训练强度阈（每分钟心率次数）＝安静心率＋［（220－年龄）－安静心率］×60%

比如，一个安静心率为每分钟 70 次的 20 岁大学生，发展有氧能力锻炼的强度阈值为

70＋［（220－20）－70］×0.6＝70＋78＝148 次/分

也就是说，这位大学生在从事发展有氧代谢能力的锻炼时，心率应达每分钟 148 次左右。

2．麦氏强度范围

生理学家麦卡德尔（Mcardle）提出了一个不同年龄的人在进行有氧锻炼以发展最大吸氧能力时可行的强度范围。这一强度范围的优点在于考虑到锻炼者的个体差异，即使同年龄和安静心率相近的人，其体质和训练水平可能也有差异，因此在强度阈值上也有所不同，麦卡德尔称这一强度范围为发展有氧能力强度的“有效感受带”范围（见表 2-2-2）。在这一范围内，体质差的可按低限阈值进行锻炼；体质好的、有训练者可选择适合自己的锻炼强度。

表 2-2-2 增进最大吸氧量的锻炼强度有效感应带

年龄/岁	20	25	30	35	40	45	50	55	60	65
感受带的心率范围/（次/分）	140～148	136～176	133～171	129～166	126～162	121～156	116～149	112～144	108～139	105～135

3. 一次锻炼持续时间

作为增强人体有氧工作能力的锻炼，一次锻炼至少持续 5 分钟以上。一些研究表明，每天运动持续 30 分钟，几星期后就可见到有氧能力明显增强的效果。

4. 锻炼频度

锻炼频度指每星期锻炼几次。一般人的健身锻炼，可以每星期锻炼 3 次（隔天一次）。研究表明，如果每周锻炼少于 3 次，效果就不显著。如果时间充沛的话，每周可锻炼 4～5 次，甚至每天锻炼。

三、运动处方的制定

根据自己的身体状况、现有条件及一定的目的和需要来选择可参加的、自己喜欢的运动项目。例如，健身操，包括音乐伴奏下的徒手操、健美操、器械操等；各种有氧运动，包括走步、游泳、登山、太极拳、交谊舞等。

1. 发展心肺功能的运动处方

要达到心肺耐力的练习效果，必须遵循以下的 FITT 原则：

F（频次）—— 每周 3～5 次。

I（强度）——（220 - 年龄）×60%～90% 的目标心率。

T（时间）—— 持续 20～60 分钟。

T（运动类型）—— 步行、慢跑、单车、游泳、划艇、爬楼梯等全身性大肌肉的持续性运动。

一周进行 2 次锻炼可增强心肺适应能力，锻炼 3～5 次可使心肺达到最大适应水平，且受伤的可能性减小，但一周锻炼超过 5 次并不能引起心肺适应水平的进一步提高。

在确定运动强度时，常用心率表示运动强度，只有超过一定强度的运动才能有效地引起机体的适应，该强度所对应的心率为目标心率。目标心率常以最大心率的百分比表示，目前推荐的运动强度范围为 60%～90% 最大心率。

计算心肺耐力的目标心率区域公式：目标心率区域 =（220 - 年龄）×60%～90%。例如：张红 20 岁，其目标心率区域 =（220 - 20）×60%～90% = 120～180 次/分。

每个人的适应水平和运动强度不同，故锻炼持续时间也应有区别。对于一个适应水平较低的锻炼者而言，20～30 分钟就可提高心肺适应水平，而对于适应水平较高的锻炼者可能需要 40～60 分钟。

凡是有大肌肉群参与的、慢节奏的持续性运动都可作为锻炼方式。按照自己的兴趣选择喜欢的运动，另外要考虑可行性和安全性。对于容易受伤的人，最好选择冲击力小的锻炼方式，而很少受伤的人可任意选择锻炼方式。

相关研究：经常参加体育锻炼的人，心肌细胞能获得更充足的氧气及营养供应，因而心脏细胞产生营养性肥大，使心脏重量增加，容积增大，搏动有力。一般人的心脏质量约为300克，而运动员可增重至400～500 g；一般人心容积约为750 mL，而运动员可达1000 mL以上。生理学家曾对一些40～80岁坚持长跑锻炼的人心脏做过检查，发现由于长跑锻炼的良好作用，这些人的心脏无论大小和功能均类似于不从事锻炼的20岁左右人的心脏。一些专家认为，坚持运动起码可使心脏推迟衰老10～15年。

2. 发展肌肉力量的运动处方

（1）重量/阻力训练用语

① RM——最高重复次数。在力量练习中常用RM表示运动强度，而不是用心率加以推测。指某一特定重量最多完成的次数，RM仅代表能最多连续重复举起的重量，而不是反映重量的绝对值。如：甲的5 RM可能是50千克，乙的5 RM可能是100千克。

② ET——组数：负重练习的持续过程不是用时间单位来表示，而是用组数来表示。指一个动作连续地完成了指定的次数，才可稍作休息。如练习者对某一重量只能连续举起10次，那么10次就算一组。

③ REST——组间休息时间：指某个动作完成一组后，在另一组同样的动作开始前的休息时间。

（2）肌肉力量锻炼的FITT原则

① F（频次）—— 每周1～2次。

② I（强度）—— 选择8～12个主要肌肉群练习，以8～12 RM的重量或阻力做8～12次/组，共做1～2组，组间休息时间为1～3分钟。

③ T（时间）—— 总练习时间约20分钟为最佳。

④ T（运动类型）—— 哑铃或橡胶绳练习。

每周进行4次训练是能坚持长期训练的最大频率限度。一般认为，要使肌肉力量明显地增加，而又不至于产生慢性疲劳的积累，每周进行1～2次训练最为适宜。

力量练习的间隔时间，一般以肌肉能完全恢复为准。肌肉在练习后3～5秒时已恢50%，2分钟完全恢复。为了增强肌肉力量，练习的间隔不宜太长，一般为1分钟左右。每次练习总时间以20分钟为最佳。

根据自己的兴趣选择适宜的运动项目。一般肌肉力量的训练应采用负重练习，如哑铃、拉橡皮绳练习也能有效地增加肌肉力量。希望学生除上体育课外，多做一次此类练习。

（3）肌肉力量训练应该注意的问题

① 当运用杠铃进行练习时，必须有同伴从旁协助，以便在不能完成练习的情况下，同伴可进行保护。

② 固定负重练习用的杠杆，以防其滑落扎伤身体。

③ 进行负重练习时，如果感到任何尖锐的刺痛，应立即停止练习。

④ 进行负重练习时，应尽量避免憋气，举起阶段吸气，放下阶段呼气，可用口鼻呼吸。

举例：肌肉力量的简易测量方法 —— 屈膝仰卧起坐。

需要器械：体操垫、杠铃片、直尺。

方法：选择适宜的杠铃片，受试者仰卧于垫，颈部落在杠铃片上，双手紧握铃片，屈膝成 90°，用力收腹，使身体坐起，记录测验的负荷，然后调节杠铃片重量再测，直至不能完成动作为止。

评价：取最大负荷值（千克）除以自身体重，以其商为成绩。

3. *发展肌肉耐力的运动处方*

学生应多进行肌肉耐力练习，FITT 练习的原则：

F（频次）—— 每周 2 ~ 3 次

I（强度）—— 选择 8 ~ 12 个主要肌肉群练习，以 15 ~ 20 RM 的重量或阻力做 15 ~ 20 次/组，共做 2 ~ 3 组，组间休息时间少于 30 秒。

T（时间）—— 总练习时间为 20 ~ 30 分钟。

T（运动类别）——哑铃、徒手练习或橡胶绳练习。

与肌肉力量的训练不同，肌肉耐力训练并不需要很大的重量，时间不宜太长，每周训练 2 ~ 3 次为宜。负重练习在增加肌肉力量的同时，也有利于改善肌肉耐力，练习效果良好。另外，徒手练习也可作为增强肌肉耐力的手段。

4. *发展柔韧性力量的运动处方*

（1）制定目标

根据自己各关节的柔韧性水平，并结合自己的健康状况，制定现实可行的目标。目标可分为短期目标和长期目标，短期目标的实现可激励锻炼者继续坚持练习，从而能够达到长期目标。当然这两个目标也不是固定不变的，它可以随个体的需要或环境的改变而改变。

（2）发展柔韧性的 FITT 原则

F（频率）—— 每天，或在运动前后练习。

I（强度）—— 每组肌肉伸展至拉紧或有少许酸痛感觉为止。具体练习时间和次数见表 2-2-3。

T（时间）—— 每组肌肉伸展 10 ~ 30 秒，较重要的大肌肉，如大腿肌肉群可伸展 30 秒。但是每个姿势持续的时间和次数应该增加，一般从 10 秒逐渐增加到 30 秒。

T（运动类别）—— 被动静力性伸展法或 PNF 肌肉神经促进伸展法。

被动静力性练习是借助外力保持固定姿势，例如借助外力保持体前屈的最大幅度，多数的柔韧性练习采用此种方法。

本体感受神经肌肉伸展（PNF 法）：它包括“慢速伸展 - 保持 - 放松”法、“收缩 - 放松”法、“保持 - 放松”法 3 种。例如，在伸展股后肌群时采用“慢速伸展 - 保持 - 放松”法有以下几个步骤：首先仰卧，膝关节伸直，脚踝呈 90°，同伴帮助推双腿，弯曲髋关节至有轻微酸痛感，此时开始收缩股后肌群以抵抗同伴的推力，持续 10 秒后，放松股后肌群而收缩股四头肌，同时同伴再加力帮助伸展股后肌群，放松过程持续 10 秒，此时再一次抵抗同伴的推力，从这个关节新的角度开始，这样的过程至少重复三次。“收缩 - 放松”法和“保持 - 放松”法是“慢速伸展 - 保持 - 放松”法的变形，在“收缩－放松”法中，腿在被推的过程中朝推力的反方向移动，而在“保持－放松”法中，股后肌群做等轴收缩。在放松阶段，这两种方法都包括股后肌群和股四头肌的放松，同时股后肌群被动地伸展。

表 2-2-3　柔韧性练习的时间、次数安排样例

周次	阶段	肌肉伸展持续时间/秒	每种练习重复次数	每周锻炼次数
1	起始	15	1	1
2	逐渐进步	20	2	3
3		25	3	3
4		30	4	4
5		30	4	3～4
6		30	4	4～5
7 周以上	保持	30	4	4～5

注：引自《体育与健康》，2000 年。

5. 控制体重的运动处方

（1）过瘦和过肥的原因及害处

1）过瘦

过瘦指身体的脂肪含量非常少（远低于适中水平）。

过瘦的原因：① 进食过少而导致营养不良；② 消化系统出现问题而导致吸收能力欠佳；③ 内分泌失调而导致食欲过低；④ 遗传因素。

过瘦的害处：① 因为身体太瘦削而觉得自己外形不理想；② 从事水中运动（如游泳、水球、水中健体等）时，较难浮水及较吃力；③ 身体只有较少量的脂肪可提供做长久耐力性运动的能源；④ 身体较为怕冷，天气稍凉便觉冷；⑤ 内脏的防震及保护较少；⑥ 能够运送脂溶性维生素的脂肪较少，也可能导致该种维生素的不足。

2）过肥

过肥指身体的脂肪含量高于标准。

过肥的原因：① 缺乏运动；② 不良的饮食习惯；③不良的行为习惯；④ 身体机能出现问题；⑤ 遗传因素。

过肥的害处：① 行动较迟缓；② 外形不理想；③ 较易患上高血压、心脏病（冠心病）、糖尿病、胆石症等病症；④ 较难维持正确的身体姿势；⑤ 因过肥而身体负荷过重，较容易令关节损伤；⑥ 运动能力降低。

（2）体重控制

体重控制是指把身体重量以正确的方法控制或调节在一个适当的范围内，它可以通过运动与饮食两个方面达到控制体重的目的。

1）运动方面

减肥运动中，以步行为首选。

减肥运动的 FITT 原则：

F（频率）—— 5 ~ 7 次/周。

I（强度）—— 最高心率之 60% ~ 70%（初学或肥胖者可由 50% 开始）或自己身体感觉到有点累便可。

T（时间）—— 最少 30 分钟（初学或肥胖者可以间断多次进行，共 30 分钟，其间间断休息时间尽量短少）。

T（运动类别）—— 步行最佳，其次水中运动、踏单车、楼梯机等运用大肌肉而能避免足部撞击地面的持续性全身运动。

实际的减肥步行应在课余时间进行，这才可以达到至少持续 30 分钟的有效要求。步行减肥运动的目的是为了减少脂肪含量，所以，减肥人士每天需步行 0.5 ~ 1 小时，除此之外，需隔天进行结实肌肉的练习，以增强肌肉力量及耐力，防止肌肉纤维（即纯体重部分）流失。肌肉结实练习可参照肌肉耐力练习的 FITT 原则，但 I 原则与其不一样，如表 2-2-4 所示。

表 2-2-4　训练强度与运动量

强度因素	运动量
练习项目	8 ~ 12 项
重量/阻力	10 ~ 15 RM
每组次数	15 ~ 10 次
组数	2 ~ 3 组

减肥人士只要每天坚持步行，同时隔天进行结实肌肉的练习，理想的体重便能指日可待。

2）均衡饮食及良好的饮食习惯

均衡饮食：在日常三餐正餐中，食物的摄取量，应按食物金字塔中各类食品所占面积的比例来进食。即五谷类食物最多（如米、麦、粉、面等），其次较多的是蔬菜及水果类，较少摄取的是奶类及肉类，而最少摄取的是油、盐及糖类。非食物金字塔中的食物可以不吃，因不含身体所需的营养。

良好的饮食习惯：饮食要尽可能定时定量；正餐前 10 分钟与餐中及餐后两小时，不要饮用大量开水，以免稀释胃酸，影响消化；运动前后 1 小时内不宜进食，以免影响消化。

四、体育锻炼的注意事项

（1）根据自身状况和现有条件选择运动方式和适宜的运动量。

（2）因人而异、循序渐进、量力而行、持之以恒。

（3）做好必要的自我监督和定期的身体检查。

（4）活动前做好充分的准备活动，避免伤害事故。

（5）饭后不宜马上做激烈运动，冬天要注意保暖。

（6）身体患病或过累时要暂停锻炼，及时治疗疾病。

（7）加强运动中的安全保护措施。

五、大学生健康教育的基本要求

国家教委于1993年3月18日颁布《大学生健康教育基本要求（试行）》作为高等学校对大学生开展健康教育的指导法规，有以下5项基本要求：

（1）帮助大学生树立现代的健康意识，使他们真正认识健康不仅是躯体无病、体格健壮，还应有良好的心理素质和社会适应能力。

（2）使大学生掌握必要的卫生防病知识和急救知识，养成用脑卫生、起居卫生、运动卫生、环境卫生、心理卫生、性卫生、营养和饮食卫生等良好的习惯，并督促他们身体力行，以增进自我保健的能力。

（3）使大学生认识到不健康的行为和生活方式（最突出的表现为吸烟、酗酒、膳食结构不合理，缺乏体育运动和心理应激）给自身健康带来的危害，帮助他们改变不健康的行为和不良的生活方式。

（4）使大学生强烈地意识到健康是当代成才的重要素质，并进一步认识到增进健康是历史赋予大学生的使命，而这不仅是对自己负责，也是对社会负责，从而增强他们维护健康的责任感和自觉性。

（5）针对大学生健康方面存在的问题进行教育，并从大学生卫生知识的掌握，良好卫生习惯和生活方式的形成以及体质健康状况的改善等方面来检验健康教育的效果。不断充实教育内容，改进教育方法，提高教育效果，总结和交流教育方法，探索具有中国特色的大学生健康教育模式和体系。

《全国健康教育与健康促进工作规划纲要（2005—2010）》对学校健康教育与健康促进的具体要求是开设健康教育课，开展多种形式的健康教育活动，加强健康行为养成教育，重点做好心理健康、控制吸烟、环境保护、远离毒品、预防艾滋病、意外伤害等健康教育工作。

第三节　运动性疲劳的产生和消除

一、运动性疲劳

（一）运动性疲劳产生的生理原因

运动性疲劳是指人体在运动过程中，运动能力及身体功能暂时下降的正常生理现象。运动后出现的正常疲劳对身体并无损害，反而是对身体的一种保护性信号，或称保险阈。它提醒人们不要过度疲劳。

疲劳是由多方面原因引起的。譬如，体内能源物质消耗过多会引起疲劳；肌肉运动收缩时产生的某些代谢物质的积聚会引起疲劳；长时间运动出汗过多，体内水盐代谢紊乱及内环境稳定性失调等都可能引起疲劳。运动性疲劳是一个综合性的复杂过程，与人体多方面的因素及生理变化有关。

1. 运动能力与身体素质的变化是导致运动性疲劳的因素

运动能力与身体素质与身体各器官系统功能精密相关。身体素质就是人体各器官系统的功能在肌肉工作中的综合反映，各器官功能下降，必然影响运动能力与身体素质。譬如，长时间的肌肉活动导致肌肉功能下降时，力量速度等当然会下降，于是在运动练习中，往往会力不从心而觉得疲劳；在耐力性运动中，如果心肺功能下降，耐力素质当然会下降，机体就会疲劳而降低工作能力。

2. 体内能源贮备的减少和身体各器官功能的降低，无疑是导致疲劳的重要原因

从事运动导致疲劳时，往往伴随体内能源物质消耗较多，如快速运动 2 ~ 3 分钟至非常疲劳时，肌肉中的磷酸肌酸可降至接近最低点；长时间的持续运动，由于糖的大量消耗，肌糖原和血糖均下降。能源贮备的消耗与减少，会引起各器官功能的降低，加上肌肉活动时代谢产物（乳酸等）的堆积及水盐代谢变化等影响，机体工作能力就会下降而出现疲劳。

3. 精神意志因素也与疲劳密切有关

人体整个器官系统都是在神经系统指挥下完成的，神经系统功能降低，神经细胞抑制过程的加强都会使疲劳加深，但是人的情绪意志状态对人体机能潜力的充分动员关系极大。事实上，人体往往在感到疲劳时，机体尚有很大机能潜力，能源物质远未耗尽，良好的情绪意志因素可起到动员机体潜力，推迟疲劳发生的作用。

体育运动的项目多种多样，不同的项目导致疲劳的原因的侧重面不同。例如，短距离跑导致疲劳的原因可能主要是大脑运动区神经细胞的保护性抑制；缺氧程度深的中跑导致疲劳的主要原因可能是代谢产物过多及内环境稳定性失调；超长距离跑等耐力项目，则可能主要是体内能源物质消耗过多而引起疲劳。

（二）推迟疲劳出现的措施

在体育锻炼时，如果运动性疲劳出现得迟一些，对提高锻炼效果很有助益。推迟疲劳有如下措施：

（1）注意坚持经常锻炼和运动训练，提高身体素质。

（2）运动锻炼时，注意内容的合理安排，避免局部负担过重产生局部疲劳，过早影响全身工作能力。因此，应注意内容的交替，使全身各部位运动负荷合理分配，有助于推迟疲劳的出现。

（3）注意发展与运动项目相适应的供能能力。着重发展与运动项目相适应的供能能力，则对该项目疲劳的推迟会有帮助。

（4）加强意志品质与心理训练，提高心理素质，有利疲劳时精神意志因素的改善，有助推迟疲劳的出现。

（三）加速消除疲劳的对策

运动性疲劳产生后，如果得不到及时消除，体力恢复不充分，势必影响到继续锻炼及工作学习的精力。要加速消除疲劳有下列对策：

（1）良好的睡眠与安静休息。锻炼导致运动性疲劳后，保证良好而充分的睡眠是使身体得到恢复的重要措施。坐下或躺下安静休息，也有助于疲劳的消除。

（2）活动性休息。当局部疲劳时，可利用未疲劳的另一些肌肉进行一些适当活动，借以促进全身代谢过程，加速疲劳消除；当全身疲劳时，可通过一些轻的、兴趣高的活动，达到加速清除肌肉代谢产物的目的。

（3）采用物理性恢复手段。按摩、光疗、电疗等对促进加速疲劳消除有积极意义。此外，热水浴、吸氧、空气负离子吸入等对疲劳消除也有益。

（4）合理的营养补充。运动疲劳后，饮食中要有充分的糖和蛋白质补充。如果是长时间的锻炼或训练，这类耐力性运动疲劳后，应适当食用一些脂类食品。还要注意维生素和无机盐的补充，维生素 C、B_1、B_2、A、E 等对疲劳的消除有重要作用。另外，各种高能运动饮料、电解质运动饮料及一些营养滋补剂对体力恢复也有益。

（5）心理调节。心理情绪因素对疲劳的消除也有不容忽视的作用，积极向上、乐观愉快的情绪有助加速疲劳的消除。如欣赏优美的音乐、自我心理控制与放松调节等均对体力恢复有促进作用。

二、肌肉的延迟性疼痛

1. 肌肉延迟性疼痛的生理本质

不少人有这样的感觉，在一次运动量较大的活动以后，或是隔了较长时间没有锻炼，刚开始锻炼之后，会出现肌肉酸痛。这种酸痛不是发生在运动结束后即刻，而是发生在运动结束后的第二天或第三天，因此称为延迟性疼痛。其产生的原因是肌肉活动量大，引起局部肌纤维及结缔组织的细微损伤，以及部分肌纤维的痉挛所致。由于这种肌纤维细微损伤及痉挛是局部的，因而就整块肌肉而言，仍能完成运动功能，但存在酸痛感。酸痛后，经过肌肉内局部细微损伤的修复，肌肉组织变得较之前强壮，以后同样大的负荷将不会发生酸痛。

2. 肌肉延迟性疼痛的对策

预防延迟性疼痛可采取以下对策：

（1）根据不同体质、不同健康状况科学地安排运动负荷，负荷不要过大也不要增加过猛。

（2）锻炼时，尽量避免长时间集中练习身体某一部位，以免局部肌肉负担过重。

（3）加强准备活动，注意对即将练习时负荷重的局部肌肉活动得更充分些，对运动损伤也有预防作用。

（4）整理活动除进行一般性放松外，应重视进行肌肉的伸展牵拉练习，这种练习有助于预防局部肌纤维痉挛，从而避免酸痛的发生。

当酸痛出现后，采取以下对策可减轻或缓解酸痛：

（1）热敷。对酸痛的局部进行热敷，促进血液循环及代谢过程，有助于损伤组织的修复及痉挛的缓解。

（2）伸展练习。对酸痛局部进行静力牵张练习，保持伸展状态 2 分钟，休息 1 分钟，重复进行，每天几次，有助于缓解痉挛。但不可用力过猛，以免使肌纤维损伤。

（3）按摩。按摩使肌肉放松，促进血液循环，有助于损伤的修复和痉挛的缓解。

（4）口服维生素 C。维生素 C 有促进结缔组织中胶元合成的作用，有助于加速受伤结缔组织的修复，从而减轻和缓解酸痛。

（5）针灸、电疗等手段对缓解酸痛也有一定作用。

第二篇

俱乐部
技能学练

第三章　众志成城的大球类俱乐部

第一节　篮球俱乐部

一、篮球运动概述

（一）篮球运动的起源与发展

篮球是由美国马萨诸塞州斯普林菲尔德布基督教青年会训练学校体育教师詹姆士·奈·史密斯博士于1891年冬季发明的，当时的篮是摆在地上的桃筐，遂取名为“篮球”，无人数限制，场地大小不固定，也无规则。1893年，形成了近似现代的篮板、篮圈。1932年，国际业余篮球联合会成立，并统一制定了世界篮球竞赛规则。1936年，第11届奥运会将男子篮球列入正式比赛项目。1976年，第21届奥运会又将女子篮球列入正式比赛项目。

篮球运动以其强大的表现力让全球的亿万观众为之痴迷。比赛中双方以得分为目标，攻防转换快速，配合默契，技战术精湛，特别是出其不意的配合，精确的投篮，大力扣篮，令人拍案叫绝。

篮球运动是由跑、跳、投等动作组成的一项快速、激烈、综合性的运动，通常将娱乐性的篮球运动划为有氧运动范畴。经常参加篮球运动可使身体各部分肌肉结实、匀称，体格健壮，可促进力量、速度、耐力、弹跳、灵敏等身体素质的全面发展，提高中枢神经系统的灵活性，可使血管的弹性增大，提高人体心血管系统的机能，不仅可以预防和缓解中老年高血压的症状，还可以减少心血管疾病的发生，对增强人体机能、增进健康有特殊的作用。篮球比赛在错综复杂、变化多端的情况下进行，要求参赛者高度集中注意力，对空间和时间具有准确的定向能力，以及具有随机应变的能力。篮球运动具有不受年龄、性别、参加人数限制的特点，所以被很多人群采纳作为一项健身项目。它既能给参与者带来良好的健身效果，又能使人们从运动中获得乐趣及心理上的满足。

现代篮球竞技运动更是现代体育科学的一种综合艺术。作为文化，它有特殊的文学性，不断地产生种种发展过程中的有趣故事，能给人以启示和鼓舞，而且常能使人记忆犹新，难以忘怀。它以独特的活动形式形象地展示人体优美形态和心灵气质，和谐地反映人类对现代社会文明生活的创新、完善与追求。

通过篮球练习和比赛的过程，能使参与者的个性、自信心、情绪控制、意志力、自我控制与约束等方面都有良好的发展，以及培养团结拼搏、努力协助、文明自律、遵纪守法、尊重他人等良好的道德品质和集体主义精神；可以培养团队意识，相互默契地配合，培养思考能力及个人的球场阅读能力；可以强健体魄，锻炼人的意志与品格。

篮球游戏简易而有趣，可以因人、因地、因时、因需而异，变换各种方式组织丰富多彩的活动，方便与吸引人们参与，达到活跃身心、健身强体的目的，进而提高社会的文明氛围，充实人们业余文化娱乐生活。

（二）驾驭篮球的最基本的方法

根据孙民治教练的分析，篮球运动的手功计有握、翻、转、抖、拨、弹、点、抄、展、摆、屈、勾、拍、推、抓、拉、打、挑 18 种技法。

要熟悉球性，训练球感，“耍球”是最好的途径。“耍球”不仅可以增强球感，提高控制球、支配球的能力，有些更是运球、传球不可或缺的基础动作，例如“缩手”，它是“假传”的经典动作，练会了缩手，要骗过对手便易如反掌。

1. 体前手指腕拨球

利用手指、手腕的力量使球在两手间传递，增强手指对球的感觉，如图 3-1-1 所示。

2. 绕体、绕头

绕体：右手持球，从右侧往体后转，然后用左手从身体左后方接球，从体前再交给右手，依次进行（见图 3-1-2）。

绕头：以右手为例，右手持球，先送过右肩，绕过颈部到左手，再送至右手，依次进行。

图 3-1-1 体前手指腕拨球

图 3-1-2 绕体

3. 胯下“8”字传、接球

方法：两腿弯曲，上体前屈，两手一前一后持球于胯下。练习时，做“8”字胯下传、接球，如图 3-1-3 所示。

图 3-1-3 胯下“8”字传、接球

要求：开始练习时，走的速度可慢些，正确掌握动作要领后再加快速度。

二、基本步法

篮球的基本技术是篮球运动的基础，是篮球运动中最常用、最典型、最需要掌握的专门动作。基础技术的学习是进一步提高篮球水平的前提。

基本步法主要有基本站立姿势和起动、跑、跳、急停、转身、跨步及防守步法等，分别叙述如下：

1．基本站立姿势和起动

基本站立姿势：两脚平行或前后开立，距离约与肩同宽，两膝自然弯曲，身体重心的投影点在两脚之间，上体正直稍前倾，两眼平视，时刻保持良好的待起动状态。

起动时，身体重心向跑动方向移动，后脚（向前起动）或异侧脚（向侧起动）的前脚掌突然用力蹬地，同时上体迅速前倾或侧转，手臂协调地摆动，充分利用蹬地的力量，迅速向跑动方向前进。起动后的前两三步要短促而迅速地连续蹬地，并与快速摆臂相配合，能把最快的速度有效地发挥出来。

2．跑与跳

跑是篮球运动技术动作最基础、最重要的动作，跑在篮球运动攻守行动中应用最广泛。篮球运动中跑动的方式主要有侧身跑、变速跑、后退跑、变向跑等，在比赛中可根据实际需要，随时变换跑动的方式。其中变向跑是篮球比赛中采用最多的脚步动作方法之一。在改变跑动方向时（以从右向左变方向为例），最后一步右脚前掌内侧用力蹬地的同时，脚尖稍向内转，迅速屈膝，腰部随之内转，使重心向左移动，上体向左前倾，左脚向左前方跨出一步，并用力蹬地，右脚快速向左侧前方跨出，继续加速跑动，如图 3-1-4 所示。

图 3-1-4　跑与跳

起跳是篮球运动中攻守争夺空间常用的主要手段，以跳投篮，以跳抢断球，以跳堵截和抢位等。跳的方法有双脚起跳和单脚起跳。双脚起跳多用于跳起投篮、抢防守篮板球等情况，单脚起跳多用于行进间投篮及抢、断球等情况。双脚起跳由基本站立姿势开始，双脚快速用力蹬地，同时双臂上摆，向上腾起，在空中要保持身体平衡。单脚起跳一般由助跑开始，以一脚快速用力蹬地向需要的方向腾起，完成空中动作后，落地时恢复基本站立姿势。

3．急停、转身、跨步

急停、转身、跨步是篮球运动攻守行动中广泛运用的基础技术。

急停是指在跑动过程中与接球技术结合运用转变成面向对手的姿势，或在徒手跑动时用于摆脱对手的方法。急停的方法有跳步急停和跨步急停，跳步急停（见图 3-1-

5）是指停步之前以一脚蹬地跳起并腾空，接着采用双脚同时落地的方法；跨步急停为双脚依次落地的方法（见图 3-1-6）。无论采用哪种方法，都要在停步前适当降低身体重心，两脚落地时两膝弯曲，重心保持在两脚之间，上体稍前倾，目视前方，成基本站立姿势。

图 3-1-5　跳步急停

图 3-1-6　跨步急停

转身是根据篮球运动规则的要求，以一只脚为轴，另一只脚蹬地、转体并改变身体朝向的面，从而改变与对手的关系的技术方法。转身时，两腿微屈，重心下降，一脚做轴并将脚跟稍提起，前脚掌碾地，另一脚蹬地，同时移动重心，以转头、转肩和转腰的力量带动身体进行弧形移动，使身体改变原来的面向，转身技术包括前转身和后转身两种。移动脚蹬地再做轴脚前方进行弧形移动的叫作前转身（见图 3-1-7），反之叫作后转身（见图 3-1-8），转身时要保持身体平衡，如果持球则要注意保护球。

图 3-1-7　前转身

图 3-1-8　后转身

4. 防守步法

滑步是个人防守时应用最广泛、最主要的脚步动作方法，是一切个人整体防守战术行动的基础。滑步分为侧滑步、前滑步、后滑步、后撤步等。

侧滑步时（以向左侧滑步为例），右脚前脚掌内侧蹬地，左脚向左（移动方向）跨出，在落地的同时右脚紧随滑动，向左脚靠近，两脚保持一定距离，左脚继续跨出。在滑步时，要保持低重心的姿势，身体不要上下起伏，重心保持在两脚之间，眼要留意对手（见图 3-1-9），向右侧滑步时脚步动作相反。前（后）滑步的动作方法与侧滑步相同，只是两脚前后站立，向前（后）方移动（见图 3-1-10）。后撤步的方法为前脚蹬地，在转腰的带动下前脚变为后脚的防守脚步动作（见图 3-1-11）。

图 3-1-9　侧滑步

图 3-1-10　前、后滑步

图 3-1-11　后撤步

三、基本手法

基本手法主要有持球手法、接球手法、传球手法和投篮手法等。在每种手法中，都可根据实战比赛的要求进行变换运用。

（一）持球手法

双手高手持球手法：两手手指自然张开，两拇指相对成八字形，用指根以上部位握球的两侧后下方，手心空出（见图 3-1-12）。

双手低手持球手法：持球的两侧，两小拇指相对成八字形，手心空出（见图 3-1-13）。

单手高手持球手法：五指自然张开，球置于手上，以指根以上部位接触球，手心向前并空出（见图 3-1-14）。单手低手持球手法与单手高手持球手法相同，只是掌心向上（见图 3-1-15）。

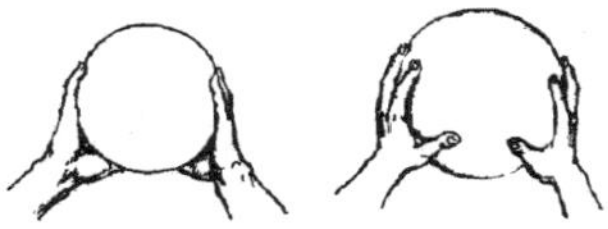

图 3-1-12　双手高手持球

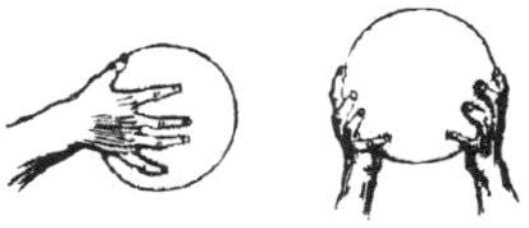

图 3-1-13　双手低手持球

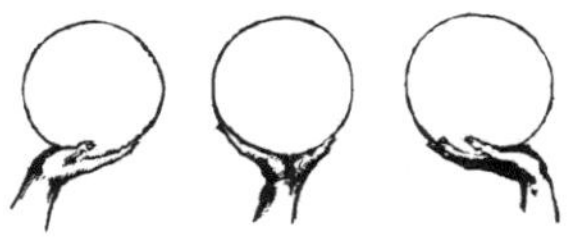

图 3-1-14　单手高手持球

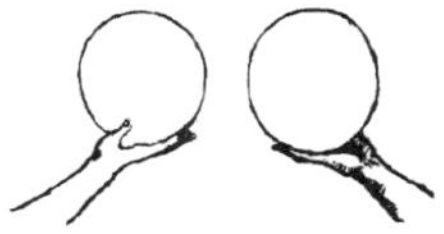

图 3-1-15　单手低手持球

（二）接球手法

接球是篮球比赛中进攻时最基本、最重要的技能。接球手法主要包括双手接球和单手接球两种形式。双手接球的手法：接球时，两眼注视来球，两臂伸出迎球，手指自然分开，两拇指成八字形，两手成半圆形。当手接触球的瞬间，双臂随球后引缓冲来球的力量，成双手持球姿势（见图 3-1-16）。

单手接球的手法：伸手迎向来球，当手接触球的同时迅速借来球惯性将球后引至胸前，成双手持球姿势（见图 3-1-17）。

图 3-1-16　双手接球

图 3-1-17　单手接球

（三）传球手法

传球是进攻中最重要、应用最广泛的又一基本技能，是进攻中组成战术配合的纽带。传球的手法很多，最常见的有双手传球和单手传球两种。

双手传球的手法：在双手持球手法的基础上，借助蹬地使身体重心前移的力量，迅速伸臂，同时拇指用力下压，手腕前屈，食、中指用力拨球将球向目标传出（见图 3-1-18）。

单手传球的手法：在单手持球的基础上，借助蹬地和身体重心前移的力量，手臂向前方挥动，同时传球臂的手腕迅速前屈，手指快速拨球作用于球体，使球向目标飞出（见图 3-1-19）。

图 3-1-18　双手传球

图 3-1-19　单手传球

（四）投篮手法

投篮是所有技术、战术运用的最终目的，一切进攻行动都是为了把球投入球篮，它是篮球比赛中最为重要的技能。因此，投篮的手法在篮球技术中占有重要的地位。投篮的手法很多，最为常见的有原地和行进间的双手高手投篮、双手低手投篮、单手高手投篮、单手低手投篮等。

双手高手投篮的出球手法：在双手高手持球手法和借助下肢蹬地力量的基础上，双臂向前上方伸直，前臂内旋，拇指下压，手腕前屈，食、中指用力拨球，通过指端将球投出（见图 3-1-20）。

图 3-1-20 双手高手投篮

双手低手投篮的出球手法：在双手低手持球手法和下肢蹬地用力的基础上，双臂向前上方伸出，同时两手手腕向上翻，用小指、无名指和中指的力量将球投出（见图 3-1-21）。

图 3-1-21 双手低手投篮

单手高手投篮的出球手法：在单手高手持球手法的基础上，左手扶球的左侧，右臂屈肘，上臂与地面接近于水平。投篮时，借助下肢蹬地发力，同时右臂向前上方伸直，手腕前屈，食、中指用力拨球，通过指端将球投出（见图 3-1-22）。

单手低手投篮的出球手法：在单手低手持球手法的基础上，持球手臂向前伸出，手心向上并托住球，借助身体向上的力量，手腕向上屈，以手指向上挑、拨的动作，将球投出（见图 3-1-23）。

图 3-1-22 单手高手投篮

图 3-1-23 单手低手投篮

四、运球技术

运球是篮球比赛中个人攻击和与同伴组成配合攻击的重要技术。运球是指用手指、手腕连续拍按的动作将球借助地面反弹起来，使球随人发生位置变换的过程。

运球的手法：运球时，非运球手臂屈肘平抬，用以保护球，运球手五指自然张开，朝向身体的侧前方，主动迎接地面反弹起来的球，并随球的力量向上缓冲，然后用力向下拍按球，如此反复进行（见图 3-1-24）。前进时拍按球的后侧上方，变向时拍按球的外侧上方。拍按球的部位应与移动的方向、速度协调配合。

图 3-1-24　运球手法

（1）运球急停急起

动作要领：在快速运球中，突然降低身体重心，脚向前伸撑地急停，急停时手按拍球的前上方。运球急起时，脚用力蹬地，上体突然前倾，迅速起动，手拍球的后上方，要注意用身体和腿保护球。要停得住，起动快，这样才能有效地达到摆脱防守的目的。

（2）体前变向运球

动作要领：体前变向时，将球从身体右侧拍向体前中间的位置，再将球拨回右侧，左脚向右侧前方跨出，上体向右转，侧肩挡住对手，从防守的左侧突破，以摆脱防守，继续运球前进（见图 3-1-25）。

图 3-1-25　体前变向运球

（3）背后运球

动作要领：以右手运球为例。变方向时，右脚在前，用左手将球拉到身后，迅速拍球的左侧后方，同时左脚前跨，使球从背后反弹至右前方，并立即换右手运球摆脱防守加速前进（见图 3-1-26）。

图 3-1-26　背后运球

（4）推进性运球

推进性运球是队员在获得球的基础上，在无人防守的情况下，运球从后场向前场推进的一种方法（见图 3-1-27）。

图 3-1-27 推进性运球

五、传球技术

传球技术是比赛中最常见的支配球运用形式，主要有推进性传球、转移性传球、隐藏性传球等，主要动作方法如下：

1. 推进性传球

推进性传球是队员在后场获得球的基础上，利用各种传球技术动作向前场推进的各种不同传球形式的简称（见图 3-1-28）。

图 3-1-28 推进性传球

2. 转移性传球

转移性传球是队员在获得球的基础上，在球场一侧有策略地连续运用传球，吸引防守队员向有球一侧移动靠拢，伺机给另一侧同伴创造攻击机会的各种传球方式、方法的简称。

3. 隐蔽性传球

隐蔽性传球是队员在获得球的基础上，利用隐蔽性传球技术动作，将球越过面前的防守队员，及时传给同伴的各种传球方式、方法的简称。方式与方法如下：

（1）单、双手头上传球。持球队员双手举球于头上，腰腹用力，前臂迅速前提，手腕前屈，手指用力拨球，使球从防守队员头的上方越过（见图 3-1-29）。也可采用单手的方法，以快速的单手体前传球动作，抓住对手防守的空当，突然将球从防守队员头上或头侧传过（见图 3-1-30）。

图 3-1-29 双手头上传球

图 3-1-30　单手头上传球

（2）体侧传球。持球者传球手的异侧脚向侧前方迈出，上体也同时向异侧移动做假动作，同时将球向后侧方引出，经体侧向前做弧线摆动，手腕前屈，用食指、中指拨球，使球从防守队员的体侧空当越过（见图 3-1-31）。

图 3-1-31　体侧传球

（3）反弹传球。持球者利用假动作吸引防守队员的手臂上举或侧举，同时将球迅速通过地面反弹给同伴（见图 3-1-32）。传球时向前下方伸臂，手的用力点作用在球的后上方。击地点根据防守者和接球者所站位置来确定，一般应传在距离接球者三分之一的地方。

图 3-1-32　反弹传球

六、投篮技术

投篮是进攻队员为将球投入对方球篮而采用的各种专门动作、方法的总称。投篮是篮球比赛中得分的唯一手段。一切技术、战术运用的最终目的，都是为了创造更多更好的投篮机会。因此，投篮是整个篮球技术体系的核心。投篮得分的多少决定比赛的胜负，掌握和运用好投篮技术，不断地提高投篮命中率，对于学习篮球运动技能具有十分重要的作用。

根据投篮时瞄准点的不同，可分为投空心篮的瞄准点和碰板投篮的瞄准点两种。投空心篮的瞄准点通常是指篮圈前沿的正中点；碰板投篮的瞄准点是以篮板的一点作为瞄准点，投篮时将球投向这一点能够反弹入篮。碰板投篮时，应根据投篮的位置、距离、球飞行的弧度和球的旋转等因素选择适宜的瞄准点。若碰板角度小、距离远，则瞄准点离篮圈的距离高而远；若碰板角度大、距离近，则瞄准点离篮圈的距离低而近。

投篮时，球的旋转是依靠手腕前屈或翻转和手指拨球动作产生的。由于投篮的动作方法与用力方向和用力大小不同，球的旋转也不同。一般中、远距离投篮时，大都使球围绕横轴向后旋转，这样易于加大球的飞行弧线，提高投篮命中率。在篮下低手投篮时，应使球围绕横轴向前旋转。篮下碰板投篮，应使球向篮圈一侧旋转或向后旋转，这样有利于缓和篮板的弹力，使球入篮。

投篮时，球出手后在空间飞行的弧线轨道称为投篮抛物线。抛物线的高低，对投篮命中率有极其重要的影响。而抛物线的高低取决于投篮出手角度、出手力量和出手速度。投篮抛物线有低、中、高 3 种（见图 3-1-33），其中以中弧线为最佳。

采用低抛物线投篮，球的飞行距离短，力量容易控制，但由于球飞行弧度太低，近于水平，篮圈暴露在球下的面积较小，而大部分被球篮的前沿所遮盖，所取得的入篮角很小，因而不易投中；中抛物线球飞行的最高点大致与篮板上沿在一条水平线上，球篮的大部分暴露在球的下面，所取得的入篮角适宜，所以容易投篮命中，是一种常用的抛物线；高抛物线球飞行入篮的弧线过高，近于垂直，虽然篮圈暴露在球下面的面积最大，球容易入篮，但由于球飞行的路线太长，需要较大的出手力量，用力的精度要求过高，不易掌握飞行方向，从而影响命中率。

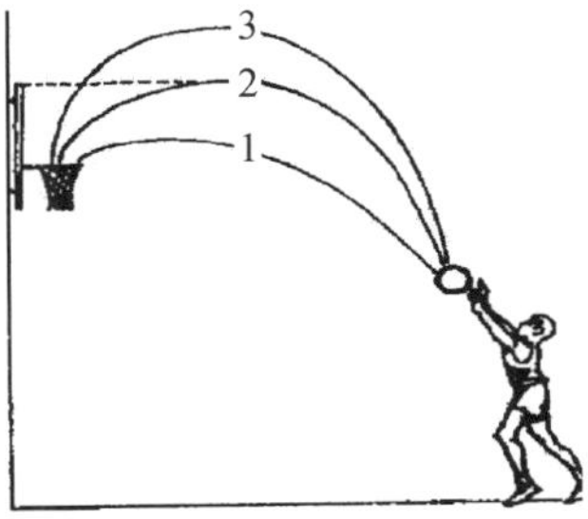

1—低弧线；2—中弧线；
3—高弧线

图 3-1-33　投篮抛物线

投篮技术是指比赛中最常用的。投篮形式主要有原地投篮、行进间投篮、急停跳起投篮等，主要动作方法如下：

1. 原地投篮

（1）双手胸前投篮：依照双手高手持球手法持球于胸前，肘关节自然下垂，两脚前后或左右开立，两膝微屈，重心落在两脚之间，眼睛注视瞄准点。投篮时，下肢蹬地发力，身体向前上方伸展，采用双手高手的出球手法将球投出，球出手时身体随投篮出手方向自然伸展（见图 3-1-34）。

（2）单手肩上投篮（以右手投篮为例）：右手依照单手高手持球手法持球于肩上，左手扶球的左侧，右臂屈肘，上臂与地面接近于水平。两脚前后或左右开立，两膝微屈，重心落在两脚之间。投篮时，下肢蹬地发力，身体向前上方伸展，采用单手高手出球手法将球投出，球出手时身体随投篮出手方向自然伸展（见图 3-1-35）。

图 3-1-34　双手胸前投篮

图 3-1-35　单手肩上投篮

2. 行进间投篮

（1）行进间双手低手投篮：移动中跨右（左）脚的同时接球，左（右）脚接着跨一小步并用力蹬地起跳。起跳后身体尽量向球篮伸展，双手持球，在身体到达腾空最高点时，采用双手低手出球手法将球投出（见图 3-1-36）。

（2）行进间单手低手和高手投篮（以右手投篮为例）：跑动中右脚跨出一大步的同时接球，左脚接着跨出一小步并用力蹬地起跳，右腿提膝，双手向前上方举球。当身体腾空接近最高点时，采用单手低手出球手法将球投出，投篮时身体尽量向球篮方向伸展（见图 3-1-37）。

图 3-1-36　行进间双手低手投篮

图 3-1-37　行进间单手低手投篮

行进间单手高手投篮技术的方法与低手投篮基本相同，不同的是投篮时身体向上方跳起，出手时采用单手高手出球手法（见图 3-1-38）。

图 3-1-38　行进间单手高手投篮

3. 急停跳起投篮

（1）接球急停跳起单手投篮（以右手投篮为例）：在移动中跨步或跳步接球的同时，重心下降，两腿弯曲，脚尖指向球篮方向成基本站立姿势，接着快速起跳，双手同时持球上举。当身体腾空并接近最高点时，采用单手高手出球手法将球投出（见图 3-1-39）。

（2）接运球急停跳起单手投篮（以右手投篮为例）：在运球中，采用跳步急停或跨步急停的方法接球，成基本站立姿势，接着快速起跳，同时双手持球上举。当身体接近最高点时，采用单手高手投篮出球手法将球投出（见图 3-1- 40）。

图 3-1-39　接球急停跳起单手投篮

图 3-1-40　接、运球急停跳起单手投篮

七、战术基础配合

篮球战术基础配合是指在篮球比赛中两三个队员之间有目的、有组织、相互协调行动的简单攻守配合方法，它是组成全队战术配合的基础。任何一种整体战术配合都离不开基础配合。战术基础配合包括进攻战术基础配合和防守战术基础配合两个部分。

（一）进攻战术基础配合

进攻战术基础配合包括传切、掩护、策应和突分配合。

1. 传切配合

传切配合是指进攻队员之间利用传球和切入技术组成的简单配合。它包括一传一切和空切配合。随着现代篮球高空技术和技巧的发展，具有配合简洁、突然、攻击性强的吊扣配合、一传一扣和空切与空中接球直接扣篮配合，也是比赛中经常使用的配合方法。

（1）一传一切配合

示例（见图 3-1-41）：⑤传球给④后，立刻摆脱对手❺向篮下切入，接同伴④的回传球投篮。

（2）空切配合

示例（见图 3-1-42）：④传球给⑤时，⑥趁其对手不备之机，突然横切或从底线切向篮下接⑤的传球投篮。

切入队员首先要掌握好切入时机，根据对方的防守情况，利用假动作摆脱，及时、快速切入篮下，并随时准备接球。传球队员要利用假动作吸引、牵制对手，并采用合理的传球方法及时、准确地将球传出。

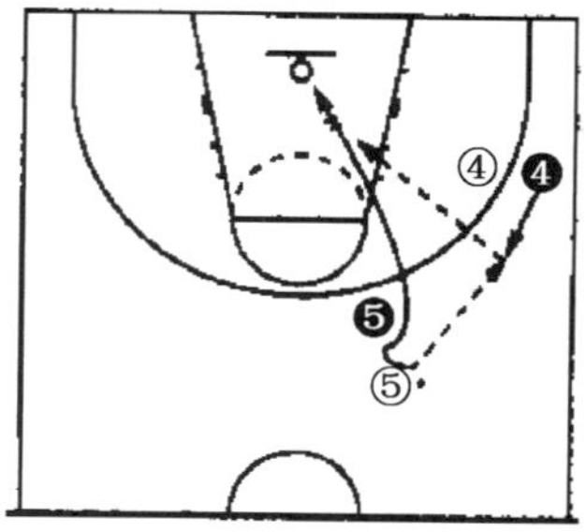

图 3-1-41　一传一切配合

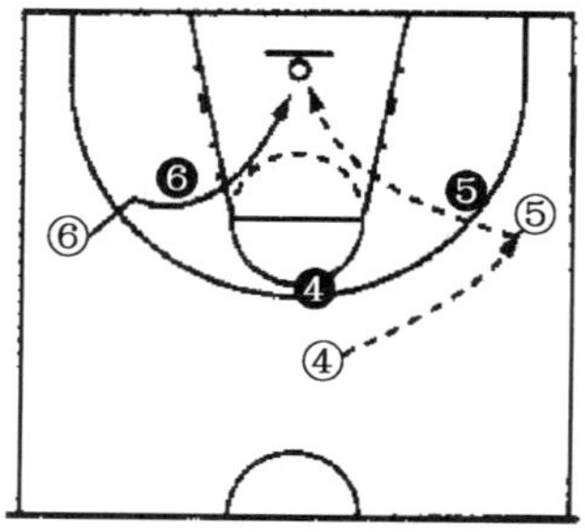

图 3-1-42　空切配合

2. 掩护配合

掩护配合是掩护队员采用合理的行动，以自己身体挡住同伴的防守者的移动路线，使同伴借以摆脱防守，创造更好的进攻机会的一种配合方法。一是掩护者主动去给同伴做掩护，用身体挡住被掩护者的移动路线，使同伴借以摆脱防守；二是摆脱者主动利用同伴的身体和位置把对手挡住，使自己摆脱防守。因此，掩护配合能否成功，关键是在一瞬间创造出位置差和时间差，争取空间与地面的优势而达到攻击的目的。

（1）侧掩护配合

示例 1（见图 3-1-43）：给无球队员做侧掩护（反掩护），⑤传球给④后，即向相反方向跑动给⑥做侧掩护，当⑤跑到⑥侧面掩护到位时，⑥摆脱防守切入篮下接④的传球投篮。

示例 2（见图 3-1-44）：给持球队员做侧掩护，⑤传球给④后跑到❹的侧面做掩护，④接球后做投篮或突破的动作，吸引❹的防守，当⑤掩护到位时，④持球从❹的右侧突破投篮，⑤掩护后及时移动到有利的位置去接球或抢篮板球。

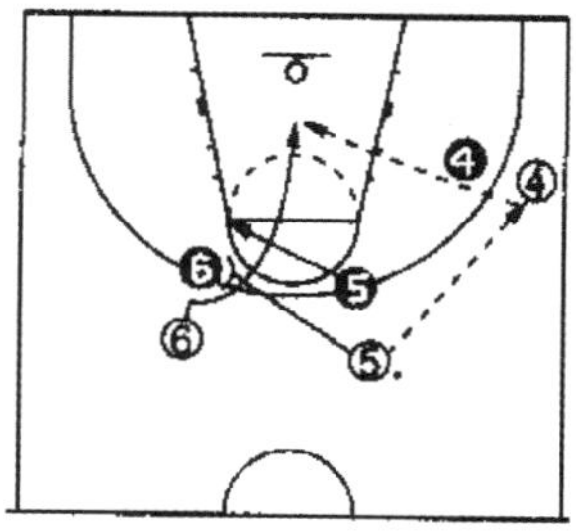

图 3-1-43　侧掩护配合 1

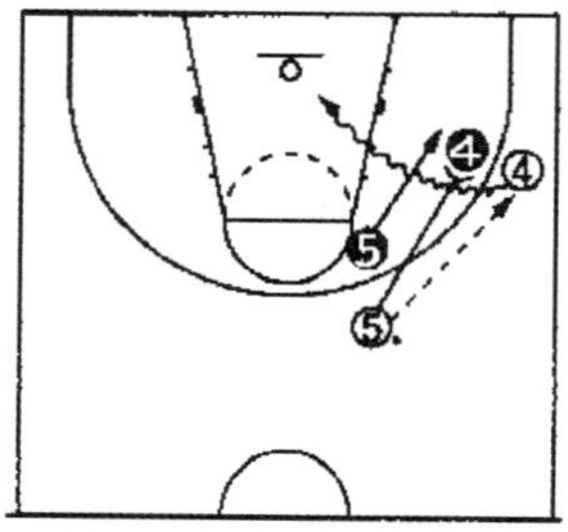

图 3-1-44　侧掩护配合 2

根据掩护者的移动路线、方法和变化，掩护后经常出现第二次机会（见图 3-1-

45)：⑤做掩护后对方换防时，④就不向篮下突破而适当向外拉开运球，⑤则及时利用转身把❹挡在身后而向篮下切入，接④的传球投篮。

（2）后掩护配合

示例1（见图3-1-46)：⑤传球给⑥时，④跑到❺身后给⑤做后掩护，⑤传球后做向左切入假动作吸引❺的防守，当④掩护到位时突然向右侧切入篮下接⑥的传球投篮。

示例2（见图3-1-47)：④给⑤做后掩护时，❹与❺换防，④及时转身切向篮下，接⑥的传球投篮（掩护后出现的第二次机会）。

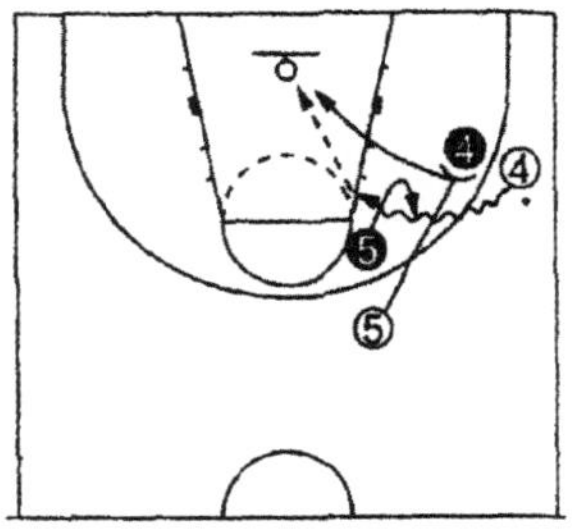
图3-1-45　侧掩护配合3

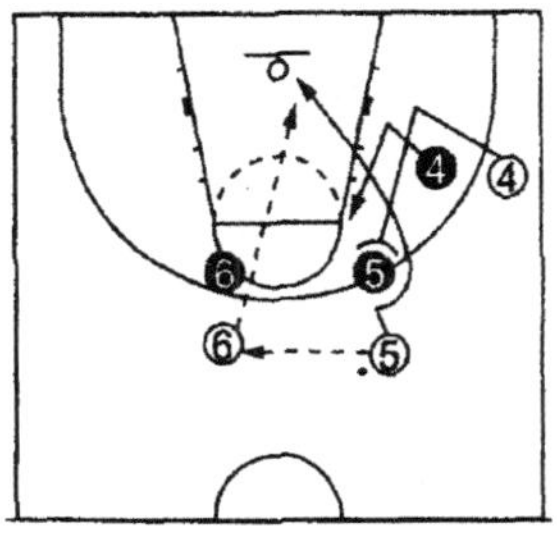
图3-1-46　后掩护配合1

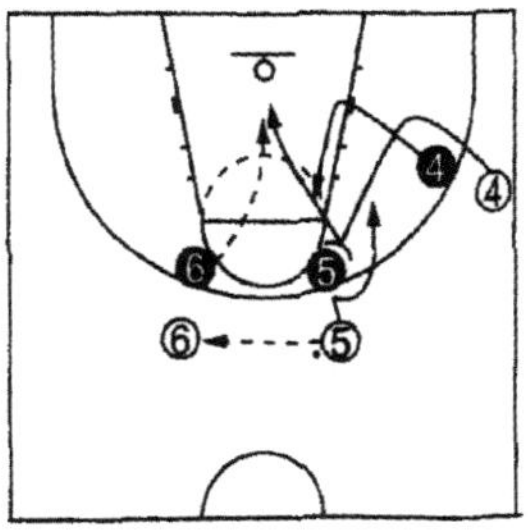
图3-1-47　后掩护配合2

（3）前掩护配合

前掩护配合是掩护者跑到同伴防守者的身前，用身体挡住防守者向前移动的路线，使同伴借机摆脱防守接球进行攻击的一种掩护方法。

示例（见图3-1-48)：⑥跑到⑤的前面给⑤做前掩护，⑤利用掩护拉出，接④传来的球投篮或做其他攻击动作。

3. 策应配合

策应配合是指进攻队员背对或侧对篮接球，由他为枢纽，与同伴配合而形成的一种里应外合的配合方法。

示例1（见图3-1-49)：④摆脱防守插到罚球线做策应，⑤将球传给④，并立即空切篮下，接④的策应传球投篮。

示例2（见图3-1-50)：④传球给策应者⑤，并从⑤身边切入篮下，⑥向底线下压后绕出，⑤可将球传给④做篮下进攻或传给⑥外围投篮，也可以自己进攻。

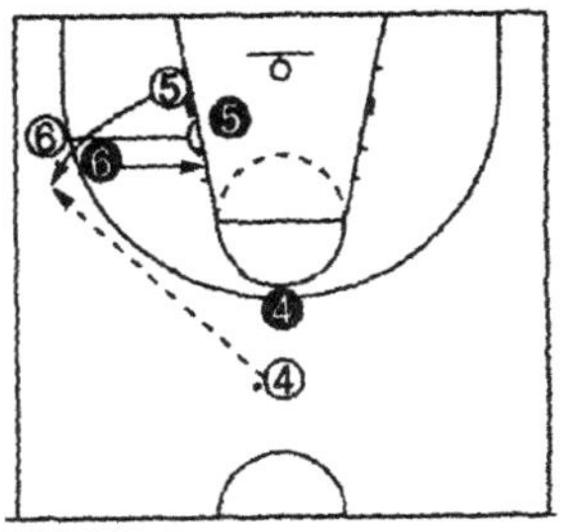
图3-1-48　前掩护配合

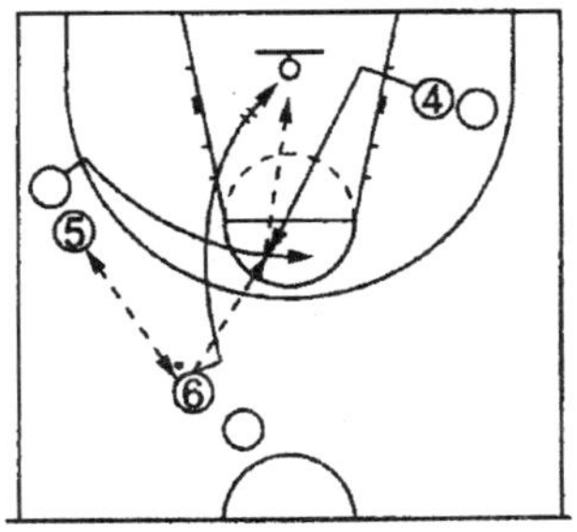
图3-1-49　策应配合1

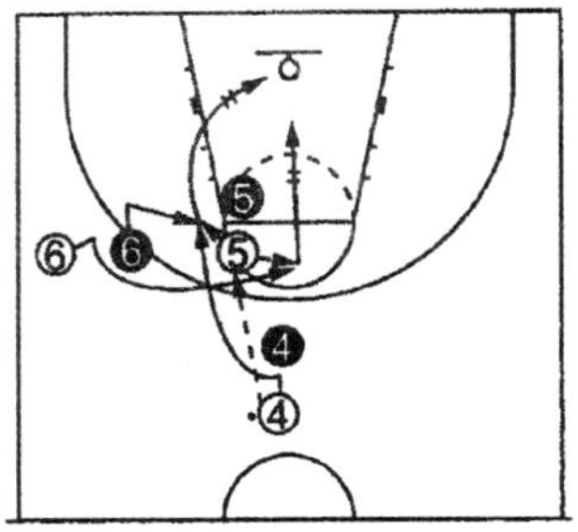
图3-1-50　策应配合2

4．突分配合

突分配合是指持球队员突破对手后，主动地或应变地利用传球与同伴进行攻击的一种配合方法。

示例（见图 3-1-51）：④持球从底线突破❹遇到❻补防时，及时传球给纵插到有利位置的⑤ 投篮。

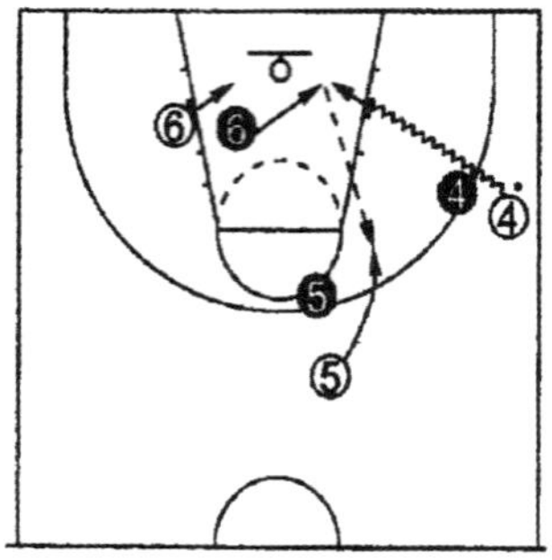

图 3-1-51　突分配合

（二）防守战术基础配合

防守战术基础配合，是在篮球比赛中两三个队员之间为了破坏对方进攻配合所组成的简单配合。防守战术基础配合包括防守掩护的配合、关门配合、夹击配合、补防配合等。

1．防守掩护的配合

（1）挤过配合是破坏掩护配合的积极有效方法之一。防守者在掩护队员临近自己时，要积极向前跨出一步，贴近自己的防守对手，从掩护者前面挤过去，继续防住自己的对手，防守掩护队员的同伴要及时呼应，并配合行动，以备补防。

示例（见图 3-1-52）：④传球给⑤后给⑥做掩护，❻在④靠近自己的一刹那，迅速抢前一步贴近⑥，并从⑥和④中间挤过去继续防守⑥。

（2）穿过配合是破坏掩护配合及时防住自己对手的一种配合。当进攻队员进行掩护时，防守去做掩护的队员要及时提醒同伴并主动后撤一步，让同伴及时从自己和掩护队员之间穿过，以便继续防住各自的对手。

示例（见图 3-1-53）：⑤传球给⑥后去给④做掩护，❺要及时提醒同伴，❹当⑤掩护到位前一刹那主动后撤一步，从⑤ 和❺中间穿过去，继续防守④。

图 3-1-52　挤过配合

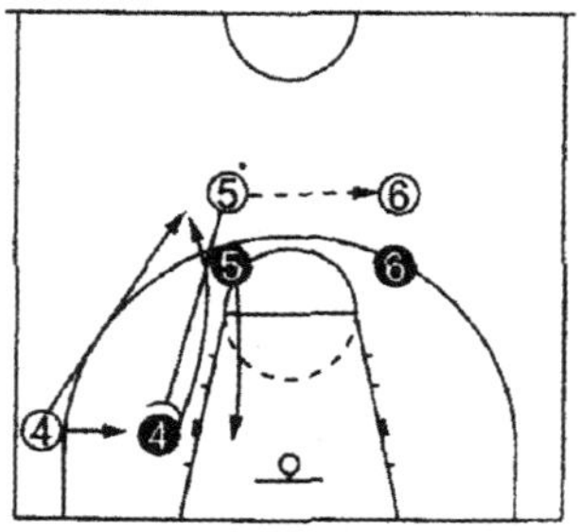

图 3-1-53　穿过配合

（3）绕过配合是破坏对方掩护配合及时防守自己对手的又一种配合，当进攻队员进行掩护时，防守做掩护的队员主动贴近对手，让同伴从自己的身旁绕过，继续防住各自的对手。

示例（见图 3-1-54）：⑥传球给⑤并去给他做掩护，⑤传球给④后利用⑥的掩护向篮下切入，⑤从⑥和❻的身后绕过继续防守⑤。

（4）交换防守配合是为了破坏进攻队员的掩护配合，防守队员之间及时呼应交换自己所防守对手的一种配合方法。

示例（见图 3-1-55）：⑤去给④做掩护，❺要主动给同伴发出换人的信号，及时堵截④向篮下突破的路线。此时❹应及时调整自己的防守位置，防止⑤向篮下空切。

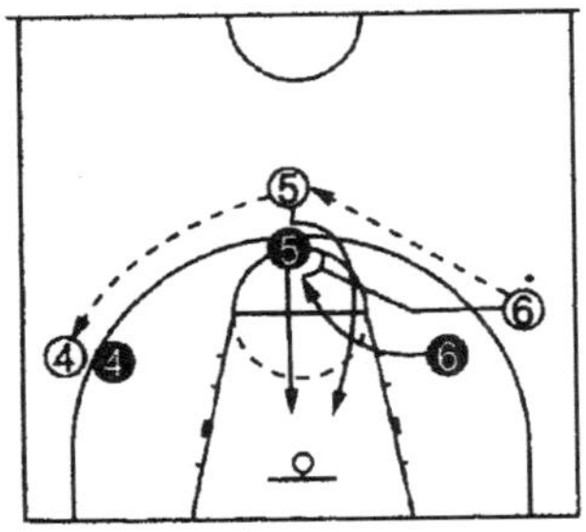

图 3-1-54　绕过配合

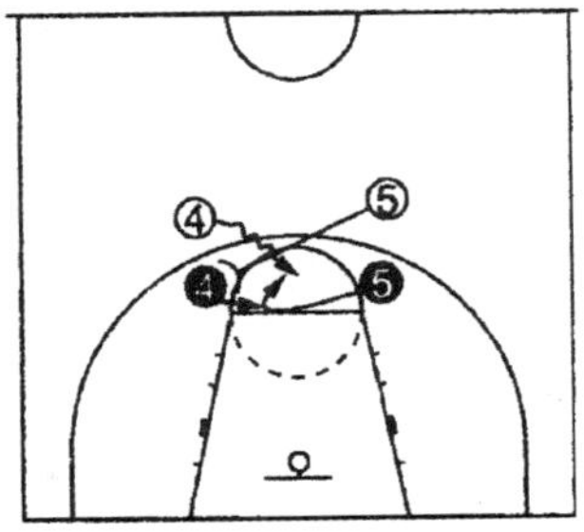

图 3-1-55　交换防守配合

2. 关门配合

关门配合是指两名防守队员靠拢，协同防守突破的配合方法。

示例（见图 3-1-56）：当⑤向右侧突破时，❹和❺进行“关门”；向左突破时，❺和❻进行“关门”。

3. 夹击配合

夹击配合是指两名防守队员有目的地同时采取突然的行动，封堵和围夹持球者的一种配合方法。夹击配合是一种攻击性和破坏性极强的防守配合，它能有效地控制持球队员的活动，给对手心理上造成巨大的压力，制造对方失误和形成本方的抢断球机会。

示例（见图 3-1-57）：④从底线突破，❹封堵底线，迫使④停球，❺同时迅速向底线跑去与❹协同夹击④，封堵其传球路线，迫使其违例或失误。

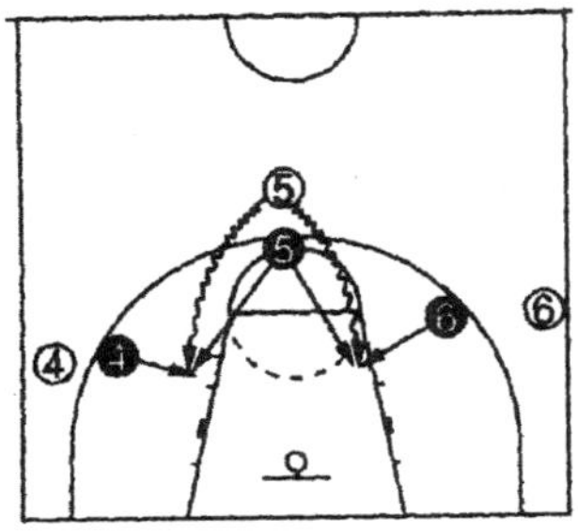

图 3-1-56　关门配合

图 3-1-57　夹击配合

4. 补防配合

补防配合是指防守队员在同伴漏防时，立即放弃自己的对手，去补防那个漏防的进攻者，而漏入的防守队员应及时换防另一进攻者的一种协同防守配合方法。

示例（见图 3-1-58）：⑤传球给④后，突然摆脱❺的防守直插篮下，此时，⑤放弃对❺的防守而补防❻，❺去补防⑥。

图 3-1-58　补防配合

八、考试标准

（一）考核内容

1. 综合技能部分（100 分，权重 70%）

（1）罚球线定点投篮（35 分）。

（2）男生半场运球上篮 4 次计时测定（35 分）；女生半场运球上篮 4 次主观评定（35 分）。

（3）身体素质考核（30 分）。

全场见线折返跑，测试者按端线、罚球线、中场线、对面端线顺序跑完全程。从一侧端线开始，听到信号后出发，至近侧罚球线急停，转身迅速折回至起跑的端线，急停转身，跑至中线，折回端线，急停转身跑向另一侧罚球线，折回至原起跑的端线急停转身，跑至另一侧端线，折回冲刺至原起跑的端线。

2. 平时成绩（100 分，权重 30%）

（1）平时表现（40 分）。

（2）出勤情况（60 分）。

（二）评分标准

1. 综合技能部分

（1）罚球线定点投篮

每人投 5 球，每投一球后自己捡篮板球回到罚球线继续投篮，投中一次计 7 分，总计 35 分。

（2）运球上篮

评分标准见表 3-1-1。

表 3-1-1　运球上篮评分标准

时间	<28	28″0～29″9	30″0～31″9	32″0～33″9	34″0～35″9	36″0～37″9
得分	35	34	33	32	31	30
时间	38″0～39″9	40″0～41″9	42″0～43″9	44″0～45″9	46″0～47″9	48″0～49″9
得分	29	28	27	26	25	24
时间	50″0～51″9	52″0～53″9	54″0～55″9	56″0～57″9	58″0～59″9	>60″00
得分	23	22	21	20	19	15

① 33～35 分：动作流畅，有一定速度，各项技术衔接连贯，上篮投中。

② 30～32 分：有一定速度，各种技术衔接连贯，上篮不中。

③ 27～29 分：有一定的速度，出现走步或者技术不衔接，上篮投中。

④ 23～26 分：速度较慢，上篮不中。

⑤ 23 分以下：各项技术衔接不连贯，出现走步，上篮不中。

（2）身体素质

篮球场全场见线折返跑考试评分标准见表 3-1-2。

表 3-1-2　折返跑评分标准

男子（成绩）	女子（成绩）	分数	男子（成绩）	女子（成绩）	分数
<30″0	<35″0	30	34″6－35″0	39″1－40″0	20
30″1～30″5	35″1～35″5	29	35″1～35″5	40″1～40″5	19
30″6～31″0	35″6～36″0	28	35″6～36″0	40″6～41″0	18
31″1～31″5	36″1～36″5	27	36″1～36″5	41″1～41″5	17
31″6～32″0	36″6～37″0	26	36″6～37″0	41″6～42″0	16
32″1～32″5	37″1～37″5	25	37″1～37″5	42″1～42″5	15
32″6～33″0	37″6～38″0	24	37″6～38″0	42″6～43″0	14
33″1～33″5	38″1～38″5	23	38″1～38″5	43″1～43″5	13
33″6～34″0	38″6～39″0	22	38″6～39″0	43″6～44″0	12
34″6～34″5	39″1～39″5	21	>39″0	>44″0	11

2. 平时成绩

（1）课堂表现 40 分。课堂学习的态度是否积极、认真、端正，技术、技能表现进步程度。

（2）出勤情况 60 分。每缺勤一次扣 10 分，缺勤 5 次及 5 次以上者将被取消考试资格。

（三）成绩计算方法

学生最终成绩＝平时成绩×30%＋专项技术分×70%

第二节　足球俱乐部

一、足球运动概述

足球运动是世界上开展得最为广泛、影响最大的体育运动项目之一，被誉为“世界第一运动”。足球以控制球和支配对手为基本手段，以球射入对方球门的多少来判定胜负。它的魅力不仅在于狂放的战术表演和精妙配合，更在于比赛场上那瞬息万变、摄人心魄的刺激，以及激烈的对抗、凶猛的拼抢。现代足球运动的价值和影响，已经远远超出了足球运动本身，它对振奋民族精神和促进精神文明建设都具有非常重要的意义。

早在三千五百年前的殷代，就有了“足球舞”。这是古代足球游戏的雏形。据有关史料记载，战国时代我国民间已盛行集体的“蹴鞠”游戏。它以脚为主支配球，类似现在足球的游戏，到了唐代还在女子中盛行，成为当时宫廷中的一种高雅运动，由于受封建思想的影响，我国古代“足球”最终消亡。

1863 年 10 月 26 日，英国人成立了世界上第一个足球协会——英格兰足球协会，制定了较为统一的足球竞赛规则，这标志着足球运动的发展进入了一个崭新的阶段。1900 年，第 2 届奥运会将足球列为正式比赛项目。1904 年，国际足球协会联合会（简称国际足联 FIFA）在法国巴黎成立。1928 年，第 9 届奥运会后，国际足联举办职业球员的国际大赛，每 4 年举办一次世界性足球赛，1956 年，改名为“雷米特杯赛”，后称为“世界足球锦标赛”，简称“世界杯”。

1986 年，我国首次进入奥运会足球决赛阶段的比赛。2002 年，中国足球历经 44 年的冲击，第一次进入世界杯决赛阶段的比赛，极大地刺激了人们的爱国热忱，振奋了中华民族的顽强拼搏精神，鼓舞了华夏子孙的大无畏斗志。

二、足球基本技术

足球技术是指队员在足球比赛中所采用的合理动作的总称，是在足球的历史演变中不断形成、发展和完善起来的。足球基本技术包括踢球、运球、头球、抢截球、守门员技术。

（一）踢球

1. 脚内侧踢球（又称脚踢球）

这是一种用脚内侧部位（跖趾关节、舟骨、跟骨等所形成的平面）踢球的方法。其特点是脚与球接触面积大，出球准确，且易于掌握。但由于踢球时要求大腿前摆到一定程度时需要外展且屈膝，故大腿与小腿的摆动都受到限制，因此出球力量相对较小。但出球力量不大，只适用于近距离传球配合和射门。

踢定位球时，直线助跑，支持脚踏在球的侧后方约 15 cm 处，膝关节微屈，在支撑脚着地时，踢球腿大腿带动小腿由后向前摆动。在前摆的过程中大腿外展，当膝关节的摆动接近球的正上方时小腿做爆发式摆动。在触球前将脚跟送出使得脚内侧部位所形成平面与小球方向垂直，踢球脚脚底与地面平行，脚尖微微翘起，踝关节保持紧张，用脚内侧部位击球的后中部（见图 3-2-1）。

图 3-2-1　脚内侧击球

2. 脚背内侧踢球（又称内脚背踢球）

这是一种用第一跖骨及跖趾关节部位（见图 3-2-2）触击球的踢球方法。踢球的力量大，出球路线的变化多，是应用最多的一种踢球方法，适用于中远距离传球和射门。比赛中常用脚背内侧踢定位球，传过顶球或转身踢球。

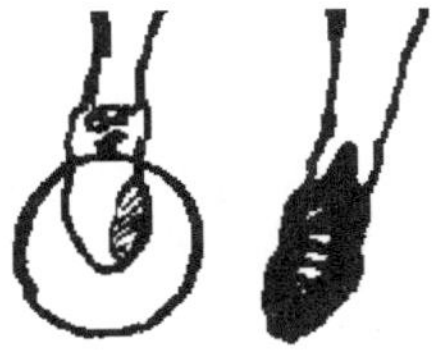

图 3-2-2　脚背内侧

踢定位球时，斜线助跑，助跑方向与出球方向约呈 45°，最后一步稍大，以支撑脚底积极着地，脚尖指向出球方向，距球内侧后方 20 ~ 25 cm，膝关节微屈，身体稍向支撑脚一侧倾斜。在支撑脚着地的同时踢球腿以髋关节为轴，大腿带动小腿由后向前摆。当身体转向出球方向，膝盖摆至接近球的内侧上方向的刹那，小腿做爆发式前摆，脚尖稍外转，脚背跖屈，脚趾扣紧，脚背绷直，脚尖指向斜下方，以脚背内侧踢球的后中部，踢球腿继续前摆，两臂外展以维持身体平衡（见图 3-2-3）。

图 3-2-3　脚背内侧踢球

3. 脚背正面踢球

脚背正面踢球时，又称正脚背踢球，脚背与球的接触面积相对较大，因而踢球力量也大，准确性也较强。但受以上因素影响，出球的方向及性质相对变化也较小。在比赛中经常使用脚背正面踢定位球、地滚球、空中球等。球的性质多为不旋转的直线球。

踢定位球时，直线助跑，最后一步稍大，支撑脚全掌积极着地，踏在球的侧方 10 ~ 15 cm 处，脚尖正对出球方向，膝关节微屈，踢球腿屈膝后摆，在支撑脚着地的同时，以大腿带动小腿，加快小腿的摆速由后向前摆，脚背绷直，当膝关节摆至接近球的正上方时，小腿做爆发式的摆动，脚趾屈，以脚背正面部位击球的后中部（见图 3-2-4）。

图 3-2-4　脚背正面踢球

4. 脚背外侧踢球（又称外脚背踢球）

这种踢法难度大，踢这种球的脚踝灵活性较大，摆腿方向变化较多，且助跑时又是正常的跑动姿势，出球隐蔽性较强，运用范围广，变化多，突然性强，适用于中远距离的传球和射门。

踢定位球（平直球）时，基本与脚背正面踢球相同，只是在踢球的瞬间，摆动腿的膝关节和脚尖内转，脚面绷直，脚趾紧屈并提膝，以脚外侧部位踢球的后中部。

（二）运球

运球指运动员在跑动中用脚的推、拨、扣，使球保持在自己控制范围内的连续触球动作，目的在于突破对方防守，组织进攻。

运球时，身体自然放松，上体稍前倾，两臂自然摆动，步幅适中。带球时脚提起，膝关节微屈，脚背正面带球要脚尖下指，脚背外侧带球要脚内转，在迈步前伸着地前，用脚推拨球，扩大视野，同时兼顾球和场上情况。

1. 常用运球技术

常用的运球技术有脚内侧运球、脚背正面运球、脚背外侧运球、脚背内侧运球。

（1）脚内侧运球：要求在运球前进时支撑脚始终领先于球，位于球的侧前方，肩部指向运球方向，支撑腿膝关节微屈，重心放在支撑腿上，另一条腿提起屈膝，用脚内侧推球前进，然后运球脚着地。

由于肩部指向运球方向，身体侧转，虽然移动速度较慢，但身体前倾有利于将对方与球隔开，因而这种技术多用在运球寻找配合传球时，或有对方阻拦需用身体做掩护时。

（2）脚背正面运球：运球时身体持正常跑动姿势，上体稍前倾，步幅不宜过大，运球腿提起，膝关节稍屈，髋关节前送，提踵，脚尖下指，在着地前用脚背正面部位触球后中部将球推送前进。

由于脚背正面运球时身体持正常跑动姿势，故可以发挥出较快的速度，因而这种技术多用在运球前方一定距离内无对手阻拦时。

（3）脚背外侧运球：运球时身体持正常跑动姿势，上体稍前倾，步幅不宜过大，运球腿提起，膝关节稍屈，髋关节前送，提踵，脚尖绕矢状轴向内旋转，使脚背外侧正对运球方向，在运球脚落地前用脚背外侧推拨球的后中部（见图 3-2-5）。

脚背外侧运球时，身体姿势与正常跑动时相同，因而可以发挥出较快的速度，故与脚背正面运球有相同的用途。另外，利用脚腕的动作可以很快改变脚背外侧面所正对的方向，故在运球脚一侧改变方向时也多采用这种运球方法。这种方法能用身体将对手与球隔开，故掩护时也常使用。

图 3-2-5　脚背外侧运球

（4）脚背内侧运球：身体稍侧转并自然协调放松，步幅小，上体前倾，运球腿提起外展，膝微屈外转，提踵，脚尖外转，使脚背内侧正对运球方向，在运球脚落地前用脚背内侧推拨球，使球随身体前进。

脚背内侧运球由于身体稍侧转，不能采用正常跑动姿势，因而不适用于高速运球。但由于接触部位和支撑位置的特点易于完成向支撑脚一侧的转动，故多用于向支撑脚一侧的转动变向运球。

2. 其他运球技术

（1）拨球。利用脚踝关节向侧的转动，以达到用脚背内侧或脚背外侧触球，将球拨向身体的侧前方、侧方、侧后方（见图 3-2-6）。

图 3-2-6　拨球

（2）拉球。将前脚掌放在球的上部或侧上部，另一脚在球的侧后方支撑，然后触球脚向后下方用力将球拉回。

回拉球一般都是在躲开或引诱对方出脚抢球的瞬间将球拉回造成对方抢球落空，使其重心随抢球脚前移，乘对手难于返回的瞬间将球迅速推送出去越过防守者（见图 3-2-7）。拉球时，除了往回拉以外，也常使用接触球的上部向左右侧拉球。

图 3-2-7　拉球

（3）扣球。这种方法与拨球相同，不同的是它的用力是突然的，并且伴随着突然转身或急停，使对手在来不及调整重心的瞬间，突然从反方向推送球越过对手的防守（见图 3-2-8）。

图 3-2-8　扣球

3. 运球过人的方法

在初步掌握运球的基本方法后，在无对手阻拦时可以将球控制在自己的周围。当遇到对手阻挡时，要想越过对手的阻拦，必须恰当地综合使用这些方法，抓住对手瞬间出现的漏洞，越过对手。

（1）利用速度强行过人

持球者以突然的快速推拨球，并与快速的奔跑相结合越过对手的阻拦。使用这种方法必须具备以下几个条件：① 对手身后的较大纵深内无其他的防守者；② 其他防守者难以补位；③ 持球者高速运球。对手跑上来准备抢球，或持球者与防守者僵持时，持球者突然推拨球起动。这种方法主要是利用自己的起动速度，或抓住对手突停突起或突然起动时的时间差。

（2）利用身体的掩护强行过人

当持球者接近对手时双方速度减慢，持球者侧身用身体靠住对手以另一侧脚将球拨出，同时转身将对手倚在身后并随球越过对手。这种方法一是要求持球队员有能力倚住对手而不被对方挤开；二是将球控制在远离对手的一侧，对手伸脚时不能触及球；三是在抵住对手时不可将重心偏离支撑面，否则一旦对手闪开自己也会失去平衡。

（3）恰当地组合推、拨、挑、扣、拉等动作过人

以单脚或双脚轮流选用上述动作，使组合起来的动作适时地变化运球的方向与速度，使对手难以判断过人的方向与时机，或造成对手重心出现错误的移动，运球者抓住其漏洞而越过对手。

（4）运球假动作过人

这种方法是运球者利用腿部、上体的晃动使对手产生错觉，在对手做抢球动作时，使其重心产生错误的移动，运球者则抓住时机从另一方向越过对手。

比赛中运球过人的方法很多，只有熟练掌握上述各种运球方法和动作，并注意掌握下列诸因素，才能在比赛中较有把握地完成运球过人：① 注意观察对手所处的位置，然后再决定自己所采取的过人方法。② 掌握好过人时机。过人的时机要根据临场防守者的情况而定。例如，运球行进速度很快时，应离对手近些再实施过人动作，否则对手将有时间转身起动将球追上；用假动作过人时，应善于利用对手因判断错误而造成重心移动的时机实施过人动作，这样，对手再调整重心时已为时过晚。

（三）头球

各种头球都是由蹬地、摆体、颈部紧张、甩头或头正面击球等动作所组成。头触

球的部位和触球的时间是头球的重要环节。头球时要养成目迎目送的习惯。

头球的力法分为前额正面顶球和侧面顶球等，可以原地顶球，也可以跳起顶球，还可以鱼跃顶球。

原地头顶球时，身体正对来球方向，眼睛注视来球，两脚左右开立（或前后开立），膝关节微屈，重心置于两脚间，两臂自然张开。当球运行到将垂直于地面的垂线时，两腿用力蹬地，迅速向前摆体，颈部保持紧张，微收下颌。在触球瞬间颈部做爆发式振摆，用前额正面击球中部，上体随球前摆（见图 3-2-9）。

图 3-2-9　头球

（四）抢截球

抢截球技术是指运动员在规则允许的范围内，使用身体的合理部位将对手控制的球夺过来或破坏掉。

1. 正面跨步堵抢

抢球者迎着运球者而站，两膝微屈，身体重心下降并置于两脚间，当运球者与抢球者间的距离缩小到一定范围（即抢球者上前跨一大步可能触及球），运球者脚触球后即将落地或刚刚落地时，抢球者后脚用力蹬地并跨步向前，以脚内侧去堵截球，当已堵住球时，另一只脚应迅速上步，身体重心也迅速跟上并将球控制好（见图 3-2-10）。

2. 合理冲撞抢球

当防守者并肩与运球者跑动追球时，防守者重心稍下降，靠近对手一侧的手臂紧贴身体，利用对方同侧脚离地的过程，用肘关节以上部位适当冲撞对手同样部位，使对手身体失去平衡，乘机将球控制住（见图 3-2-11）。

图 3-2-10　正面跨步堵抢

图 3-2-11　合理冲撞抢球

3. 正面铲球

移动接近控球者，膝关节微屈，重心下降，当控球者触球脚触球后尚未落地时，抢球者双脚沿地面向球滑铲，随即用手扶地向一侧翻滚，并尽快起身。

4. 异侧脚铲球

当双方都不能用正常的动作触球时（指跑动中），防守者应根据与球的距离，同侧脚用力蹬地使身体跃出，异侧脚向前沿地面对着球滑出，脚底将球铲出，然后小腿外侧、大腿外侧、手依次着地。或铲出球后身体向铲球腿一侧翻转，手撑地后立即起身，使身体恢复到与下一动作衔接的状态和位置（见图 3-2-12）。

图 3-2-12　异侧脚铲球

5. 同侧脚铲球

防守者在跑动中根据双方离球的距离做出判断，当对手不能立即触球时，用异侧脚用力蹬地，使身体向前方跃出，同侧脚沿地面向前滑出的同时向外摆踢（脚踝应有向外的动作），用脚背外侧将球踢出；也可用脚尖将球捅出，接着向对手一侧翻转，手撑地迅速恢复到下一个动作所需要的位置。

6. 截球

选择恰当的位置和时间，从对方背后突然插上，果断快速地利用踢、铲和接球等动作把对方队员之间传出的地滚球和空中球抢截下来或破坏掉。

在比赛中需采用“照相”的方法，先判断传球角度，然后边判断边堵上去，看准机会再出脚抢球。两脚前后开立，两膝稍弯曲，身体重心下降，重心平均落在两脚上，面向对手，两跟注视对手的下肢动作，随着球的变化，迅速调整防守重心。

（五）守门员技术

1. 位置选择

守门员为了守住球门，首先要选择正确合理的位置。位置的选择应根据对方射门地点和射门时球所处的位置而定。

2. 跪撑式接球

多用于向侧移步接球。接左侧球时，左腿屈，右腿跪撑于左脚附近，距离不得超过球的直径，两手掌心向上，前迎触球后将球抱于怀中（见图 3-2-13）；接右侧球时，动作相同，方向相反。

图 3-2-13　跪撑式接球

3. 扑接球

扑侧面球时，异侧脚用力蹬地，双手快速向侧伸出，一手置于球后，另一侧手置于球的侧后上方，同时身体向同侧脚方向倒地，落地时以小腿、大腿、臀、肘外侧依次着地，落地后即团身（见图 3-2-14）。

图 3-2-14　扑接球

三、足球战术

足球战术是指在比赛攻守过程中，为了战胜对手，根据主客观的实际所采取的个人行动和集体配合的总称。足球战术可分为进攻战术和防守战术两大系统，其中又分别包含着个人战术和由两人或两人以上协同配合的集体战术。正确地组织战术和运用战术是夺取比赛胜利的重要因素。比赛阵形是指队员在场上的攻守力量搭配、职责分工、位置排列，它有助于各种战术目的和方法的实现。足球战术通常采用的阵形有“4—4—2”“4—3—3”“3—5—2”“5—3—2”和“1—3—3—3”。

（一）足球进攻战术

1. 个人进攻战术

个人进攻战术是指队员在比赛中为战胜对手，完成全队进攻战术任务而采取的行动。个人战术重点介绍摆脱与跑位。

（1）摆脱：摆脱可以采用突然起动、冲刺跑、急停、突然变向、突然变速和假动作等方法。

（2）跑位：跑位可以起到接应、策动、牵制、突破等作用。

2. 局部进攻战术

足球比赛中，全队的进攻战术配合都由若干局部进攻配合所构成。无论多么复杂、精细的全队进攻配合，都必须通过局部进攻配合来完成。所谓局部进攻配合是指在局部区域中，2 名或 3 名队员，通过运球、传球、跑位等配合，突破 1 名或 2 名防守队员的方法。

比赛中经常采用的两人配合进攻方法有传切配合二过一、碰墙式配合二过一、回传反切二过一和交叉掩护二过一。“二过一”是足球比赛中最常用、最有效、最简捷的进攻配合方法。不论在球场任何一个区域、任何两名同队队员都可以采用。在局部区域，两人进攻配合能力的强弱直接反映了全队进攻配合的质量，也反映了队员的技术水平、战术意识及配合默契的程度。

（1）传切配合二过一

传切配合二过一是两名进攻队员通过一传、一切配合越过一名防守队员的配合方法，有斜传直插二过一和直传斜插二过一两种形式（见图 3-2-15）。

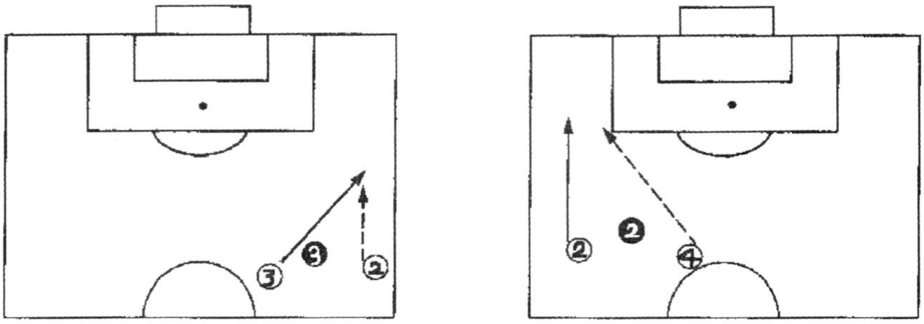

图 3-2-15　传切配合二过一

斜传直插二过一和直传斜插二过一都是只通过一次传球和穿插就越过一名防守队员。配合十分简捷和实用。在进行配合时，两名进攻队员要保持适当的距离。控球队员可采用运球或其他动作，诱使防守者上前阻截。插入的队员必须突然、快速起动，但应避免越位。

（2）碰墙式配合二过一

碰墙式配合二过一是两名进攻队员通过两次传球越过一名防守队员的配合方法（见图 3-2-16）。

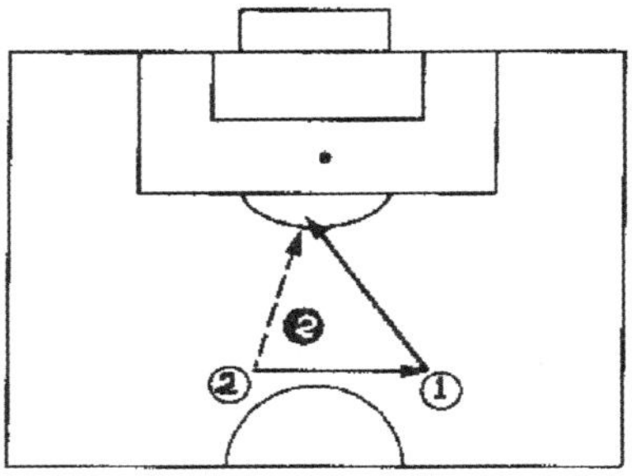

图 3-2-16　碰墙式二过一

运用这项技术时，持球队员要带球逼近防守队员，把防守队员吸引过来，距离 2～3 m 处传球。最好传地滚球，力量适度，方向准确，传球后立即快速插入，准备接球。接应队员要突然摆脱防守者与持球同伴形成三角形位置，并侧对进攻方向，以利于观察传球。传球力量适当，传球到位，尽量传地滚球。

（3）回传反切二过一

回传反切二过一是通过三次传球组成的配合方法（见图 3-2-17）。运用回传反切二过一配合时，要有一定的纵深距离。特别是在罚球区前中路地区，要估计到守门员可能出来断截的情况。

运用这项技术时，持球队员要距接球队员 8～10 m 处传球，要向接球队员脚下传球，力量应稍大些，接回传后，立即将球传到防守队员身后的空当，传球要到位，力量要适当。反切队员回撤接球要逼真，以引诱防守队员实施紧逼，制造防守队员身后的空当，回传后，迅速转身，插向防守队员身后的空当。

（4）交叉掩护二过一

交叉掩护二过一是两名进攻队员通过运球与身体的掩护越过一名防守队员的配合方法（见图 3-2-18）。

运用这项技术时，持球队员要用远离防守者的脚带球，将身体置于球与对手之间保护球，完成配合后要继续跑位进攻。接球切入队员要靠近运球同伴以接应之势迷惑对手，选择有利时机突然起动，接带球越过对手。

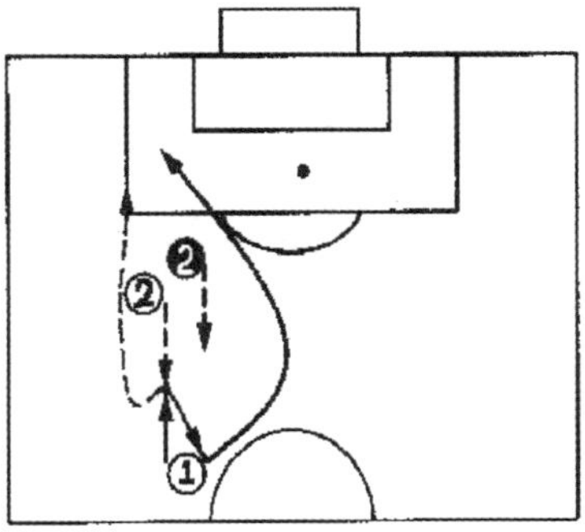

图 3-2-17　回传反切二过一

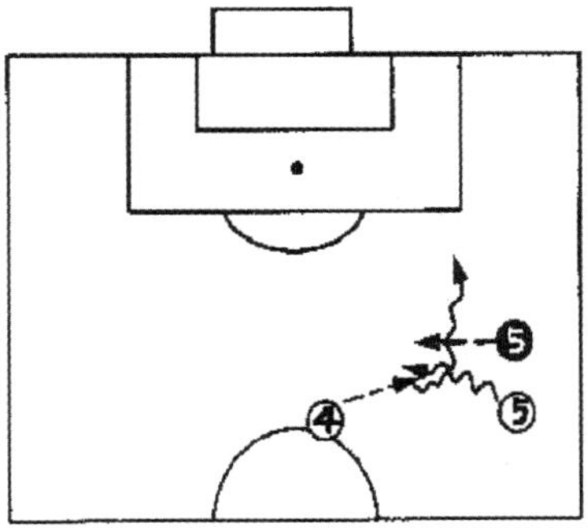

图 3-2-18　交叉掩护二过一

3．全队进攻战术

全队进攻战术指进攻的面比较广、投入人数比较多的进攻配合。这里重点介绍边路进攻和中路进攻。

（1）边路进攻是指在对方半场两侧地区发起的进攻。由于两侧地区防守队员相对较少，空隙较大，攻方在这一地区便于发动进攻，突破防线，创造攻门机会。但是由于离球门远、角度小，直接得分的可能性小，大多数的攻门仍然由边路突破传中后，由中路和异侧同伴包抄完成（见图 3-2-19）。

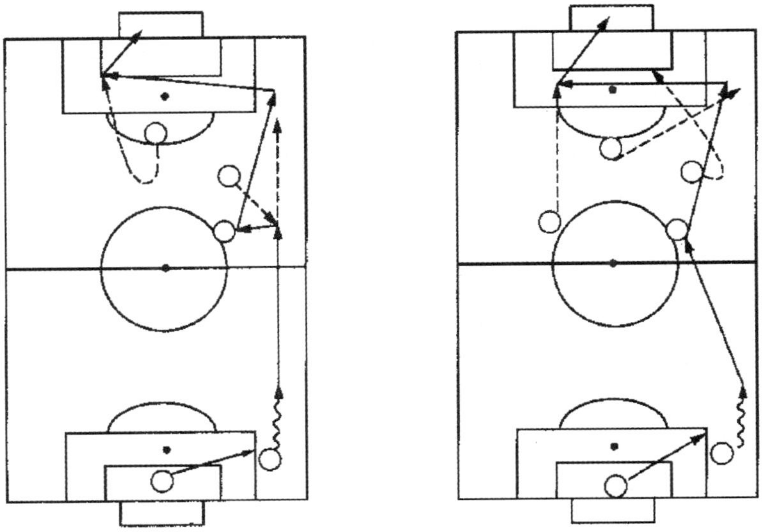

图 3-2-19　边路进攻

（2）中路进攻是指在对方半场中间地带发起的进攻。中路进攻主要通过中锋、内切的边锋或插上的前卫，运用个人突破、二过一配合等方法，达到射门得分的目的。一般有由守门员发动进攻、由后卫发动进攻等形式（见图 3-2-20）。

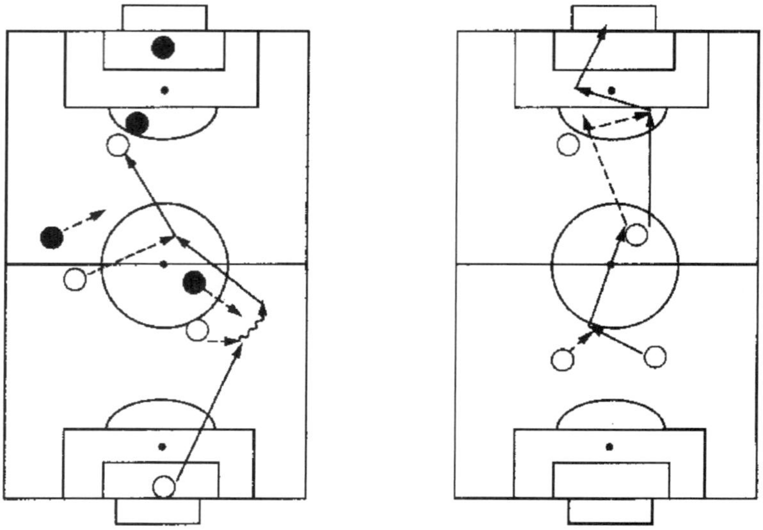

图 3-2-20　中路进攻

（二）足球防守战术

1. 个人防守战术

选位与盯人：后插防守时，应选位于对手与本方球门中心构成的直线上，还应使自己能够清楚地观察到插上情况和球的移动方向，使之控于自己的视野之内。盯人有紧盯人和松盯人两种。一般情况下，离球近或有可能接球的队员及对球门有威胁的队员要紧逼盯人；距球远的一侧采取松盯人。

2. 局部防守战术

保护与补位是局部集体防守的基础。保护是补位的前提，没有保护也就不可能有效地补位。队员间适当的斜线位是保护选位的基本要求，也是后卫线防守站位的基本原则。后卫的斜线站位，相互间的纵深距离不能太大。补位是防守队员补同伴在防守中出现的漏洞，是防守队员间相互协助的一种方法。

3. 全队防守战术

全队防守战术包括盯人防守、区域防守和混合防守。混合防守是当今比赛普遍采用的一种防守战术，它集中了盯人防守和区域防守两者的优点，在防守中能够根据场上情况进行逼抢、盯人和补位，延缓对方进攻。快速回防到位、保持防守层次、相互保护、及时补位保护门前重地是防守的关键。

四、考试标准

（一）综合技术评定（100 分，权重 70%）

1. 颠球（50 分）

（1）方法：受测者用下肢、胸部、头部颠球。

（2）规则：颠球高度不限，不要求两脚或大腿交替颠球。颠球过程中球落地或手臂触球时颠球即停，考试停止。

（3）评分标准：见表 3-2-1。

表 3-2-1　颠球评分标准

得分		100	95	90	85	80	75	70	65	60	55	50	45
次数	男	40	50	30	25	20	17	15	12	10	8	7	6
	女	22	20	18	16	14	12	10	8	6	5	4	3

2. 定位球踢远（50 分）

（1）方法：受测者将定位球凌空踢起，落在 10 m 宽的范围内，按第一落点丈量成绩。

（2）规则：受测者每人踢 3 个，以最远的一个丈量成绩。球必须凌空踢起，地滚球的远度为零，球必须落在规定的地区内，触界线为有效球，球的整体出界为失误球。

（3）评分标准：见表 3-2-2。

表 3-2-2　定位球踢远评分标准

得分		100	95	90	85	80	75	70	65	60	55	50	45
远度/m	男	36	34	32	30	28	26	24	22	20	18	16	4
	女	24	22	20	18	16	14	13	12	11	10	9	8

3. 20 米往返绕杆运球（50 分）

（1）方法：设杆 5 条，每杆之间相距 4 m，受测者从起点开始，听到教师的“开始”口令，即运球依次绕完 5 条杆后返回，再依次绕完 5 条杆到起点，运过起点时停表，以时间来评定成绩。

（2）规则：每人 3 次机会，必须依次绕杆，不得漏杆，否则考试无效。

（3）评分标准：见表 3-2-3。

表 3-2-3　20 米往返绕杆运球

得分		100	95	90	85	80	75	70	65	60	55	50	45
时间	男	13″0	13″5	14″0	14″5	15″0	15″5	16″0	16″5	17″0	17″5	18″0	18″5
	女	16″5	17″0	17″5	18″0	18″5	19″0	19″5	20″0	20″5	21″0	21″5	22″ 0

4. 脚内侧射门（50 分）

（1）方法：以跨栏架为门，用脚内侧从 10 m（女生 8 m）距离以地滚球射门，以进球数计算成绩。

（2）规则：每人 1 次机会，射 10 次，必须用脚弓射门，如球碰到栏架柱回弹，算进一次。

（3）评分标准：见表 3-2-4。

表 3-2-4　脚内侧射门评分标准

得分		100	90	80	70	60	50	45
时间	男	10	9	8	7	6	5	4
	女	8	7	6	5	4	3	2

以上 4 项考核内容，学生考核时任选两项，各占各项考核的 50%。

（二）平时成绩（100 分，权重 30%）

（1）课堂表现 40 分。课堂学习的态度是否积极、认真、端正，技术、技能表现进步程度。

（2）出勤情况 60 分。每缺勤一次扣 12 分，缺勤 5 次及 5 次以上者将被取消考试资格。

（三）成绩计算方法

学生最终成绩 = 平时成绩 ×30% + 专项技术分 ×70%

第三节　排球俱乐部

一、排球运动概述

排球运动是两队对抗，在间隔球网的场地上以身体任何部位击球过网，而不使球在本方场区内落地以决胜负的一项集体性球类运动。1895 年由美国人威廉·摩根发明，19 世纪末 20 世纪初传入中国。

目前，为中国广大排球爱好者所关注的赛事有奥运会排球比赛、世界排球锦标赛、世界杯比赛、亚洲杯比赛、中国排球联赛等。其中女子比赛更令球迷关注，这主要是因为自 1981 年至 2003 年以来，中国女子排球队先后 6 次夺得世界冠军，排球一度成为我国的国球。

经常参加排球运动，不仅能提高人们的力量、速度、灵敏、弹跳、反应等身体素质和运动能力，还能培养顽强、积极、果断等优良品质。排球场设备简单，比赛规则容易掌握，运动量可大可小，因而成为我国人民喜爱的运动项目之一。

二、基本技术

排球常用的基本技术有准备姿势和移动、发球、垫球、传球、扣球、拦网。

（一）准备姿势和移动

1. 一般准备姿势

两脚左右开立的距离应稍宽于肩，前后的距离比左右小，根据个人的习惯或场上站位的不同，可以有意识地用某一脚站在前面。膝稍屈，弯曲的程度应根据来球的情况而有所变化。上体保持稍前倾，重心靠前。两臂自然弯曲置于腰腹或胸前。整个身体姿势应处于最灵活的平稳状态。两膝弯曲度要大于一般准备姿势，呈 100°~110°。

2. 移动

运动员从起动到制动之间的位移和动作称为移动。移动是为了迅速接近来球，占据场上有利位置，争取一定的时间和空间，以便完成各种击球技术和战术的配合。

（二）发球

发球是比赛的开始，也是进攻的开始。稳、准、狠的发球可先发制人，振奋本方士气。发球的目的是直接得分或破坏对方一传、削弱对方的进攻，减少本队的防守压力。发球的方式包括正面下手发球、正面上手发球、上手飘球、钩手飘球、大力发球和跳发球等。这里主要介绍较为简单并适合娱乐性排球运动的正面下手发球和正面上手发球。

1. 正面下手发球（以右手为例）

此种发球动作简单，易于掌握，准确性高。但球速慢，力量小，攻击性不强。

动作要领：侧对球网，两脚前后开立，左脚在前，两膝微屈，上体稍前倾。左手持球于腹前，然后将球抛起在体前右侧，球离手约 50 cm，右臂伸直后引。击球时右脚在后蹬地，右手向前摆动以掌跟或右手握成拳击球的后下部，身体重心随之移至前脚上（见图 3-3-1）。

2. 正面上手发球（以右手为例）

这种发球由于面对球网站立，便于观察对方，发球准确性较高，易于控制，下网快，是一般学校学生常用的发球方法。

动作要领：面对球网，两脚自然开立，左脚在前，左手托球于身前。用抬臂和手掌的平托上送，将球平稳地垂直抛于右肩的前上方，高度适中；在左手抛球的同时，右臂抬起，屈肘引肩，肘与肩平，上体稍向右侧转动，击球时，利用蹬地、转体、收腹的力量，带动手臂挥动，在右肩上方伸直手臂达最高点，用全手掌击球的中下部，击球时，手指自然张开与球吻合，击球后，自然随重心前移（见图 3-3-2）。

图 3-3-1　正面下手发球

图 3-3-2　正面上手发球

（三）垫球

垫球是接发球和后排防守的主要技术，也是组织进攻的基础。常用的垫球技术有正面双手垫球、体侧双手垫球、背向垫球和跨步垫球。

1. 正面双手垫球

正面双手垫球是最基本的垫球方法，也是各种垫球技术的基础。

动作要领：采用半蹲准备姿势，当球飞来时，双手成垫球手型，当球至胸前一臂距离时，两臂夹紧，插到球下，蹬地抬臂，迎击来球，利用腕关节以上 10 cm 左右处的桡骨内侧平面击球的后下部，身体重心随之前移（见图 3-3-3）。

垫球动作方向按连贯动作的顺序可概括为插、夹、提三要素。插：两臂伸直，迅速插到球下。夹：两臂自然夹紧，含胸提肩，用两臂（腕关节以上 8 ~ 10 cm）之间的平面击球（见图 3-3-4）。提：蹬地、提肩、抬臂，身体重心由下而上随击球方向移动。

注意根据来球力量的大小，调整手臂的紧张程度。

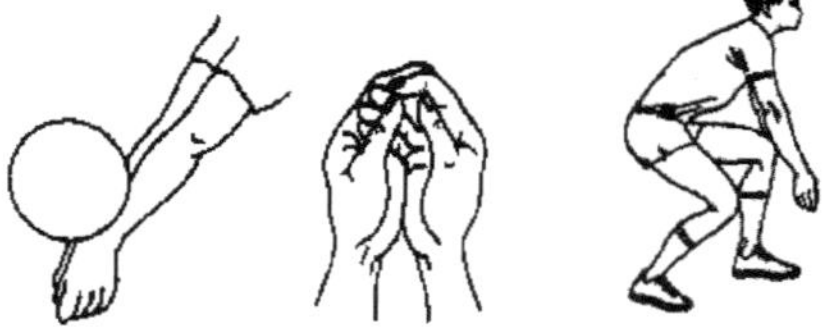

图 3-3-3 正面双手垫球准备姿势

图 3-3-4 正面双手垫球

2. 体侧双手垫球

动作要领：左侧垫球时，应先以右脚前脚掌内侧蹬地，左脚向左跨出一步，身体重心随即移至左脚，并保持两膝弯曲。与此同时，两臂向左侧伸出、左臂高于右臂，右肩微向下倾斜，两臂组成的击球面对准来球并拦击来球。击球时，以腰部发力，并借助左脚蹬地的力量，使身体重心微向内转，同时提肩抬臂将球垫起（见图 3-3-5）。

图 3-3-5 体侧双手垫球

3. 背向垫球

动作要领：在决定采用背垫时，首先要判断来球的落点和离网的距离，迅速移动取位，背对垫出球的方向。垫球时，两臂夹紧伸直，利用蹬地、抬头、挺胸及上体后仰的动作带动两臂向后上方迎击球。击球时要抬臂压腕触球的前下方，将球向后上方击出。背向垫球的击球点一般要比正面垫球高。

4. 跨步垫球

队员向前或向侧跨出一步的垫球方法称为跨步垫球。适合于来球距身体 1 m 左右，来球较低或速度较快来不及移动对正来球时采用。

动作要领：判断来球的落点，及时向前或向侧跨出一大步，屈膝制动，重心落在跨出腿上，上体前倾，臀部下降，两臂插入球下垫击球的后下部（见图 3-3-6）。

图 3-3-6　跨步颠球

（四）传球

传球是排球的一项基本技术，也是组织进攻战术的主要技术，用于衔接攻防转换。传球是用手指、手腕的弹击动作来完成的，由于手指、手腕灵活，双手控制球面积大，容易掌握球的方向、速度和落点，准确性较高。常用的传球有正面传球、背传球和侧传球。

1. 正面传球

动作要领：采用稍蹲准备姿势，抬头看球，双手自然抬起，置于脸前。当来球接近额头时，以蹬地、伸膝、伸臂做刚中有柔的迎球动作。手腕向内侧稍后仰，两拇指相对成“一”字或“八”字形，用拇指内侧、食指全部、中指的第二、三指节触及球的后下部，主要靠蹬地、伸膝、伸臂和手指、手腕的力量，以及球的反弹力将球传出（见图 3-3-7）。

传球的手形：手指微屈成半球形与球吻合，双手手型必须对称，左右高低要一致（见图 3-3-8）。击球前，手腕、手指灵活放松，不宜过分紧张和过早用力。击球时，手腕、手指应保持一定的紧张用力，运用手腕、手指的弹击力和前臂的迎击动作将球传出，小指应起到辅助控球的作用。击球点一般保持在额前上方约一球距离。

图 3-3-7　传球

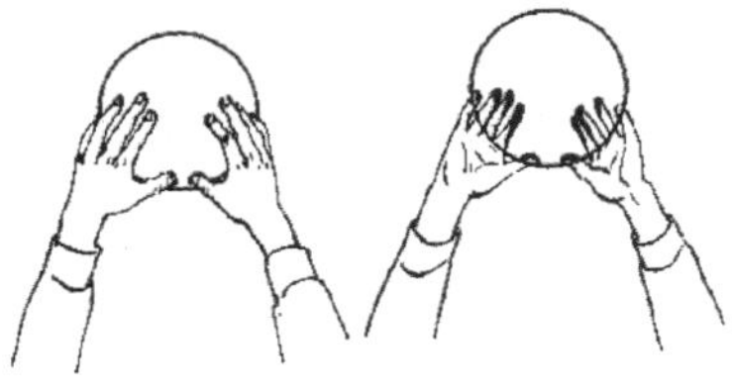

图 3-3-8　传球手形

2. 背传球

传球技术中，背对传球目标的传球叫背传。

动作要领：传球前身体背面要对正传球目标，上体保持正直或稍后仰，击球点比正面传球要稍高。迎球时，微微仰头挺胸，在下肢蹬地的同时，上体向后上方伸展。击球时，手腕适当后仰，使掌心向后上方，手指击球的底部，利用抬臂、送肘的动作使手指、手腕主动向上方用力及两拇指主动上挑的力量将球向后上方传出（见图 3-3-9）。

图 3-3-9　背传球

3. 侧传球

身体侧对传球目标，靠双臂向侧方伸展并将球向上方传出的动作称为侧传。

动作要领：侧传的准备姿势、传球的手形和正面传球相同，但击球点应偏向出球方向的一侧。迎球时，通过下肢蹬地使身体重心向上伸展，上体和双臂应向传球方向一侧伸展。手臂的动作幅度应大些，伸展的速度也应快些，同时上体应伴随向传球方向一侧倾斜。

（五）扣球

扣球是战术配合的最后一环，是队员跳起在空中，将高于球网的球有力地击入对方场区的击球方法。它是得分的主要手段，也是进攻中最积极有效的武器。扣球技术种类繁多，可分为正面扣球、调整扣球、钩手扣球、扣快球和单足起跳扣球等，又可分为快攻和强攻。在此以正面扣球为例进行技术方法阐述。

正面扣球面对球网，便于观察，准确性较高，易于掌握。正面扣球（以右手为例）技术由如下几个动作组成（见图 3-3-10 和图 3-3-11）：

（1）准备姿势：两眼注视来球方向，上体略前倾，两臂自然下垂，根据球所在位置及时调整位置，使身体处于一个合适的起动位置。

（2）助跑：左脚向扣球位置先跨出一小步，紧接着右脚跨出一大步，然后左脚迅速跟上，以稍有先后的双脚跟着地，过渡到全脚掌至前掌。在整个助跑过程中，身体重心要逐渐降低，踏跳迅速、有力便于起跳。节奏要先慢后快，步幅先大后小，助跑的时机要根据二传球的高低来确定，路线要根据球的落点来决定。

（3）摆臂：从助跑的第一步起，手臂就应开始摆动。划弧或前后摆臂。划弧摆臂时两臂呈自然弯曲，前后摆臂时双臂自然伸直。整个摆臂动作要充分舒展，幅度要大。

（4）起跳：双臂用力由体后下方向前上方摆动，双脚用力蹬地起跳。

（5）空中动作：乘向上摆臂之势，拉胸、提肩、肘外展或屈臂，此时肘部要略高于肩，身体成反弓。接着利用上体转动和收腹，以肩为轴上臂带动小臂向上方挥动，快速“鞭打”甩击，手臂充分伸直，在肩部前约一球距离处满掌包击来球（见图 3-3-11）。

（6）落地：双脚前脚掌同时落地，过渡到半脚掌，屈膝和收腹，缓冲力量。落地后，迅速转入下一个动作的准备姿势。

图 3-3-10　正面扣球

图 3-3-11　正面扣球空中动作

（六）拦网

拦网是防守反击的第一道防线，是队员靠近球网，将手伸过球网阻挡对方的来球。有效的拦网对扣球者可造成心理上的压力，从而削弱对方进攻的锐气和信心。拦网可分单人拦网和集体拦网两种。集体拦网需注意相互间的协调和配合。下面主要介绍单人拦网的动作要领（见图 3-3-12）。

（1）准备姿势：双目注视扣球者的动向。两脚左右开立与肩同宽。站立于离中线 30 cm 处。双膝微屈，上体稍前倾，两臂弯曲置于胸前。

（2）移动：移动方法是采用并步移动、交叉步和跑步移动。移动方向力求与网平行。

（3）起跳：屈膝下蹲，腰、膝部的弯曲与扣球起跳相同。两臂在体侧划小弧用力上摆，带动身体垂直上跳。跳起后抬头盯球、收腹与伸臂过网。

（4）空中动作：双手间距离以不超过一球为宜，手指微屈，掌心向前保持紧张用力。挡住对方扣球，手腕主动“盏帽”下压。

（5）跨地：完成下压动作后，两臂自然收回，缓冲落地。

图 3-3-12　拦网

三、排球的基本战术

（一）阵容配备

阵容配备是合理地安排本队队员技术力量的一种组织形式。其目的在于把全队的力量组织起来，最大限度地发挥每一个队员的特长和作用。阵容配备主要有“四二”配备和“五一”配备两种。

（1）“四二”配备，即4个进攻队员和2个二传队员。4个进攻队员中又分为2个主攻、1个副攻，他们都站在对角位置上。这样前后排都能保持1个二传队员和2个进攻队员，便于组织多种进攻战术，这种配备在一般水平的球队中采用较多（见图3-3-13）。

（2）“五一”配备，即5个进攻队员和1个二传队员。其目的是为了加强拦网和进攻力量，如全队队员扣球、传球和防反技术较全面时，这种配备采用较多（见图3-3-14）。

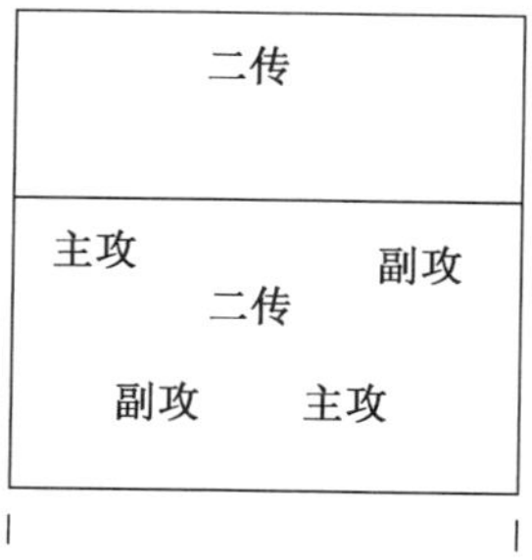

图3-3-13 “四二”配备

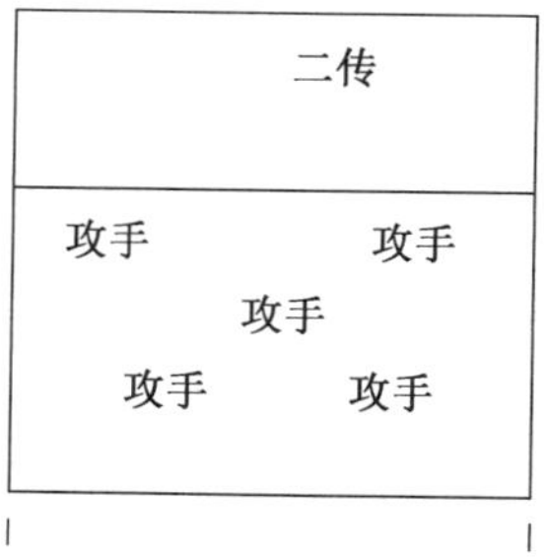

图3-3-14 “五一”配备

（二）进攻战术

1.“中一二”进攻战术

接发球时，把球传给前排③号位队员，由他传给②、④号位队员扣球，这种进攻配合就是“中一二”进攻战术（见图3-3-15）。一传容易到位，战术简繁皆可，但进攻势力较弱。

2.“边一二”进攻战术

接发球时，把球传给前排②号位队员，由他传给③、④号位队员扣球，这种进攻配合就是“边一二”进攻战术（见图3-3-16）。一传不容易到位，对队员技术要求较高，可组织复杂多变的战术配合，进攻势力强，但在插上时不容易到位。

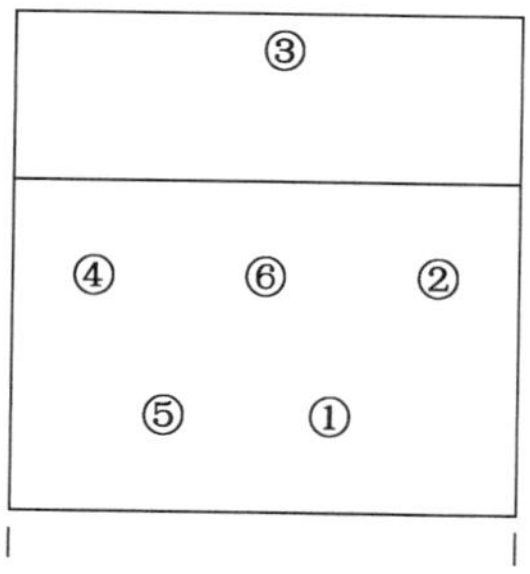

图3-3-15 “中一二”进攻战术

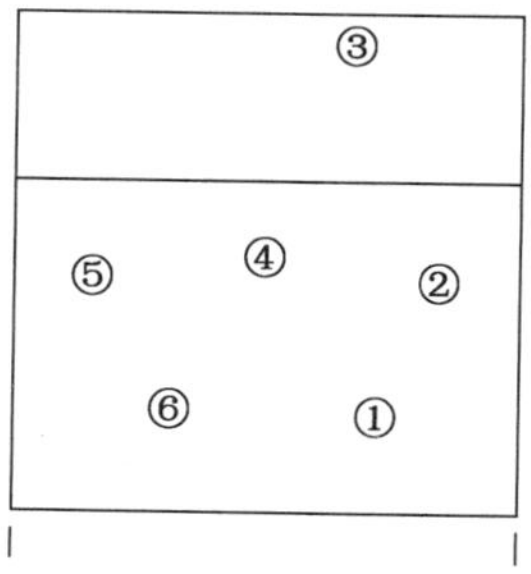

图3-3-16 “边一二”进攻战术

3．插上进攻战术

在对方发球后，由后排一个队员迅速插到网前作二传，组织各种进攻战术配合，称为“插上”进攻战术（见图3-3-17）。多在“边一二”阵容中常见。

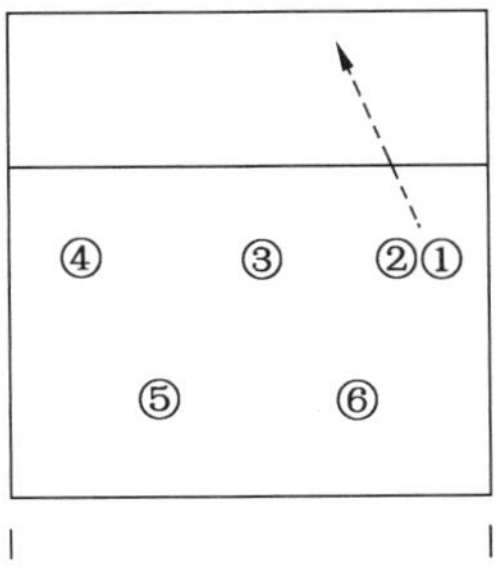

图3-3-17　插上进攻战术

此外，还可以进行“后交叉”“梯次”“夹塞”“双快”等多种进攻配合形式，但是前排三人都必须具备较高的扣球能力，同时，要求后排队员的一传或二传技术较好，方可采用“插上”进攻战术，否则“插上”意义不大。

（三）防守战术

1．单人拦网

在对方扣球力量小，路线变化少时采用。其他队员呈扇形队形进行保护，中间一位队员负责防对方吊球（见图3-3-18）。

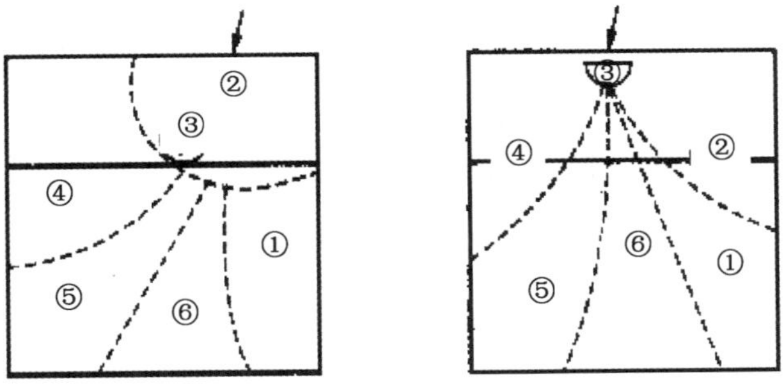

图3-3-18　单人拦网

2．集体拦网

对方从④号位进攻时，本方由②、③号位队员组成双人拦网，④号位队员后撤防守，①号位队员跟进至进攻线附近保护拦网及防守吊球，后面④、⑤、⑥号位队员组成弧形，各防守一条线。这种防守形势也被称为“边跟进”。由⑥号位队员专职跟进保护拦网及防守吊球的形式被称为“心跟进”。3人拦网要以中间一名拦网队员为主，其他2人配合拦网，拦网时要考虑同伴之间的默契配合。

四、考试标准

1．综合技术评定（100分，权重30%）

（1）技能考核及评定办法（70分）

具体考核办法和评分标准见表3-3-1。

表 3-3-1 技能考核评分标准

考试内容	考核办法	评分标准					
发球	计发球过网且在界内次数。 要求：掌握技术动作要领。（发 5 个球，每人一次机会）	次数	5	4	3	2	1
		分值	10	8	6	4	2
自垫球	计自垫球次数。要求：动作规范，球过头顶，每垫一球得一分。（每人 3 次机会，取成绩最好的一次记分）	次数	60	59	58	57	…
		分值	60	59	58	57	…

（2）身体素质考核（30 分）

内容：6 m 左右移动。

测试方法：测试者在两条间隔 6 m 的平行线内，听到哨音从单手触任意一条线开始侧向移动，依次单手触及两条线，往返 10 次，记录测试时间。具体评分标准见表 3-3-2。

表 3-3-2 左右移动成绩与得分对照

成绩/秒	男	≤18.0	18.1 ~ 18.5	18.6 ~ 19.0	19.1 ~ 19.5	19.6 ~ 20.0
	女	≤21.5	21.6 ~ 22.0	22.1 ~ 22.5	22.6 ~ 23.0	23.1 ~ 23.5
得分		30	28	26	24	22
成绩/秒	男	20.1 ~ 20.5	20.6 ~ 21.0	21.1 ~ 21.5	21.6 ~ 22.0	>22.0
	女	23.6 ~ 24.0	24.5 ~ 26.0	26.1 ~ 26.5	26.6 ~ 27.0	>27.0
得分		20	18	16	14	10

2. 平时成绩（100 分，权重 30%）

（1）课堂表现 40 分。课堂学习的态度是否积极、认真、端正、努力，技术技能表现进步程度。

（2）出勤情况 60 分。每缺勤一次扣 12 分，缺勤 5 次及 5 次以上者，取消考试资格。

3. 成绩计算方法

学生最终成绩 = 平时成绩 ×30% + 综合技术评定分 ×70%

第四章　巧妙多变的小球类俱乐部

第一节　羽毛球俱乐部

一、羽毛球运动概述

羽毛球运动的起源至今仍众说纷纭，相传在19世纪20年代，在格拉斯哥郡鲍弗特公爵的领地伯明顿定下了游戏的规则，这就是今天的羽毛球运动的最初模式。人们把鲍弗特公爵的领地“伯明顿”，作为这种新的运动项目的正式名称。

当今世界羽毛球的主要赛事：

（1）汤姆斯杯赛，即世界男子羽毛球团体锦标赛。

（2）尤伯杯赛，即世界女子羽毛球团体锦标赛。

（3）世界羽毛球锦标赛，即世界羽毛球单项比赛。

（4）苏迪曼杯赛，即世界羽毛球混合团体赛。

（5）奥运会羽毛球比赛。

（6）全英羽毛球锦标赛。

羽毛球是一种全身运动项目。羽毛球运动要在场地上不停地进行移动、跳跃、转体、挥拍，从而增大了上肢、下肢和腰部肌肉的力量，加快了锻炼者的全身血液循环，增强了心血管系统和呼吸系统的功能。此外，羽毛球运动要求练习者在短时间内对瞬息万变的球路做出判断，果断地进行反击，有利于提高人体神经系统的灵敏性和协调性。经常从事该项体育活动可以发展人体的灵活性、协调性，可以提高人们的活动能力，改善呼吸系统和心血管系统的功能，提高有氧供能和无氧供能的能力，调节神经系统能力，起到增进健康、抗病防衰、调节精神健康的作用。

羽毛球活动包括对对方战术意图的揣摩、对各种战机的把握、对运用战术的选择等智力因素，因此经常从事该项运动可以使人思维敏捷。同时，由于比赛的紧张、竞争的激烈，使练习者的心理素质得到很好的锻炼。在竞争中，能强化进取精神，使人的德、智、勇、技在竞争与对抗中得到提高和升华。经此磨炼，能够做到临危不乱，不仅能在羽毛球活动中应付自如，而且能把这些能力迁移到实际的生活中，以良好的心态、正确的人生观去面对周围的一切事物。

打羽毛球时，无论使用左手或右手，还是挥拍击球、发球、扣球、接球时，都在最大限度地运动肩关节，特别是高抬下臂用力扣杀时，肩关节充分处于肩屈、外展、外旋状态。最能发挥肩关节的功能。经常练习羽毛球能增强肩关节的灵活性和柔韧性，同时还能有效地防治肩周炎。但同时，在练习羽毛球时应注意做好准备活动，以防肩关节意外损伤。

二、羽毛球基本技术

（一）握拍方法

1. 正手握拍法

虎口对着球拍柄窄面内侧的小棱边，拇指和食指贴在拍柄的两个宽面上，食指和中指稍分开，中指、无名指和小指并拢握住拍柄，掌心不要紧贴拍柄，要留有空隙，拍柄端与近腕部的小鱼际肌齐平，拍面基本与地面垂直（见图 4-1-1）。

2. 反手握拍法的动作要领

在正手握拍的基础上，将拍柄稍向外转，拇指自然贴在拍柄内侧的宽面上，中指、无名指和小指并拢握住拍柄，柄端靠近小指根部，使掌心留出空隙，有利于手腕和手指力量的灵活运用，更好地击球发力（见图 4-1-2）。

图 4-1-1　正手握球拍

图 4-1-2　反手握球拍

在实际的应用中，两种方式是不断变换使用的，并非是采用一种方式、一成不变地打完一场球的。无论采用哪种方式其根本目的在于更好地击球。一般来说，正手发球、左场区头顶击球等，都采这种握拍方式。

（二）发球

发球是比赛的开始，发出的球的威力直接影响着比赛的主动权，规则规定只有发球方胜球才能得分，这使我们更重视发球权，把发球作为组织进攻的开始。

单打在中线附近，离前发球线 1 m 左右；双打可稍站前一些。左肩斜对球网，左脚在前，脚尖向网，右脚在后。两脚前后分开，站立的距离与肩同宽，身体重心落在后脚上。右手持拍向右侧举起，肘部放松微屈，左手持球（拇指、食指、中指夹住球）。发球分正手发球与反手发球。

1. 正手发高远球

在左手放开球使之下落时，右手上臂带动前臂，自右后方随转体向左前上方挥拍。当球下落到右臂向前下方伸直能接到球的刹那，紧握球拍，并利用手腕屈伸和手臂挥动的力量向前上方发力击球。击球后，球拍顺势向左上方挥动并缓冲（见图 4-1-3）。球要发得高而远，使球向对方的后场上方飞行。发球后的仰角（球路线与地面形成的角度）要大于 45°，在对方底线上空几乎垂直下落，落点接近底线。

2. 正手发网前球

站位稍前。击球时，握拍要放松，大臂动作要小，主要靠小臂带动手腕向前切送，用力要轻，使发出的球刚好越网而过，落在对方前发球线附近（见图 4-1-4）。

图 4-1-3　正手发高远球

图 4-1-4　正手发网前球

（三）接发球

接发球站位离前发球线约 1.5 m 处，在右发球区接发球站在靠中线的位置，在左发球区则站在中间稍偏中线位置。双打时发网前球较多，接发球应把主要精力放在对付对方发网前球上。总之，要把自己的力量和优势均衡地配备全场，做到扬长避短。

接高远球、平高球时，可用平高球、吊球或扣杀球还击；接网前球时，可用平推、放网前球、挑后场高球、勾对角球还击；接平快球时，可用平推球、平高球还击，以快制快。尽量调动对方，向其空挡出球，打乱对方的防守阵脚。

（四）击球

击球依据其动作特点分为高手击球、网前击球和低手击球。

1. 高手击球

高手击球具有击球点高、速度快、力量大、主动性强、进攻威力大等优点，是进攻打法的最基本技术。高手击球有高远球、吊球、杀球。

（1）高远球

用较高的弧线把球击到对方底线附近叫击高远球。进攻时迫使对方退离中心位置，削弱对方的进攻威力；防守时调整步法，回到中心位置，摆脱被动局面。击高远球有正手、反手两种方式，下面以正手为例进行学习。

正手击高远球：首先判断准确来球的方向和落点，向右后方转体侧身后退，使球处在自己的头部的前上方的位置，左肩对网，左脚在前，右脚在后，重心在右脚上，左臂屈肘，左手自然高举，右手挥拍，手臂自然弯曲，将球拍举在右肩上方，手腕、拍面稍内旋，两眼注视来球。击球时，由准备动作开始，上臂后引，随之肘关节上提，明显高于肩部，将球拍后引至头部，然后再后脚蹬地、转体收腹的协调用力，以肩为轴上臂带动前臂快速向前上方甩腕，在手臂伸直的最高点击球。击球后，持拍手臂顺惯性往前下方挥动并收拍至体前，与此同时，左脚后撤，右脚向前迈出，身体重心由后脚移到前脚上（见图 4-1-5）。

图 4-1-5　高远球

（2）吊球

在中、后场的高球，运用劈切、拦截的技术动作，使球在对方前场向下坠落的球，称吊球。吊球技术分为正手、反手和头顶三种手法，按球的飞行弧线和击球动作的不同分为劈吊、拦截吊和轻吊。由于吊球落点比较近网，与平高球结合运用，就能拉开对方的防守范围，从而调动对方，掌握场上的主动权。

正手吊球：击球准备和前期动作同正手高远球，击球时击球点比击高远球稍前，拍面正向内倾斜，手指、手腕发力，做快速切削压动作，击球托的后部和侧后部。若吊斜线则球拍切削球托的右侧并向左下方发力，若吊直线，则拍面正对前方向前下方切削（见图 4-1-6）。

图 4-1-6　吊球

（3）杀球

杀球是把对方击来的高球全力向下扣压。这种球力量大、弧线直、速度快，给对方的威胁很大，是羽毛球主要的进攻技术。扣杀球技术分正手杀球、反手杀球和头顶杀球。运用手腕和手指控制拍面倾斜角度、用力方向和用力大小，可击出不同线路的球。

正手杀球：到位后，屈膝下降重心，做好起跳击球准备。起跳后，身体左转同时后仰，成反“弓”形，以便发挥腰腹力，接着右上臂往右后上摆起，前臂自然后摆，手腕后伸，前臂带动球拍由上往后下挥动。这时握拍要松，随后腾空转体，收腹带动右上臂往右摆起，肘部领先前臂全速往前上挥动，手腕充分后伸，带动球拍由后下稍往右后下挥动，当击球点在肩的前上方时，收腹转体，前臂内旋，腕前屈微收，抖腕发力杀球，球拍正面击球托的后部，使球直线下行。杀球后，前臂随惯性往体前挥动（见图 4-1-7）。

图 4-1-7　杀球

2. 网前击球

网前击球技术是一种细微的技术，通常称为“小球”技术。它往往可使本方从被动转为主动，控制对方，调动对方，寻找战机，取得胜利。网前击球时，握拍要灵活，充分利用腕和指的力量控制球和落点。网前击球有搓球、推球、勾球、扑球、放网前球、挑高球。

搓球：搓球是用球拍搓击球托侧下部，使球旋转翻滚越过网顶的击球技术。搓球技术有正手搓球和反手搓球两种。

推球：在网前将球快速击到对方的底线。球的飞行路线较低、较平，具有较强的杀伤力。

勾球：在网前回击对角线网前球时，击球的一刹那，拍面斜向对方的网前。

扑球：扑球是把对方击来的高于网上的球迅速扑压下去。扑球时用力有轻有重，球的飞行路线又短，速度又快。

放网前球：当对方吊网前球过来时，用球拍轻轻将球一托，让球一过网顶就向下坠落。

挑高球：把对方击来的网前球、吊球挑高回击到对方后场去，称为挑高球。

3. 低手击球

低手击球属于防守性的技术，难度较大，如发挥得当，可具有防中有攻的效果。

抽球：把在头部以下、腰部以上、身体左右两侧的来球平扫过去。根据用力和拍面的倾斜角度可以回击成高远球、平高球、吊球等。

接杀球：接对方杀球时的击球动作，属防守性技术。其主要用手腕来调节用力的大小，接杀球有接网前球、推后场球和抽高球等几种回击技术。

（五）基本步法

羽毛球比赛时，运动员在场上为跑到适当的位置击球，而采取的快速、合理、准确的移动方法称为步法。羽毛球步法大致分为三大类：一是上网步法；二是后退步法；三是两侧移动步法。在实践中常将跨步、滑步、并步、交叉步、跳步等步法综合起来使用。

1. 上网步法

上网步法是指从场地中央位置向网前移动的步法。要求最后一步与持拍那只手同侧的脚在前，重心落在前脚上。上网步法分跨步上网和垫步上网等。

2. 后退步法

后退步法是指从中心位置移动到后场各个击球点的位置下击球的步法，称为后退步法。后退步法后退时要求先迈右脚，最后一步左脚在后，重心在右脚上。后退步法分正手后退、反手后退和交叉步后退等。

3. 两侧移动步法

两侧移动步法是指从中心位置向左右两侧移动到击球点击球的步法，称为两侧移动步法。向右侧移动时，左脚掌内侧用力蹬起，右脚同时向右侧转跨大步；向左侧移动时，右脚掌内侧用力蹬起，左脚同时向左侧转跨大步。

三、常用战术打法

1. 压后场底线

特点是通过平高球压对方于后场底线，在对方回球靠前时，则大力扣杀或吊网前空当。

2. 攻四方球控制落点

以快而准确的落点，攻击对方场区的四个角落，调动对方在前后左右奔跑，打乱其阵脚，伺机进攻。

3. 快拉快吊控制网前

以进攻性的平高球快压对方于后场两底角，而后以空击吊球或劈杀引对方上网，再迅速上网控制网前，以网前搓球结合推后场底线制造对方回球的困难，伺机在后场大力杀球。

4. 后场下压、上网搓推

通过后场轻杀或劈杀后，快速上网控制网前，以搓球结合推球制造进攻机会，再用重杀或劈杀解决战斗。

5. 防守反攻

在防守中要善于控制落点、球路，调动对方在移动中勉强进攻，使对方急于求成而出现失误，或用以制造反攻的机会。

四、羽毛球考试评分标准

（一）平时成绩（30 分）

课堂表现、测验、考勤。

（二）技术与战术（70 分）

正手发球、击高远球。

1. 正手发后场高远球（30 分，计评 10 分 + 达标 20 分）

计评：以握拍、发力、击球的高度、弧度、落点的稳定性及规则要求评定（见表 4-1-1）。

表 4-1-1　正手发后场高远球评分标准

分数	评分标准
8 ~ 10 分	动作协调、手法正确、击球质量高、落点到位
6 ~ 7 分	动作较协调、手法较正确、击球质量较高、落点较合理
3 ~ 5 分	动作较协调、手法较正确、击球质量较高、落点较合理
1 ~ 2 分	动作不协调、手法不正确、击球质量差、落点不到位

测试者任选一个发球区利用正手发后场高远球，球落在对方场地的端线和双打的后发球线之间。每球 2 分，10 个球，共 20 分。

2. 击高远球（40 分，技评 10 分 + 达标 30 分）

技评：以握拍、脚步动作、发力、拍面、击球点、球的高度、弧度、落点及规则要求来评定（见表 4-1-2）。

表 4-1-2　击高远球评分标准

分数	评分标准
8 ~ 10 分	动作协调、手法正确、步法移动迅速、出球质量高、落点合理
6 ~ 7 分	动作较协调、手法较正确、步法移动较迅速、出球质量较高、落点较合理
3 ~ 5 分	动作基本协调、手法基本正确、步法移动速度一般、出球质量一般、落点基本合理
1 ~ 2 分	动作不协调、手法不正确、步法移动速度较慢、出球质量差、落点不到位

球落在对方场地的端线和双打的后发球线之间。每球 3 分，10 个球，共 30 分。

第二节　乒乓球俱乐部

一、乒乓球运动概述

乒乓球由网球发展而来，乒乓球起源于英国，欧洲人至今把乒乓球称为“桌上的网球”。19 世纪末，欧洲盛行网球运动，但受到场地和天气的限制，英国有些大学生便把网球移到室内，以餐桌为球台，书作球网，用羊皮纸做球拍，在餐桌上打，形成了现代乒乓球的雏形。20 世纪初，乒乓球运动逐渐在欧洲和亚洲蓬勃开展起来。1904 年，上海一家文具店的老板王道午从日本买回 10 套乒乓球器材。从此，乒乓球运动传入中国。早期仅在上海、广州、北京等少数大城市开展。到新中国成立以后，中国乒乓球运动得到了极大普及与提高，近几十年，中国乒乓球队长盛不衰，始终引领世界最新潮流，无意间乒乓球成为“国球”。

乒乓球是由两名或两对选手、用球拍在中间隔放一个球网的球台两端轮流击球的一项球类运动。球用赛璐珞制成，直径 38 mm，重 2.5 g。球拍底板为木制，用来击球的拍面其覆盖物可以是颗粒胶或海绵胶。球台长 2.74 m，宽 1.525 m，高 76 cm。网高 15.25 cm。乒乓球运动的特点是球小、速度快、变化多，趣味性强，设备比较简单，不受年龄、性别和身体条件的限制，具有广泛的适应性和较高的锻炼价值，比较容易开展和普及。

乒乓球运动具有较高的健身锻炼价值。乒乓球运动是一项老少皆宜的体育运动，无论是年幼者、年长者，还是体弱者、伤残者，均可参加乒乓球运动。乒乓球运动速度快、变化多，可使全身肌肉和关节组织得到活动，上、下肢活动的能力和完成各种动作的速度得以提高，同时反应、灵敏、协调和操作思维的能力得到有效发展。经常参加乒乓球运动可增强体质，能有效地提高中枢神经系统的反应能力，改善心血管系统的机能，并能有效地发展灵敏素质，增强协调性，提高耐久力、动作速度和上、下肢活动的能力，还能发展沉着冷静、机智灵活的心理素质。乒乓球运动作为一种积极性的休息方式，是人们紧张生活中良好的调节途径。

二、乒乓球基本技术

（一）握拍与准备姿势

1. 握拍

乒乓球握拍方法分直拍握法和横拍握法两种。不同的握法各有其优点，从而产生各种不同的打法。

直拍握法：直拍握法的特点是正反手都用球拍的同一拍面击球，出手快，正手攻球快速有力，攻斜、直线球时，拍面变化不大，对手难以判断（见图 4-2-1）。

横拍握法：横拍握拍法的特点是正反手攻球力量大，攻削球时握法变化小，反手攻球容易发力也便于拉弧圈；但正反手交替击球时，需变换击球拍面，攻斜、直线时调节拍形的幅度大，易被对方识破（见图 4-2-2）。

图 4-2-1　直拍握法

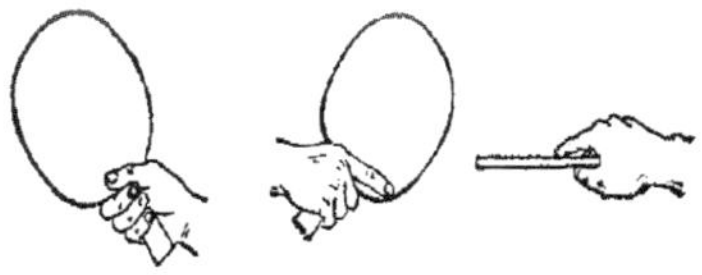

图 4-2-2　横拍握法

握拍应注意的问题：

（1）无论哪种握法，握拍都不应过紧或过松。过紧会使手腕僵硬，影响发力时的手腕动作，过松则影响击球力量和击球的准确性。

（2）握拍不宜太浅。直握时，食指和拇指构成的钳形不能过大或过小，以免影响手腕动作的灵活性。

（3）在变换击球的拍面、调节拍面角度时，要充分利用手指的作用。

（4）不应经常变化握拍方法，否则会影响打法类型及风格的形成，尤其是初学者更应注意。

2. 准备姿势

两脚平行站立与肩同宽或稍宽。微微提踵，前脚掌内侧用力着地，保证快速起动移步。两膝微屈并向内扣，稍稍含胸收腹，上体略向前倾，以便快速移动和转腰击球。持拍手臂自然弯曲，直握拍的肘部略向外张，手腕放松，球拍置于腹部右前侧 20 ~ 30 cm 处，以利于左右照顾，加快击球速度；横握拍的肘部向下，前臂自然平举，两眼注视来球，加强判断（见图 4-2-3）。

图 4-2-3 准备姿势

（二）基本步法

（1）单步：以一脚为轴转动、蹬地，另一脚向前、后、左、右不同方向移动一步，身体重心也随之落到移动脚上（见图 4-2-4）。单步步法移动简单，范围小，重心移动平稳，当来球离身体比较近时使用。

（2）滑步：两脚几乎同时向来球方向蹬地，几乎同时离地，来球异方向脚先落地，同方向脚紧随着地，挥臂击球（见图 4-2-5）。滑步步法移动范围较大，重心转换迅速，当来球离身较远时使用。移动后两脚间距离基本上并不变，适合连续快速地回击来球。

（3）跨步：来球距身体较远，且速度快、角度大，一脚内侧蹬地，另一脚向移动方向跨一大步，蹬地脚随即跟上后，迅速还原（见图 4-2-6）。跨步步法移动幅度较大，身体重心起伏大，不利于连续击球。

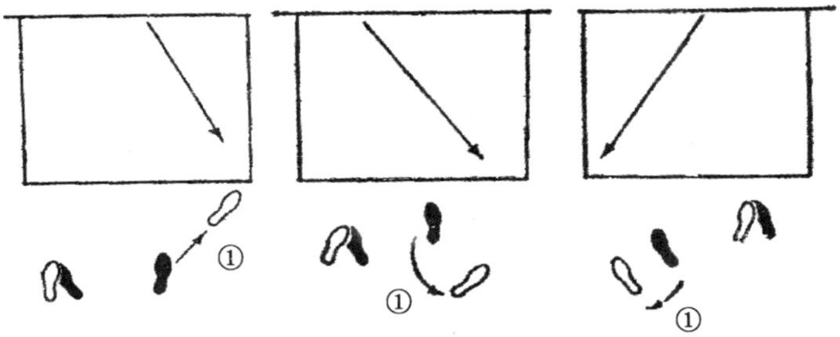

图 4-2-4 单步

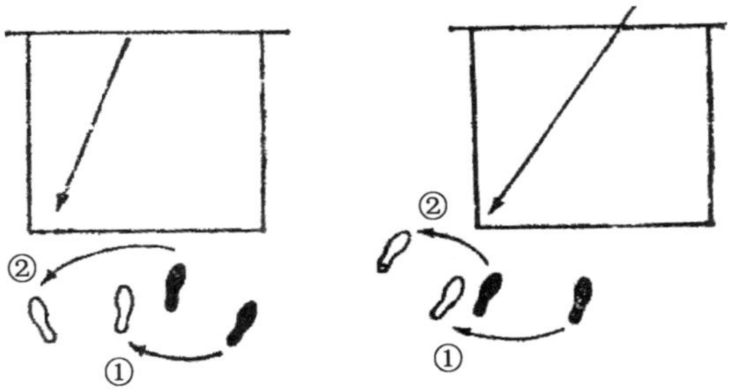

图 4-2-5 滑步

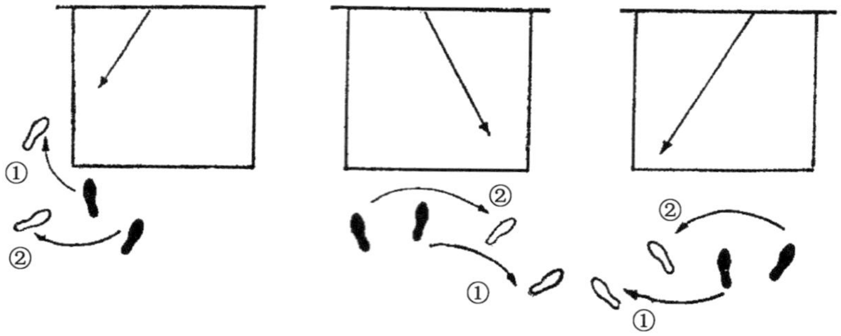

图 4-2-6　跨步

（三）熟悉球性练习

初学者学习乒乓球时，很难像专业运动员那样以多打来回球训练基本功来增强手上感觉，也未必有条件进行多打球的强化训练。因此，这里简单介绍几种增强手感的练习方法。

击吊线球：把一个破的乒乓球用线吊起来，球与练习者的腰部齐高，使初学者不用捡球就可进行连续击球。

向上托球：球拍平放在胸前，开始时均匀用力，使球弹至头部高度，然后用轻重力量交替向上托球。横拍可转换拍面托球。最后，左、右、前、后移动脚步进行托球，以熟悉球性。

对墙击球：球拍略后仰，站位离墙 1 m 左右，连续击球。可分为落地与不落地两种。开始时，落点不要高于头部，击墙的范围由大到小。熟练后，可以使球不规则地跳动，有轻、重、高、低之分，并逐步缩小击球到墙上的范围，还可在走动中击球。横拍可转换拍面进行练习，以进一步熟悉球性。

球台或课桌放在近壁处对墙击球：开始时可任意击球，然后要求把球回击到墙壁规定的范围内。相应注意转换拍面进行练习。

两人面对面击空中球：从固定位置到走动中击球。

三、击球技术

（一）发球技术

发球是乒乓球技术中的一种重要技术，在比赛中能直接得分，并能创造进攻机会。良好的发球可以削弱对方的攻势，破坏对方的反攻。

1. 平击发球

平击发球是一种一般上旋、一般速度的发球。它是初学者最基本的发球方法，也是掌握其他复杂发球技术的基础。

（1）正手发球

左脚稍前，身体略向右转，左手掌心托球置于身体右侧前方。左手将球向上抛起，同时右臂内旋，使拍面角度稍前倾，向身体右后方引拍。右臂从身体右后方向右前方挥动。当球从高点下降至稍高于球网时，击球中上部向左前方发力。球击出后第一落点在球台中央。手臂继续向左前方随势挥动，迅速还原。发力部位以前臂为主，动作过程中身体重心从右脚移至左脚。

（2）反手发球

右脚稍前或平站，身体略向左转，左手掌心托球置于身体左侧前方。左手将球向上抛起，同时右臂外旋，使拍面角度稍前倾，向身体左后方引拍。右臂从身体后方向右前方挥动，当球从高点下降至稍高于球网时，击球中上部向右前方发力。球击出后第一落点在球台中央。手臂和手腕继续向右前方随势挥动，迅速还原。

2. 发急球（奔球）

（1）正手发右侧上旋奔球

特点：球速快、落点长、冲力大，球的飞行弧线低并向左偏斜，具有较强的右侧上旋。

动作要领：左脚稍前，身体略向右偏斜，左手掌心托球置于身前偏右侧。左手将球向上抛起，同时右臂内旋，使拍面角度稍前倾，前臂手腕自然下垂，肘关节高于前臂，向身体右后方引拍。上臂带动前臂由身体右方向左前方挥动，当球从高点下降至近于网高时，击球右侧向右侧上方摩擦，触球一瞬间拇指压拍，手腕从右后方向左上方抖动。球击出后第一落点接近自己端线，手臂继续向左前方挥动，迅速还原（见图 4-2-7）。发力部位以前臂手腕为主，动作过程中身体重心从右脚移至左脚。

（2）反手发急球

特点：球速快、落点长、冲力大，飞行弧线向右偏斜，具有较强的左侧上旋。

动作要领：右脚稍前或平站，身体略向左偏斜，左手掌心托球置于身前偏左侧。左手将球向上抛起，同时右臂外旋，使拍面角度稍前倾，上臂自然靠近身体左侧，向身体左后方引拍。右臂以肘关节为轴心，前臂向左前方横摆，腰部也配合从左向右转动。球从高点下降至低于网高时，击球左侧中上部，触球一瞬间前臂加速向右前上方横摆，手腕摩擦球，腰部配合向右转动。球击出后第一落点接近自己端线。手臂继续向右前上方挥动，迅速还原（见图 4-2-8）。发力部位以前臂为主，动作过程中身体重心从左脚移至右脚。

图 4-2-7　正手发右侧上旋奔球

图 4-2-8　反手发急球

3. 正手发下旋加转球与不转球

特点：球速较慢、旋转变化大。由于发球手法近似，能通过旋转变化迷惑对方，使其回接困难，造成球下网、出界等。

（1）下旋加转发球

动作要领：左脚稍前，身体略向右偏倾，左手掌心托球置于身体右前方。左手将球向上抛起，当球从高点下落接近网高时，持拍前臂迅速向左前下方挥动，击球中下部并向底部摩擦。球击出后第一落点接近于球网。手臂继续向左前下方随势挥动，迅速还原。发力部位以前臂和手腕为主，动作过程中身体重心从右脚移至左脚（见图4-2-9）。

图 4-2-9　下旋加转发球

（2）不转发球

动作要领大致与下旋加转发球动作要领相同，区别在于：手臂外旋幅度小，减少拍面后仰角度，击球中部或中下部，减少向下摩擦球的力量，稍加向前推球的力量，使作用力线接近球心，从而形成不转球（见图4-2-10）。

图 4-2-10　不转发球

4. 反手发下旋加转球与不转球

特点：同正手发下旋加转球与不转球，多用于横拍。

（1）下旋加转发球

动作要领：右脚稍前或平站，身体略向左偏斜，左手掌心托球置于身体左前方。左手将球向上抛起，当球从高点下降至接近网高时，持拍手前臂和手腕向右前下方挥动，击球中下部并向底部摩擦。球击出后第一落点接近球网。手臂继续向右前下方随势挥动，迅速还原。发力部位以前臂和手腕为主，动作过程中身体重心从左脚移至右脚。

（2）不转发球

动作要领大致与下旋加转发球动作要领相同，区别在于：手臂内旋幅度小，减小拍面后仰角度，击球中部或中下部，减少向下摩擦的力量，稍加向前推球的力量，使作用力线接近球心，从而形成不转球。

（二）接发球技术

1. 来球性能的判断

由于发球者可主动改变发球的旋转、力量、速度、落点，因此，提高对来球性能的判断是十分重要的。

（1）根据对方发球时的位置来决定自己的站位。如果对方用正手在球台的右方发球，则站位应偏右一些；如果对方用反手或侧身在球台左侧发球，站位则偏左一些。总之，站位的选择要保证在进入对打阶段能发挥出个人的技术特长。通常，为了考虑便于接长球又能接短球，站位不宜离台太近或太远。

（2）从对方发球时拍面所朝方向和挥臂方向判断来球的斜、直线。对方如发斜线球，拍面所朝方向则向侧偏斜，手臂向斜前方挥击；对方如发直线球，拍面所朝方向则向前，手臂由后向前挥出。

（3）从对方发球时，拍触球的移动方向判断来球的旋转性能。关键是观察对方拍与球接触瞬间球拍的移动方向，千万不要被对方触球前后的一些假动作所迷惑。一般情况下，球拍从上向下移动是下旋，从下向上是上旋，从左向右是右侧旋，从右向左是左侧旋。这种单一性能的旋转发球比较容易判断。如果是两种旋转相结合的侧上、下旋和转与不转的发球，要判断清楚它们的性能就比较困难，除了在理论上认识外，还要在实践中反复练习，才能逐步熟练掌握回击各种不同性能来球的方法。

（4）从对方发球时摆臂振幅大小和手腕用力程度判断来球落点远近和旋转强弱。一般来讲，凡是摆臂振幅大的发球，其落点比较长、力量比较大，速度比较快；摆臂振幅小的则相反。凡是在发球时手腕抖动比较厉害，用力摩擦球的，其旋转就比较强；反之则旋转弱。

（5）从来球弧线和球的运行判断来球落点和旋转性能。从弧线判断来球落点长短比较容易。如果来球飞行弧线最高点是在对方台面上空或靠近网前，来球落点就短；反之则长。如果第一跳落点长，两跳之间弧线短，发过来的球就是短球。

（6）球的运行是根据来球在空中飞行时所表现出来的情况而加以判断。下旋加转球在空中飞行时，表现出来的现象是前段快后段下沉，不转球则是落台后向前冲。

（7）球在空中飞行时，飞行弧线向左偏拐是右侧旋球，飞行弧线向右偏拐是左侧旋球。

2．接发球的基本方法

接发球的基本方法是由点、拨、带、拉、攻、推、搓等各种技术综合组成。

（1）接奔球

发过来的球速度快，带有上旋，左方急球不宜移动过大，可采取侧身回按，一般用反手推挡或用反手攻回击。右方急球用正手快带、快攻借力回接。如果用削球回接，则必须移动步法向后退一些，等来球力量减弱时再回接。如对方发过来是急下旋球，由于急并带有一定下旋，所以用推或攻回球时，应使拍面稍后仰以增加向上发力。用弧圈球回接时，应增加向上提拉的力量。用搓球回按时，首先向后退一些，拍面角度不宜后仰过大，击球中部向下发力以缓冲来球的前进力。

（2）接下旋球

发过来的球速度较慢，触拍后向下反弹，用搓球回接时，注意拍面后仰以增加向前上方的发力。用拉攻或弧圈球回接时，一定要增加向上提拉的力量。

（3）接左侧上（下）旋球

左侧上旋球是左侧旋与上旋结合的旋转球，接这种球一般采用推、攻回击为宜。回接时，拍面角度要稍前倾，拍面所朝方向向左偏斜以抵消来球的左侧旋；向前下方用力要相对加大，防止球触拍时向自己右上方反弹。如用搓削回接，除注意拍面角度和所朝方向外，还要加大向下摩擦球的力量。用弧圈球回接要加大拍面前倾角度，多向前发力，少向上提拉。

左侧下旋球是左侧旋与下旋结合的旋转球，接这种球一般采用搓、削回击为宜。回按时，拍面角度要稍后仰，拍面所朝方向向左偏斜以抵消来球的左侧旋；稍向上用力，防止球触拍时向自己左下方反弹。如用推、攻回接，除注意拍面角度和所朝方向外，还要加大向上摩擦球的力量。用弧圈球回接要注意拍面角度不宜过于前倾，多向上提拉，少向前发力。

（4）接右侧上（下）旋球

这种发球是右侧旋与上旋结合的旋转球。接右侧上旋球，一般采用推、攻为宜。回接时，拍面角度要稍前倾，拍面所朝方向向右偏斜以抵消来球的右侧旋；向前下方用力要相对加大，防止球触拍时向自己左上方反弹。如用搓、削回接，除注意拍面角度和所朝方向外，还要加大向下摩擦的力量。用弧圈球回接要加大拍面前倾角度，多向前发力，少向上提拉。

右侧下旋球是右侧旋与下旋结合的旋转球，接这种球一般采用搓、削为宜。回接时，拍面角度要稍向后仰，拍面所朝方向向右偏斜以抵消来球的右侧旋；向上用力要相对加大，防止球触拍时向自己左下方反弹。如用推、攻回接，除注意拍面角度和所朝方向外，还要加大向上摩擦球的力量。用弧圈球回接要注意拍面角度不宜过于前倾，多向上提拉，少向前发力。

（5）接短球

由于对方发来的球是台内近网短球，回接时最主要的是注意及时上前，以获得最适合的击球位置。同时要控制好身体的前冲力量。接发球后要迅速还原，准备下一拍来球。无论采用搓、削、攻、拉哪一种方法回接短球，都应特别注意来球是在台内，受台面影响会阻碍引拍，因此要充分依靠前臂和手腕发力，同时要根据来球的旋转性能，调节拍面角度、击球部位、击球时间和用力方向。

（三）推挡球技术

1. 挡球

动作要领（以下均以右手为例）：两脚平行或左脚稍前，身体离球台 40 ~ 50 cm。击球前，前臂与台面平行伸向来球。拍触球时，前臂和手腕稍向前移动，主要是借助对方来球的反弹力将球挡回。在上升期，击球的中部，拍形与台面接近垂直。击球后，迅速收回球拍，还原成击球前的准备姿势。（见图 4-2-11）

2. 正手推挡

当来球是对方击过来的右方位速度较快的上旋球或离网较近的加转弧圈球，自己又处于击球位置不合适时，可以运用正手推挡球来回击。

动作要领：击球前身体迎前，前臂提起，重心稍升高。在上升期击球，手臂内

旋，拇指用力，球拍盖住球的右侧中上部。触球时手腕和手臂发力极小，拍面角度固定，前倾约 20°。（见图 4-2-12）

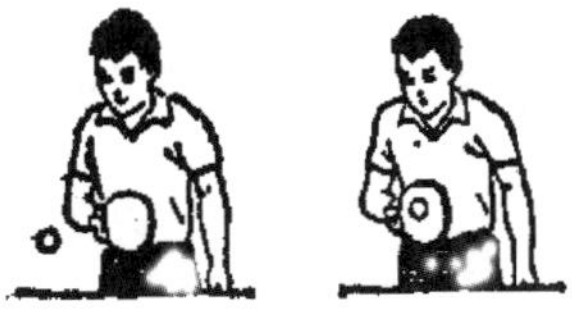

1　　2

图 4-2-11　挡球

1　　2

图 4-2-12　正手推接

3．快推

回球速度快，变化斜直线效果好。如在对推相持和对攻中运用突击对方空当或推两大角，使对方陷于被动，为抢攻创造机会或造成对方直接失误。快推一般适用于对付中等力量推挡相持、突击球和旋转较弱的拉球等。

动作要领：击球前手臂适当后撤引拍，同时，迅速迎前击上升期的来球，触球一刹那前臂稍外旋配合手腕外展动作，触球的中上部，手臂主要向前，稍微向上辅助用力。（见图 4-2-13）

图 4-2-13　快推

（四）攻球技术

攻球技术是乒乓球运动员快攻型打法的主要技术。在比赛中合理地运用攻球技术，常常能够在比赛中取得主动，使对方陷入被动。它主要分为正手攻、反手攻和侧身攻三大部分。

1．正手快带

正手快带也叫快拉，是对付弧圈球的重要技术。它具有动作较小、速度较快、线路活的特点，是相持或被动转变为主动的一种过渡技术。

动作要领：站位近台，两膝微屈，身体重心略下降，手臂放松前臂略下沉。击球前，前臂向前迎球，跟随腰部向右转动，稍向后引拍。击球时以前臂向前上方发力为主，手腕同时向前上用力转动球拍摩擦击球，触球的中部或中上部。击球后整个动作应迅速还原。（见图 4-2-14）

图 4-2-14　正手快带

2. 正手快攻

它具有站位近、速度快、进攻性强的特点，是对攻中常用的一项主要技术。

动作要领：站位近台，腰稍向右侧，前臂与台面略平行，以前臂发力为主。拍面略前倾，触球中上部，前臂向前上方挥动要快，用力大小应根据来球距网远近高低而定，一般用中上力量。球击出后，动作还原要快，及时放松，准备下次击球。变化落点主要靠手腕调节拍面方向，击斜线球触球的中右部，直线球触球的中部。（见图 4-2-15）

图 4-2-15　正手快攻

3. 正手扣杀

它是乒乓球运动中极重要的一项技术。一般在取得主动和优势的情况下运用。其特点是力量重、球速快、威力大。扣杀主要是在高点期击来球。

动作要领：站位远近要视来球的长短站位而定，短的来球应站位近台，长的来球应站位中近台。整个手臂要随腰部的转动向后引拍，拉大击球距离，上臂发力为主，手腕控制落点，手臂向前向下挥动用力，触球的中上部。球击出后，整个动作要迅速还原，准备连续扣杀。（见图 4-2-16）

图 4-2-16　正手扣杀

4. 反手快攻

它是两面攻或左推右攻打法的运动员必须具备的技术。

动作要领：站位中近台，以前臂发力为主。手腕控制拍面角度，触球的中上部，向前上或右前上方挥动。要求动作快速、有力，并力求放松。一般快时用中上的力量，但应根据来球的长短高低灵活掌握。注意运用反手快攻时，突然性要强，落点变化要多，击斜线球时触球的中左部，击直线球时触球的中部。击球后还原放松要迅速、及时，准备迎击下次来球。（见图 4-2-17）

图 4-2-17　反手快攻

5. 正手拉弧圈球

动作要领：站位靠近球台，右脚稍后，重心支撑点在右脚上。击球前，引拍至身体右侧下方成半横状，拍面近乎垂直。上臂与身体约呈 35°，与前臂约呈 130°。当球从最高点开始下降时，上臂和前臂由后向前上方挥动，前臂迅速内收，结合手腕转动的力量摩擦球的中下部。击球后，重心支撑点移至左脚，球拍随势挥至头部。（见图 4-2-18）

图 4-2-18　正手拉弧圈球

四、考试标准

（一）平时成绩（30 分）

课堂表现、测验、考勤。

（二）技术与战术（70 分）

推挡（或搓球、攻球）、发球、教学比赛、专项素质。

1. 推挡（或搓球、攻球）（30 分）

达标和计评分别占 20 分和 10 分。

方法：1 分钟两人推球（或搓球、攻球），累计单人次数。评分标准见表 4-1-1。

表 4-1-1　推挡（或搓球、攻球）达标评分标准

成绩项目	分值	12	14	16	18	20
推挡	个数	30	35	40	45	50
搓球	个数	25	30	35	40	45
攻球	个数	20	25	30	35	40

2．发球（10 分）

达标和计评各计 5 分。

方法：每人发球 10 个，按比赛规定发球。评分标准见表 4-2-2。

表 4-2-2　发球达标评分标准

分值	3	3.5	4	4.5	5
发球/个	5	6	7	8	9

3．教学比赛（20 分）

方法：学生抽签分组进行比赛，根据名次和掌握技术、战术水平评分。

4．专项素质（10 分）

方法：30 秒移动，脚踏相距 2 m 的平行线，踏到一次计 1 分。评分标准见表 4-2-3。

表 4-2-3　2 m 移动评分标准

分值	6	7	8	9	10
男	36	40	44	48	52
女	30	34	38	42	46

第三节　网球俱乐部

一、网球运动概述

网球活动起源于法国。14 世纪时，法国宫廷中开展一种叫“掌球戏”的游戏，两人中间隔一条绳子，双方用手将球打来打去，球用布裹头发制成。这种球以埃及坦尼斯镇所产的布最为著名，网球（Tennis）大概即由此而得名。16 世纪时，出现用羊皮纸做的球拍。17 世纪这种游戏传入英国后，绳改变为网，球拍不再是平面的羊皮纸，而是穿上了有弹性的弦线，场地也比较正规了。18 世纪资本主义兴起后，网球运动冲出宫廷，逐步在资产阶级和市民阶层中开展起来。到 19 世纪，网球运动已在欧美盛行起来。大约在 1885 年网球运动传入我国，到 1949 年新中国成立，虽然已有较长的历史，但因新中国成立前网球运动只局限在少数人圈子里，被称为“贵族运动”，水平较低。近年来，我国的网球运动已有了新的发展，水平也不断地提高，并在一些大型比赛中取得了优异的成绩。

网球在 1896 年第 1 届雅典奥运会中就被列为比赛项目，有着悠久的竞技运动历史。随着我国社会经济的发展和人民生活水平的提高，目前越来越多的人参与到网球运动中。由于网球是一种相对高消费的体育运动，对场地要求较高，所以在我国目前难以普及，但是网球作为一种高雅运动，在社会经济的推动下其势不可挡。

网球运动各种打法和流派经过多年的演变，攻守技术已发展到很高的水平。现在，各种打法的发展趋势是力求技术全面，特长突出。发球讲究力量大、速度快、落点准确、旋转多变。

网球是一项以有氧运动为主的体育锻炼项目。运动量相对较大，在不断的移动和击球中，能够发展锻炼者的爆发力、灵活性、柔韧性、协调性，提高心血管系统的机能，对预防冠心病、高血脂、高血压等心血管疾病有一定的好处。

二、网球基本技术

1. 握拍

在所有的网球技术中，握拍是最基本的技术，它能直接影响球拍面接触球的角度和击球发力的程度。不同的握拍法产生了各种不同的击球效应和打法。因此，在网球运动中，不同的握拍方法都应提倡。

握拍的方法与击球动作有着密切的关系。每个击球动作都是由手臂、手腕、手指相互配合用力来完成的，所以握拍的好坏对技术的提高和全面发展有较大的影响。作为初学者，必须按正确的方式握拍，使拍面以正确的部位和角度与球接触，为以后的进一步提高技术奠定基础。常用的握拍法有三种。

（1）东方式握拍

这种握拍法分正拍握法和反拍握法（见图 4-3-1）。正拍握法如同与球拍握手一样，称“握手式”，也叫“东方式”。反拍握法是在“握手式”基础上，球拍不动，手向拇指方向转动大约拍柄的 1/6 距离，拇指位于球拍后方，抵住球拍。这种握拍法的优点是便于用力，运用灵活，利于做具有攻击性的击球动作；缺点是正、反拍击球要换握。

图 4-3-1　东方式握拍

（2）大陆式握拍

握拍时用手掌根贴住拍柄上部的平面，食指与其余三指稍微分开，食指上关节聚贴在右上斜面上，拇指垫贴在拍柄的左垂直面上（见图 4-3-2）。这种方式基本上同东方式握拍的反拍握法，比较简单，正、反拍击球不用换握，比较适合初学者使用。缺点是手腕用力多易疲劳，不利于击较高的球，同时也难以打出强而有力的上旋球。

（3）西方式握拍

西方式正握拍法手掌心朝下，手掌的大部分放在拍柄的底部，手掌根贴在拍柄的右下斜面上，拇指压在拍柄的上部手面，食指的下关节握住拍柄的右下斜面（见图 4-2-3）。拇指与食指的“V”形对准握柄的右垂直面，手腕较紧张，对付低球较难，这种握法采用较少。西方式反拍握拍法在西方式正拍握拍的基础上，把球拍上下颠倒过来，用同一拍面击球或手腕顺时针转，使拇指与食指的“V”形对准拍柄的左垂直面，食指下关节压住拍柄的上部手面，手掌根贴在左上斜面（见图 4-3-4）。

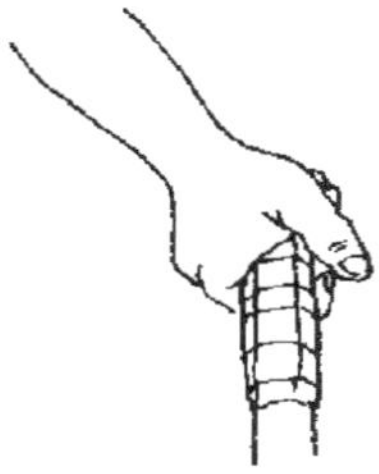

图 4-3-2　大陆式握拍

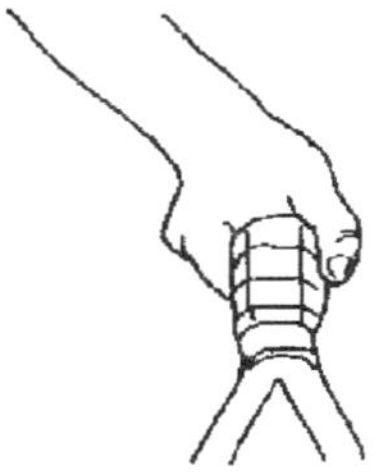

图 4-3-3　西方式正握拍

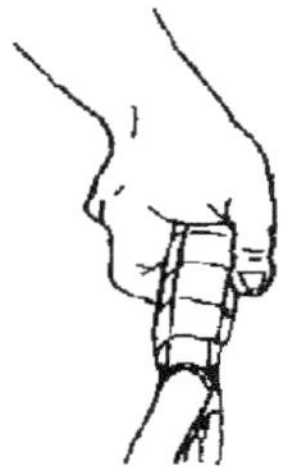

图 4-3-4　西方式反握拍

2. 发球

发球是进攻的开始，掌握大力、凶猛和旋转多变的发球，造成对方接球困难可以控制对方，甚至可直接得分，为网前截击和其他制胜手段创造机会。

（1）平击发球

俗称“炮弹式发球”，出球力量大，速度快，落点深，极具威胁。缺点是命中率较低，体力消耗大，一般用作第一次发球。

动作要领：发球前，侧对球网站位，双手（一手握拍，另一手持球）贴近体前，高度齐腰。挥拍时，持拍手臂向后上方摆动，当肘关节摆至肩高或超过肩时，手臂在头后绕环，此时屈肘放松手腕，使拍框在头后下垂。与此同时，持球手以拇指、食指和中指的指尖把球轻轻托起，随握拍手下摆，持球手下摆至前腿处，挥拍手在身后上摆时，持球同时上举，当上举到头前上方时，球离手抛到空中，然后球拍向上挥起，手腕由后屈向前抖甩，手臂尽可能向上伸展，前臂、手腕和球拍几乎成一直线。击球后，手臂随惯性继续向前下摆动。发球时，还应注意身体的摆动和重心的移动。准备时，重心在前脚，球拍后挥，重心后移到后脚，击球时，身体由后仰向前摆，同时重心移向前脚。（见图 4-3-5）

图 4-3-5　平击发球

（2）切削发球

出球旋转性强，弧线飞行，容易控制落点，落地后球向对方场地一侧的角上跳动，可拉开对方，造成接球困难。比赛中常用作第二次发球用，缺点是易被对方抽杀。

动作要领：发球时把球抛到右侧斜上方，球拍快速从右侧中上方至左下方挥动。击球部位在球的中部偏右侧，使球产生右侧旋转。这种发球主要是后击球时，拍面与球行成一定角度，球拍在球的后方横挥而过，在击球的瞬间劈向球的侧面，使之产生侧旋。切削发球的抛球应抛在身体的右上方。（见图 4-3-6）

图 4-3-6　切削发球

3. 接发球

网球比赛是从发球和接发球开始的。比赛中，如果接发球不好，不仅会给对方较多的进攻机会，而且更严重的是常会引起自己心理上的紧张和畏惧，并造成失误，甚至导致全盘失败；反之，如果接发球技术好，不仅有时可以直接得分，而且还可以破坏对方的抢攻，成为战术上和心理上的有力武器，为自己的进攻创造有利条件，并为赢得比赛奠定基础。因此，接发球是网球技术中的一个重要环节，应引起足够的重视。

接发球时一定要把球稳定地接回过网，能进攻的球要大胆发动接发球抢攻，即使没有进攻机会也要设法变化球速，控制好落点，使对方不能进攻。其次，要突出“快”和“变”。如能做到判断准确，有顶有打（以顶为主），有拉有削（以拉为主），就能对发球员施加很大的心理压力，打掉对方进攻的锐气，从而有利于使自己摆脱被动挨打的局面，为更好的进攻创造机会。

当对方发球前，可以膝盖弯曲，两腿开立；当对方抛球准备击球时，可以重心升起两脚快速交替跳动，并判断来球迎前回击。接发球站位要根据对方的发球水平和自己的接发球水平、习惯、场地快慢和战术需要来确定，一般应站在对方能发到内外角的中角线上。

根据对方发球好坏、速度快慢而定。动作一般介于底线正、反拍击球动作和截击球动作之间。对发球差的选手，可用自己的底线正、反拍动作来接对方的发球；而对发球好、速度快的对手，可用网前截击球的动作来顶接对方的发球，这样接出的球很有威胁。

接好发球的关键在于快速灵敏的判断、反应和充分的准备。当击球点在身体前面的接发球时，在判明来球的方向后，即向后转动双肩，马上向前迎击来球。接大力平击发球时，靠近身体大多向左侧身用反拍顶击球。用正拍侧身抢攻需要有更快更早的动作。

4. 抽击球

网球的抽击球技术统分为底线正拍抽击球、底线反拍抽击球、侧身抽击球及中场抽击球四大部分。其包括平击、上旋、下旋和混合旋转等各种抽击法，每种抽击法的特点不同，击出的球的性能也不相同。

抽球是网球运动的主要基础技术，只有掌握好这项技术才能在比赛中接好发球和进攻。

（1）正拍平抽球

动作要领：左脚在前，侧对球网，重心在右脚上，向右转体带动球拍后引，球拍不要下垂。拍框应高于手腕。挥拍要自然接近于水平后摆，拍面稍前倾，后引到与身体成平行时，球拍高度齐膝。击球时，身体重心前移，向左转髋转肩，带动手臂向前上方挥拍，在齐腰处击球。击球时，手腕要固定，拍面垂直于地面。动作平稳不停顿，逐渐加速抽击。击球后，迅速恢复预备姿势，准备下一次击球。（见图 4-3-7）

图 4-3-7　正拍平抽球

（2）反拍平击球

动作要领：右脚在前，侧对球网，重心在左脚上，向右转体转肩带动球拍后引，左手轻持球拍颈，肘部自然贴靠身体。击球时，身体重心前移，向右转髋转肩，带动手臂向前上方挥拍，击球点在侧前方，拍面平击球并给予足够的上旋抽击，使球产生强烈的前旋。（见图 4-3-8）

图 4-3-8　反拍平击球

（3）切削球

动作要领：击出之球下旋，落地后反弹低，比赛中可与平抽球交替使用，也用作控制落点的过渡性击球。击球时，球拍从后上向前下方挥动，拍面稍后仰。击球后，球拍由下稍向上成弧形挥动。动作结束时，球拍与腰平或稍高。

5．正反拍截击球

截击球是网前的攻击性击球方法，是指球在空中飞行过网，尚未落地时迎击的一种技术。它要求判断准、反应快。无论是正拍还是反拍，截击时要根据来球的速度和距身体的远近来决定向前跨步的方向和大小。

（1）平截击球

动作要领：迅速上步引拍，拍面与来球同高，拍面垂直地面或稍后斜，撞击球动作短促有力。动作后摆小，回击快，球到对方场内很少旋转。适用于网以上肩以下高度的来球。

（2）切削式截击球

动作要领：挥拍撞击球时，球拍向前下方切削，动作短促有力，切击的球是下旋的，落地后反弹低而快，适用于低于网高的上旋来球或其他低于网的空中球。

（3）抽击式截击球

动作要领：与平截击球相似，但动作幅度大，后摆大，拍面稍前倾。向前挥拍时以肩带动臂作抽击动作，而不是撞击球。这种击球力量大、速度快、攻击性强，适用于在中场截击速度不快、肩以下的来球。

6. 高压球

动作要领：高压球的动作和发球差不多，后引拍动作比发球简短，直接引拍下垂在肩后。击球点在右肩前上方，击球的后上部，利用身体的前俯带动肩臂向前挥拍，无须切削或旋转动作。有时来球过高，还可跳起来打高压球，起跳与引拍应同时进行，空中击球后落地。高压球适用于击高于头的来球，也可直接击落地的高球。

7. 挑高球

动作要领：持拍自下方后引，直接自右下方向前挥拍，球拍击球的后下部或下部，把球高高打入上空，落在对方后场区。如球拍有向后上方提拉动作，可使球产生强烈的上旋。挑高球的目的在于迫使对方后退，为自己赢得时间回到有利的位置。

8. 放短球

动作要领：放短球多用手腕动作，小臂带动手腕持拍向下切，沿球下部快速滑动，缓冲来球力量，使球后旋，落入对方网前。放短球适用于对方在底线往复跑动时，出其不意突放一网前短球，造成对方来不及上网而失误。

三、网球基本战术

1. 单打战术

（1）发球战术

因发球不受对方支配，可通过力量、速度和落点达到得分目的。针对对方的弱点发球。运用不同的发球方式，制造上网截击的机会。利用风向、阳光等自然条件发球，给对方制造困难。

第一次发球多采用大力平击发球，造成对方难以抵挡而失误。第二次发球为求成功，多采用切削发球或旋转球。

发球站位也应有战术考虑。发第一区时，尽量接近中点线站位，发直线球逼住对方反拍。发第二区时，可距中点线稍远站位，便于以更大的斜线发至对方反拍区，并扩大自己正拍防守的区域。

（2）接发球战术

接发球一般处于被动地位，但也应做些战术上的准备，以减少被动，争取主动。

站位：为避免接球时的大距离奔跑，接球站位应选在对方向本人左右发球夹角的分角线上，并站在端线内半米处。这样利于左右回击和上网回击。

接发球方法：一般多采用平击抽球，将球回击到对方底线两角，也可加旋转使球旋向两边线外，使对方大范围左右奔跑。

（3）上网战术

上网是积极主动的打法。在发球或接发球后冲到离网较近的位置，不等对方回击的球落地，即进行空中截击或高压击球。

上网时机：多用于第一次发球。发急速旋转球后，借球在空中飞行时间长，对方难于回击之机上网截击。

上网站位：尽可能站到距网约 2 m 处，近网进攻威胁性大，封网角度小，防守控制面积大，但必须有强力高压球作保证，否则对方挑高球时便陷于被动。

上网击球：上网击球主要采用截击球和高压球，还要根据对方的站位决定击球的方向和落点。

底线战术：底线击球应以进攻性打法为前提，用快速、准确、凶狠的击球取胜对方。常用的办法：大角度抽击球，使对方左右奔跑；逼右攻左，逼左攻右，攻击对方的弱点；大力击直线球，在速度上压制对方等。

2．双打战术

双打比赛的站位，一般是正拍好的站位靠右侧，反拍好的站位靠左侧；最理想的配对是一个右手握拍，另一个左手握拍。发球时，发球者站在端线后中线与边线一半处。同伴则站在距网 2 ~ 3 m、离边线 3 m 处，守住半边场区，伺机截击或高压击球，接发球时，接发球者在可能发到的角度的分角线上，同伴则站在发球线前距网 4 ~ 5 m、离边线 3 m 处。同伴之间要有默契，一般原则是来球在两人之间，由正拍击球者回击；球在两人之间又是斜线来球时，由距离近的运动员迎击；挑高球落在两人间，由正拍击球者进行高压击球；对方接发球回击过来的中场球，由上网运动员争取截击，另一同伴注意补漏。

四、考试标准

（一）平时成绩（30 分）

课堂表现、测验、考勤。

（二）技术与战术（70 分）

1．正、反手底线抽球（20 分）

测试方法：当来球落地后分别用正手和反手上旋的方式将球击回。正、反手交替击球 5 次，每正、反手斜或直线以左右半场单打区划分。

评分标准：打到界内并在指定半场内得 2 分，正、反手各 5 分。考生要用力击打网球，未击至对方场区为击球失误无分。

2．发球（20 分）

测试方法：发球 10 次。前 5 次发向平分区外角，后 5 次发向平分区内角。

评分标准：发至界内并在指定半场内得 2 分，未发至对方场区内为击球失误不得分。

3. 实战：比赛（20 分）

比赛方法：分组进行比赛（每组 8 ~ 10 人），抽签决定比赛对手，采取淘汰赛的方式进行比赛。

评分标准：根据比赛名次给分，第 1 名 20 分，第 2 名 18 分，第 3 名 16 分，第 4 名 14 分，第 5 名 12 分，以此类推。

4. 专项素质（10 分）

测试方法：将一支球拍放在底线中点后面，拍头指向网球，从底线中点开始，沿着逆时针方向依次取回 5 个球，将每次取回的球放在球拍拍面上，测试一开始，秒表计时就开始，记录完成时间。

评分标准：见表 4-3-1。

表 4-3-1　专项素质评分标准

分值	成绩	
	男	女
10	15″0	16″0
9. 5	15″5	16″5
9	16″0	17″0
8. 5	16″5	17″5
8	17″0	18″0
7. 5	17″5	18″5
7	18″0	19″0
6. 5	18″5	19″5
6	19″0	20″0
5. 5	19″5	20″5
5	20″0	21″0
4. 5	20″5	21″5
4	21″0	22″0
3. 5	21″5	22″5
3	22″0	23″0
2. 5	22″5	23″5
2	23″0	24″0
1. 5	23″5	24″5
1	24″0	25″0

第五章　民族传统体育俱乐部

第一节　武术套路俱乐部

一、武术运动概述

武术是以技击动作为主要内容，以套路和格斗为主要运动形式，注重内外兼修的中国传统体育项目。

1．*武术的形成和发展*

武术最早起源于生产劳动，生存竞争萌芽了武术的最根本性特征，即技击性。原始社会的武术是多位一体的，既是狩猎的训练形式、丰收的庆典形式，又是军事演习和宗教仪式形式。

从春秋战国开始，武术与军事武艺分离，开始形成军旅武术和民间武术两大平行体系，并相互影响、依存和消长，构成中国武术的基本格局，中国武术文化体系逐渐完善。

从 1840 年以后，随着冷兵器的消亡，武术基本从军事中脱离出来，成为强身自卫的运动，并逐步成为中国近代体育的有机组成部分。

新中国成立后，武术事业沿着新中国体育的发展道路，按照武术自身的发展规律，在不断探索、改革、开拓中前进，在传承祖国优秀文化遗产、增强人民体质、振奋民族精神、建设社会主义精神文明的过程中发挥了重要作用。在增进国际交往、跨出国门、走向世界的征途中，武术创造了举世瞩目的辉煌业绩。目前，武术运动正在世界各地兴起，并已展示出其广阔的发展前景。

2．*武术的内容和分类*

武术按其运动形式可分为套路运动和搏斗运动两大类。套路运动按练习形式可分为单练、对练和集体演练。

二、武术基本功和基本动作

武术基本功是练习武术必须具备的身体活动能力、技术技巧能力及心理素质等基础。基本功训练时，有一系列专门的综合性练习人体内、外各部位功能的方法和手段，这些方法和手段突出了武术运动的专项要求，具有鲜明的内外兼修的运动特点。基本功包括腿功、腰功、肩功和桩功等主要内容。腿功表现的是腿部的柔韧性、灵活性和力量等功夫；腰功表现的是腰部灵活性、协调控制上下肢运动的能力和身法技巧的功夫；肩功表现的是肩关节柔韧性、活动范围的大小及力量等方面的功夫；桩功表现的是腿部力量和呼吸内息的功夫。

（一）腿功

1. 正压腿（见图 5-1-1）

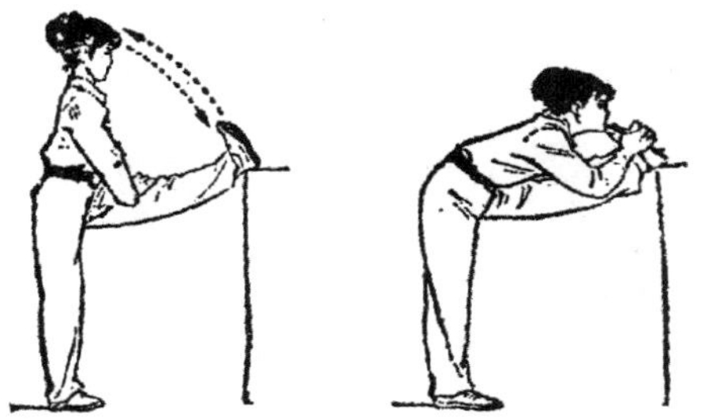

图 5-1-1　正压腿

面对一定高度的物体，左脚跟放在物体上，脚尖勾起，两腿伸直，两手扶按在左膝上，或用两手抓握左脚，然后上体立腰向前下方振压，用头顶尽量触及脚尖。两腿交替进行。

学练要点：两腿伸直，立腰挺胸前压。

2. 侧压腿（见图 5-1-2）

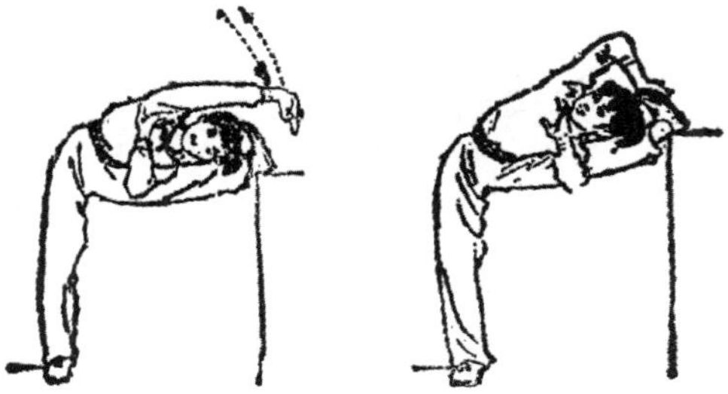

图 5-1-2　侧压腿

右腿支撑站立，左脚从体侧放置到一定高度的物体上，脚尖勾起，右臂上举，左掌立于胸前，两腿伸直，腰部挺立，上体向左侧下振压，振压幅度要逐渐加大，直到上体能侧倒在左腿上。两腿交替进行。

学练要点：两腿伸直，开髋立腰挺胸，上体完全侧倒。

3. 后压腿（见图 5-1-3）

图 5-1-3　后压腿

背对一定高度的物体，两手叉腰，右腿支撑站立，左腿后伸，脚背放到物体上，两腿伸直，上体向后下振压，并逐渐增大振压幅度。两腿交替进行。

学练要点：两腿伸直，立腰挺胸，头随上体后仰。

4. 仆步压腿（见图5-1-4）

图5-1-4　仆步压腿

右腿屈膝全蹲，全脚着地，左腿向左侧伸直，脚尖内扣；两手分别抓住两脚脚背，成左仆步；腰部挺直，左转前压，左右仆步交替进行。

学练要点：直腰抬头，一腿全蹲，另一腿伸直，两脚压紧地面。

5. 正搬腿（见图5-1-5）

图5-1-5　正搬腿

右腿伸直支撑，左腿屈膝提起，左手扶膝，右手抓住左脚，然后将左脚向前方伸出，直至膝关节挺直，左脚外侧朝前。两腿交替进行。

学练要点：两腿伸直，立腰挺胸，被搬腿的脚尖勾紧。

6. 侧搬腿（见图5-1-6）

图5-1-6　侧搬腿

左腿伸直支撑，右腿从体侧抬起，右手经右小腿内侧绕脚后抱住右脚跟，将右腿伸直，脚尖勾紧。两腿交替进行。

学练要点：两腿伸直，立腰挺胸，身体直立平稳。

7. 劈竖叉（见图 5-1-7）

图 5-1-7　劈竖叉

两腿伸直，前后叉开成直线。左腿后侧着地，脚尖上翘；右腿前侧着地，脚背扣在地上，两臂立掌侧平举。两腿交替进行。

学练要点：立腰挺胸，沉髋挺膝。

8. 劈横叉（见图 5-1-8）

图 5-1-8　劈横叉

两腿伸直向左右两侧叉开下坐成直线。两腿内侧着地，两臂立掌侧平举。

学练要点：髋关节完全打开，立腰挺胸。

（二）腰功

1. 前俯腰（见图 5-1-9）

图 5-1-9　前俯腰

并步站立，两手十指交叉，直臂上举，手心向上，上体前俯，挺胸，塌腰，两手尽力触地，再两手松开，用两手绕过双腿，抱住两脚跟部，尽量使自己的上体、脸部贴紧双腿。

学练要点：两腿挺膝伸直，上体前俯时，挺胸、塌腰、收髋。

2．甩腰（见图 5-1-10）

图 5-1-10　甩腰

开步站立，两臂伸直前举，以腰为轴，上体做前后屈和甩腰动作，两臂也随之甩动。

学练要点：两腿伸直，腰部放松，后甩时抬头挺胸，甩腰动作紧凑而有弹性。

3．涮腰（见图 5-1-11）

图 5-1-11　涮腰

两脚开立，略宽于肩，上体前俯，以髋关节为轴，两臂向左前下方伸出，然后挥动两臂，随上体向前、向右、向后、再向左做翻转绕环。左右涮腰交替进行。

学练要点：两腿伸直，以腰为轴，翻转绕环圆活、和顺。

4．下腰（见图 5-1-12）

图 5-1-12　下腰

两脚开立同肩宽，两臂伸直上举，腰向后弯，抬头，挺腰，双手撑地身体呈桥形。

学练要点：两脚支撑站稳，膝关节尽量挺直，腰部后弯上顶，脚跟不能离地。

（三）肩功

1．压肩（见图5-1-13）

图5-1-13　压肩

面对一定高度的物体，两脚开立同肩宽，上体前俯，两手抓住横杆，抬头挺胸，塌腰，用力向下振压。

学练要点：两腿伸直，肩部松沉，用力振压，力点集中于肩部。

2．单臂绕环（见图5-1-14）

图5-1-14　单臂绕环

左弓步站立，左手扶按左膝，右臂以肩为轴，做直臂的顺、逆时针绕环。两臂交替进行。

学练要点：臂伸直，肩放松，绕立圆。

3．双臂绕环（见图5-1-15）

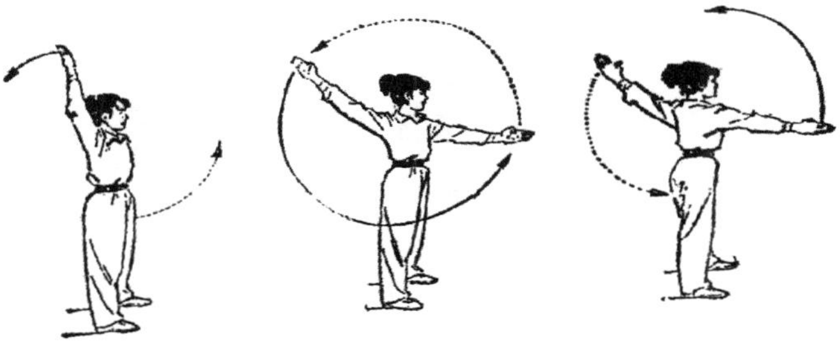

图5-1-15　双臂绕环

开步站立，以肩关节为轴，两臂分别向前和向后做直臂绕环。顺、逆时针绕环交替进行。

学练要点：身体正直，臂伸直，肩放松，绕环协调和顺。

4. 两臂交叉绕环（见图 5-1-16）

图 5-1-16　两臂交叉绕环

开步站立，两臂直臂上举，左臂以左肩关节为轴，向前下做顺时针绕环；同时，右臂以右肩关节为轴，向后下做逆时针绕环。两臂顺、逆时针交替进行。

学练要点：身体正直，两臂伸直，绕环协调和顺。

三、初级长拳第三路

（一）预备动作

1. 预备势（见图 5-1-17）

两脚并步站立，两臂垂于身体两侧，五指并拢贴靠腿外侧，眼向前平视 。

要点：头要端正，颏微收，挺胸，塌腰，收腹。

2. 虚步亮掌（见图 5-1-18）

右脚向右后方撤步成左弓步。右掌向右、向上、向前划弧，掌心向上；左臂屈肘，左掌提至腰侧，掌心向上，目视右掌。

右腿微屈，重心后移。左掌经胸前从右臂上向前穿出伸直；右臂屈肘，右掌收至腰侧，掌心向上，目视左掌。

重心继续后移，左脚稍向右移，脚尖点地，成左虚步。左臂内旋向左、向后划孤成勾手，勾尖向上；右手继续向后、向右、向前上划孤，屈肘抖腕，在头顶上方成亮掌（即横掌），掌心向前，掌指向左，目视左方。

要点：三个动作必须连贯。成虚步时，重心落于右腿上，右大腿与地面平行。左腿微屈，脚尖点地。

图 5-1-17　预备势

图 5-1-18　虚步亮掌

3. 并步对拳（见图 5-1-19）

右腿蹬直，左腿提膝，脚尖里扣，上肢姿势不变。

左脚向前落步，重心前移。左臂屈肘，左勾手变掌经左肋前伸；右臂外旋向前下落于左掌右侧，两掌同高，掌心均向上。

右脚向前上一步，两臂下垂后摆。

左脚向右脚并步，两臂向外向上经胸前屈肘下按，两掌变拳，拳心向下，停于小腹前，目视左侧。

要点：并步后挺胸、塌腰。对拳、并步、转头要同时完成。

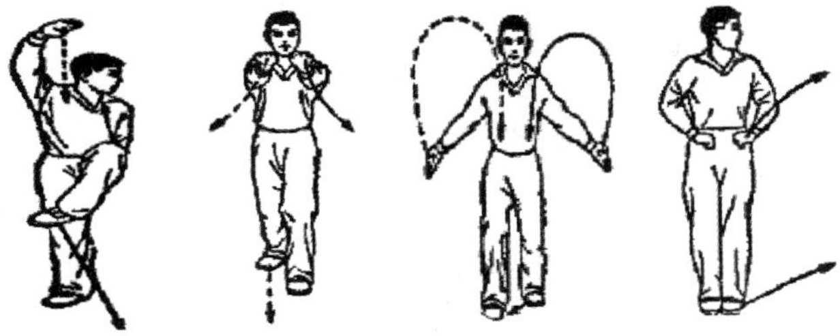

图 5-1-19　并步对拳

（二）第一节

1. 弓步冲拳（见图 5-1-20）

左脚向左上一步，脚尖向斜前方；右腿微屈，成半马步。左臂向上向左格打，拳眼向后，拳与肩同高；右拳收至腰侧，拳心向上，目视左拳。

右腿蹬直成左弓步。左拳收至腰侧，拳心向上；右拳向前冲出，高与肩平，拳眼向上，目视右拳。

要点：成弓步时，右腿充分蹬直，脚跟不要离地。冲拳时，尽量转腰顺肩。

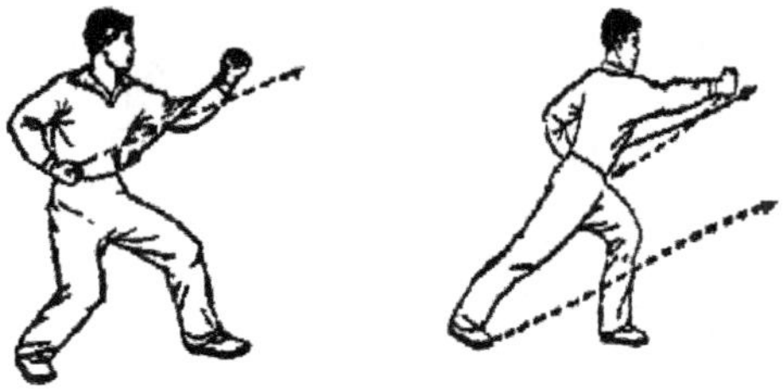

图 5-1-20　弓步冲拳

2. 弹腿冲拳（见图 5-1-21）

重心前移至左腿，右腿屈膝提起，脚面绷直，猛力向前弹出伸直，高与腰平。右拳收至腰侧，左拳向前冲出，目视前方。

图 5-1-21　弹腿冲拳

要点：支撑腿可微屈，弹出的腿要用爆发力，力点达于脚尖。

图 5-1-22　马步冲拳

3．马步冲拳（见图 5-1-22）

右脚向前落步，脚尖里扣，上体左转。左拳收至腰侧，两腿下蹲成马步；右拳向前冲出，目视右拳。

要点：成马步时，大腿要平，两脚平行，脚跟外蹬，挺胸、塌腰。

4．弓步冲拳（见图 5-1-23）

上体右转 90°，右脚尖外撇向斜前方，成半马步。右臂屈肘向右格打，拳眼向后，目视右拳。

左腿蹬直成右弓步。右拳收至腰侧，左拳向前冲出，目视左拳。

要点：与本节的弓步冲拳相同，唯左右相反。

图 5-1-23　弓步冲拳

5．弹腿冲拳（见图 5-1-24）

重心前移至右腿，左腿屈膝提起，脚面绷直，猛力向前弹出伸直，高与腰平。左拳收至腰侧，右拳向前冲出，目视前方。

要点：与本节的弹腿冲拳相同，唯左右相反。

图 5-1-24　弹腿冲拳

6．大跃步前穿（见图 5-1-25）

左腿屈膝。右拳变掌内旋，以手背向下挂至左膝外侧，上体前倾。目视右手。

左脚向前落步，两腿微屈。右掌继续向后挂，左拳变掌，向后向下伸直，目视右掌。

右腿屈膝向前提起，左腿立即猛力蹬地向前跃出。两掌向前向上划孤摆起，目视左掌。

右腿落地全蹲，左腿随即落地向前铲出成仆步。右掌变拳抱于腰侧，左掌由上向右向下划弧成立掌，停于右胸前。目视左脚。

要点：跃步要远，落地要轻，落地后立即接做下一个动作。

图 5-1-25　大跃步前穿

7．弓步击掌（见图 5-1-26）

右腿猛力蹬直成左弓步。左掌经左脚面向后划弧至身后成勾手，左臂伸直，勾尖向上，右拳由腰侧变掌向前推出，掌指向上，掌外侧向前，目视右掌。

8．马步架掌（见图 5-1-27）

重心移至两腿中间，左脚脚尖里扣成马步，上体右转。右臂向左侧平摆，稍屈肘；同时，左勾手变掌由后经左腰侧从右臂内向前上穿出，掌心均朝上，目视左手。

右掌立于左胸前，左臂向左上屈肘抖腕亮掌于头部左上方，掌心向前，目右转视。

要点：马步同前。

图 5-1-26　弓步击掌

图 5-1-27　马步架掌

（三）第二节

1．虚步栽拳（见图 5-1-28）

右脚蹬地，屈膝提起；左腿伸直，以前脚掌为轴向右后转体 180°。右掌由左胸前向下经右腿外侧向后划孤成勾手；左臂随体转动并外旋，使掌心朝右，目视右手。

右脚向右落地，重心移至右腿上，下蹲成左虚步。左掌变拳下落于左膝上，拳眼向里，拳心向后；右勾手变拳，屈肘向上架于头右上方，拳心向前，目视左方。

图 5-1-28　虚步栽拳

2. 提膝穿掌（见图 5-1-29）

右腿稍伸直。右拳变掌收至腰侧、掌心向上，左拳变掌由下向左向上划弧盖压于头上方，掌心向前。

右腿蹬直，左腿屈膝提起，脚尖内扣。右掌从腰侧经左臂内向右前上方穿出，掌心向上，左掌收至右胸前成立掌，目视右掌。

要点：支撑腿与右臂充分伸直。

图 5-1-29　提膝穿掌

3. 仆步穿掌（见图 5-1-30）

右腿全蹲，左腿向左后方铲出成左仆步。右臂不动，左掌由右胸前向下经左腿内侧，向左脚面穿出，目随左掌转视。

图 5-1-30　仆步穿掌

4. 虚步挑掌（见图 5-1-31）

右腿蹬直，重心前移至左腿，成左弓步。右掌稍下降，左掌随重心前移向前挑起。

图 5-1-31　虚步挑掌

右脚向左前方上步，左腿半蹲，成右虚步，身体随上步左转 180°。在右脚上步的同时，左掌由前向上向后划弧成立掌，右掌由后向下向前上挑起成立掌，指尖与眼平，目视右掌。

要点：上步要快，虚步要稳。

5. 马步击掌（见图 5-1-32）

右脚落实，脚尖外撇，重心稍升高并右移，左掌变拳收至腰侧，右掌俯掌向外掳手。

左脚向前上一步，以右脚为轴向右后转体 180°，两腿下蹲成马步。左掌从右臂上成立掌向左侧击出，右掌变拳收至腰侧，目视左掌。

要点：右手做掳手时，先使臂稍内旋、腕伸直，手掌向下向外转，接着臂外旋，掌心经下向上翻转，同时抓握成拳，收拳和击掌动作要同时进行。

图 5-1-32　马步击掌

6. 叉步双摆掌（见图 5-1-33）

重心稍右移，同时两掌向下向右摆，掌指均向上，目视右掌。

右脚向左腿后插步，前脚掌着地。两臂继续由右向上向左摆，停于身体左侧，均成立掌，右掌停于左肘窝处，目随双掌转视。

要点：两臂要划立圆，幅度要大，摆掌与后插步配合一致。

图 5-1-33　叉步双摆掌

7. 弓步击掌（见图5-1-34）

两腿不动。左掌收至腰侧，掌心向上；右掌向上向右划孤，掌心向下。

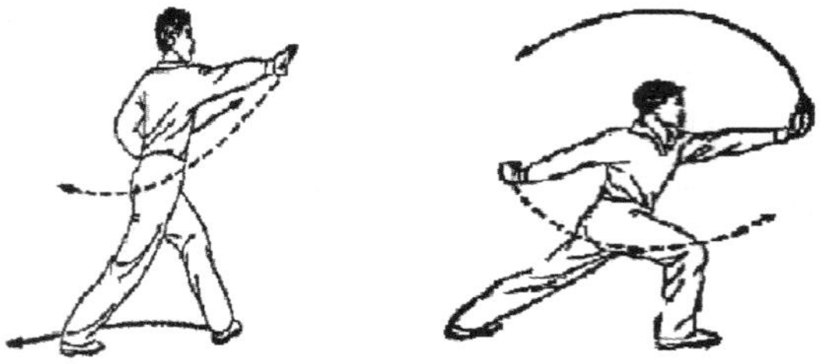

图 5-1-34 弓步击掌

左腿后撤一步，成右弓步。右掌向下向后伸直摆动，成勾手，勾尖向上；左掌成立掌向前推出，目视左掌。

8. 转身踢腿马步盘肘（见图5-1-35）

两脚以前脚掌为轴向左后转体180°。在转体的同时，左臂向上向前划半立圆，右臂向下向后划半立圆。

上动不停，两脚不动，右臂由后向上向前划半立圆，左臂由前向下向后划半立圆。

上动不停，右劈向下成反臂勾手，勾尖向上；左臂向上成亮掌，掌心向前上方。右腿伸直，脚尖勾起，向额前踢。

右脚向前落地，脚尖里扣。右手不动，左臂屈肘下落至胸前，左掌心向下，目视左掌。

上体左转90°，两腿下蹲成马步。同时左掌向前向左平掳变拳收至腰侧，右勾手变拳，右臂伸直，由体后向右向前平摆，至体前时屈肘，肘尖向前，高与肩平，拳心向下，目视肘尖。

要点：两臂抡动时要划立圆，动作连贯。盘肘时要快速有力，右肩前顺。

图 5-1-35 转身踢腿马步盘肘

（四）第三节

1. 歇步抡砸拳（见图5-1-36）

重心稍升高，右脚尖外撇。右臂由胸前向上向右抡直，左拳向下向左，使臂抡直，目视右拳。

上动不停，两脚以前脚掌为轴，向右后转体180°。右臂向下向后抡摆，左臂向上向前随身体转动。

紧接上动，两腿全蹲成歇步。左臂随身体下蹲向下平砸，拳心向上，臂部微屈，右臂伸直向上举起，目视左拳。

要点：抡臂动作要连贯完成，划成立圆。歇步要两腿交叉全蹲，左腿大、小腿靠紧，臀部贴于左小腿外侧，膝关节在右小腿外侧，脚跟提起，右脚尖外撇，全脚掌着地。

图5-1-36 歇步抡砸拳

2. 仆步亮掌（见图5-1-37）

左脚由右腿后抽出前上一步，左腿蹬直，右腿半蹲，成右弓步。上体微向右转。左拳收至腰侧，右拳变掌向下经胸前向右横击掌，目视右掌。

右脚蹬地屈膝提起，上体右转。左拳变掌从右掌上向前穿出，掌心向上，右掌平收至左肘下。

右脚向右落步，屈膝全蹲，左腿伸直，成仆步。左掌向下向后划弧成勾手，勾尖向上；右掌向右向上划弧微屈，抖腕成亮掌，掌心向前。头随右手转动，至亮掌时，目视左方。

要点：仆步时，左腿充分伸直，脚尖里扣，右腿全蹲，两脚脚掌全部着地，上体挺胸、塌腰，稍左转。

图5-1-37 仆步亮掌

3. 弓步劈拳（见图5-1-38）

右腿蹬地立起，左腿收回并向左前方上步。右掌变拳收至腰侧，左勾手变掌由下向前上经胸前向左做掳手。

图 5-1-38　弓步劈掌

右腿经左腿前方向左绕上一步，左腿蹬直成右弓步。左手向左平掳后再向前挥摆，虎口朝前。

在左手平掳的同时，右拳向后平摆，然后再向前向上做抡劈拳，拳高与耳平，拳心向上，左掌外旋接扶右前臂，目视右拳。

要点：左右脚上步稍带孤形。

4. 换跳步弓步冲拳（见图5-1-39）

重心后移，右脚稍向后移动。右拳变掌臂内旋以掌背向下划弧挂至右膝内侧；左掌背贴靠右肘外侧，掌指向前，目视右掌。

右腿自然上抬，上体稍向左扭转。右掌挂至体左侧，左掌伸向右腋下，目随右掌转视。

右脚以全脚掌用力向下震跺，与此同时，左脚急速离地抬起。右手由左向上向前掳盖而后变拳收至腰侧，左掌伸直向下、向上、向前屈肘下按，掌心向下，上体右转，目视左掌。

左脚向前落步，右腿蹬直成左弓步。右拳向前冲出，拳高与肩平；左掌藏于右腋下，掌背贴靠腋窝，目视右拳。

要点：换跳步动作要连贯、协调。震脚时腿要弯屈，全脚掌着地，左脚离地不要高。

图 5-1-39　换跳步弓步冲拳

5. 马步冲拳（见图5-1-40）

上体右转90°，重心移至两腿中间，成马步。右拳收至腰侧，左掌变拳向左冲出，拳眼向上，目视左拳。

6. 弓步下冲掌（见图5-1-41）

右脚蹬直，左腿弯屈，上体稍向左转，成左弓步。左拳变掌向下经体前向上架于头左上方，掌心向上，右拳自腰侧向左前斜下方冲出，目视右拳。

图5-1-40 马步冲拳

图5-1-41 弓步下冲掌

7. 叉步亮掌侧踹腿（见图5-1-42）

上体稍右转。左掌由头上下落于右手碗上，右拳变掌，两手交叉成十字，目视双手。

右脚蹬地并向左腿后插步，以前脚掌着地。左掌由体前向下向后划弧成勾手，勾尖向上，右掌由前向右向上划弧抖腕亮掌，掌心向前，目视左侧。

重心移至右腿，左腿屈膝提起，向左上方猛力蹬出。上肢姿势不变，目视左侧。

要点：插步时上体稍向右倾斜，腿、臂的动作要一致。侧踹高度不能低于腰，大腿内旋，着力点在脚跟。

图5-1-42 叉步亮掌侧踹腿

8. 虚步挑掌（见图5-1-43）

左脚在左侧落地。右掌变拳稍后移，左勾手变拳由体后向左上挑，拳背向上。

图5-1-43 虚步挑掌

上体左转180°，微含胸前俯。左拳继续向前向上划弧上挑，右拳向下向前划孤挂至右膝外侧，同时右膝提起。目视右拳。

右脚向左前方上步，脚尖点地，重心落于左脚，左腿下蹲成右虚步。左拳向后划弧收至腰侧，拳心向上，右拳向前屈臂挑出，拳眼斜向上，拳与肩同高，目视右拳。

（五）第四节

1. 弓步顶肘（见图 5-1-44）

重心升高，右脚踏实。右臂内旋向下直臂划弧以拳背下挂至右膝内侧，左拳不变，目视前下方。

左腿蹬直，右腿屈膝上抬。左拳变掌，右拳不变，两臂向前向上划弧摆起，目随右拳转视。

左脚蹬地起跳，身体腾空，两臂继续划弧至头上方。

右脚先落地，右腿屈膝，左脚向前落步，以前脚掌着地。同时两臂向右向下屈肘停于右胸前，右拳变掌，左掌变拳，右掌心贴靠左拳面。

左脚向左上一步，左腿屈膝，右腿蹬直成左弓步。右掌推左拳，以左肘尖向左顶出，高与肩平，目视前方。

要点：交换步时不要过高，但要快，两臂抡摆时要成圆弧。

图 5-1-44　弓步顶肘

2. 转身左拍脚（见图 5-1-45）

以两脚前脚掌为轴向右后转体 180°。随着转体，右臂向上向右向下划弧抡摆，同时左拳变掌向下向后向前上抡摆。

左腿伸直向前上踢起，脚面绷平。左掌变拳收至腰侧，右掌由体后向上向前拍击左脚面。

要点：右掌拍脚时手掌稍横过来，拍脚要准而响亮。

3. 转身右拍脚（见图 5-1-46）

左脚向前落地，左拳变掌向下向后摆，右掌变拳收至腰侧。

右腿伸直向前上踢起，脚面绷平。左拳变掌由后向上向前拍击右脚面。

要点：与本节的转身左拍脚相同。

图 5-1-45　转身左拍脚

图 5-1-46　转身右拍脚

4. 腾空飞脚（见图 5-1-47）

右脚落地。

左脚向前摆起，右脚猛力蹬地跳起。左腿屈膝继续前上摆，同时右拳变掌向前向上摆起，左掌先上摆而后下降拍击右掌背。

右腿继续上摆，脚面绷平。右手拍击右脚面，左掌由体前向后上举。

要点：蹬地要向上，不要太向前冲，左膝尽量上提。击响要在腾空时完成，右臂伸直成水平。

图 5-1-47　腾空飞脚

5. 歇步下冲拳（见图 5-1-48）

左、右脚先后相继落地。左掌变拳收至腰侧。

身体右转 90°，两腿全蹲成歇步。右掌抓握、外旋变拳收至腰侧；左拳由腰侧向前下方冲出，拳心向下，目视左拳。

图 5-1-48　歇步下冲拳

6. 仆步抡劈拳（见图 5-1-49）

重心升高，右臂由腰侧向体后伸直，左臂随身体重心升高向上摆起。

以右脚前脚掌为轴，左腿屈膝提起，上体左转 270°。左拳由前向后下划立圆一周；右拳由后向下向前上划立圆一周。

左腿向后落一步，屈膝全蹲，右腿伸直，脚尖里扣成右仆步。右拳由上向下抡劈，拳眼向上；左拳后上举，拳眼向上，目视右拳。

要点：抡臂时一定要划立圆。

图 5-1-49　仆步抡劈拳

7．提膝挑掌（见图 5-1-50）

重心前移成右弓步。同时右拳变掌由下向上抡摆，左拳变掌稍下落，右掌心向左，左掌心向右。

左、右臂在垂直面上由前向后各划立圆一周。右臂伸直停于头上，掌心向左，掌指向上，左臂伸直停于身后成反勾手。同时右腿屈膝提起，左腿挺膝伸直独立，目视前方。

要点：抡臂时要划立圆。

图 5-1-50　提膝挑掌

8．提膝劈掌弓步冲拳（见图 5-1-51）

下肢不动。右掌由上向下猛劈伸直，停于右小腿内侧，用力点在小指一侧；左勾手变掌，屈臂向前停于右上臂内侧，掌心向左，目视右掌。

右脚向右后落地；身体右转 90°。同时左掌变拳收至腰侧，右臂内旋向右划弧做劈掌。

图 5-1-51　提膝劈掌弓步冲拳

上动不停，左腿蹬直成右弓步。右手抓握变拳收至腰侧，左拳由腰侧向左前方冲出，目视左拳。

（六）结束动作

1. 虚步亮掌（见图 5-1-52）

右脚扣于左膝后，两拳变掌，两臂右上左下屈肘交叉于体左前，目视右掌。

右脚向右后落步，重心后移，右腿半蹲，上体稍右转。同时右掌向上向右向下划弧停于左腋下；左掌向左向上划弧停于右臂上与左胸前，两掌心左下右上，目视左掌。

左脚尖稍向右移，右腿下蹲成左虚步。左臂伸直向左向后划弧成反勾手；右臂伸直向下向右向上划弧抖腕亮掌，掌心向前。目视左方。

图 5-1-52　虚步亮掌

2. 并步对掌（见图 5-1-53）

左腿后撤一步，同时两掌从两腰侧向前穿出伸直，掌心向上。

右腿后撤一步，同时两臂分别向体后下摆。

左脚后退半步向右脚并拢。两臂由后向上经体前屈臂下按，两掌变拳，停于腹前，拳心向下，拳面相对。目视左方。

3. 还原（见图 5-1-54）

两臂自然下垂，目视正前方。

图 5-1-53　并步对掌

图 5-1-54　还原

四、二十四式简化太极拳

1. 起势

① 两脚开立；② 两臂前举；③ 屈腿按掌。（见图 5-1-55）

图 5-1-55　起势

2. 野马分鬃

(1) 左野马分鬃

① 抱手收脚；② 转体上步；③ 弓步分手。(见图 5-1-56)

图 5-1-56　左野马分鬃

(2) 右野马分鬃

① 转体撇脚；② 抱手收脚；③ 转体上步；④ 弓步分手。(见图 5-1-57)

图 5-1-57　右野马分鬃

(3) 左野马分鬃

① 转体撇脚；② 抱手收脚；③ 转体上步；④ 弓步分手。(见图 5-1-56)

3. 白鹤亮翅

① 跟步抱手；② 后坐转体；③ 虚步分手。(见图 5-1-58)

图 5-1-58　白鹤亮翅

4．搂膝拗步

（1）左搂膝拗步

① 转体摆臂；② 摆臂收脚；③ 上步屈肘；④ 弓步搂推。（见图 5-1-59）

图 5-1-59　左搂膝拗步

（2）右搂膝拗步

① 转体撇脚；② 摆臂收脚；③ 上步屈肘；④ 弓步搂推。（见图 5-1-60）

图 5-1-60　右搂膝拗步

5．手挥琵琶

① 跟步展臂；② 后坐引手；③ 虚手合臂。（见图 5-1-61）

图 5-1-61　手挥琵琶

6. 倒卷肱

（1）右倒卷肱

① 转体撤手；② 退步卷肱；③ 虚步推掌。（见图 5-1-62）

图 5-1-62　右倒卷肱

（2）左倒卷肱

① 转体撤手；② 退步卷肱；③ 虚步推掌。（见图 5-1-63）

图 5-1-63　左倒卷肱

（3）右倒卷肱

① 转体撤手；② 退步卷肱；③ 虚步推掌。（见图 5-1-62）

（4）左倒卷肱

① 转体撤手；② 退步卷肱；③ 虚步推掌。（见图 5-1-63）

7. 左揽雀尾

① 转体撤手；② 抱手收脚；③ 转体上步；④ 弓步棚臂；⑤ 转体摆臂；⑥ 转体后捋；⑦ 转体搭手；⑧ 弓步前挤；⑨ 后坐引手；⑩ 弓步前按。（见图 5-1-64）

图 5-1-64　左揽雀尾

8. 右揽雀尾

① 转体分手；② 抱手收脚；③ 转体上步；④ 弓步棚臂；⑤ 转体摆臂；⑥ 转体后捋；⑦ 转体搭手；⑧ 弓步前挤；⑨ 后坐引手；⑩ 弓步前按。（见图 5-1-65）

图 5-1-65　右揽雀尾

9. 单鞭

① 转体运臂；② 勾手收脚；③ 转体上步；④ 弓步推掌。（见图 5-1-66）

图 5-1-66 单鞭

10. 云手

① 转体松勾；② 云手收步；③ 云手开步；④ 云手收步；⑤ 云手开步；⑥ 云手收步。(见图 5-1-67)

图 5-1-67 云手

11. 单鞭

① 转体勾手；② 转体上步；③ 弓步推掌。(见图 5-1-68)

图 5-1-68　单鞭

12．高探马

① 后脚跟步；② 后坐翻手；③ 虚步推掌。（见图 5-1-69）

图 5-1-69　高探马

13．右蹬腿

① 穿手提脚；② 上步翻手；③ 分手弓腿；④ 抱收手脚；⑤ 翻手提腿；⑥ 分手蹬脚。（见图 5-1-70）

图 5-1-70　右蹬腿

14．双峰贯耳

① 屈膝并手；② 上步落手；③ 弓步贯拳。（见图 5-1-71）

图 5-1-71　双峰贯耳

15. 转身右蹬脚

① 转体分手；② 收脚合抱；③ 提膝翻手；④ 分手蹬脚。(见图 5-1-72)

图 5-1-72　转身右蹬腿

16. 左下势独立

① 收腿勾手；② 屈蹲开步；③ 仆步穿掌；④ 弓腿起身；⑤ 独立挑掌。(见图 5-1-73)

图 5-1-73　左下势独立

17. 右下势独立

① 落脚勾手；② 屈蹲开步；③ 仆步穿掌；④ 弓腿起身；⑤ 独立挑掌。（见图 5-1-74）

图 5-1-74　右下势独立

18. 左右穿梭

（1）右穿梭

① 落脚转体；② 抱手收脚；③ 上步错手；④ 弓步架推。（见图 5-1-75）

图 5-1-75　左右穿梭

（2）左穿梭

① 转体撇脚；② 抱手收脚；③ 上步错手；④ 弓步架推。（见图 5-1-76）

图 5-1-76　左穿梭

19. 海底针

① 后脚跟步；② 后坐提手；③ 虚步插掌。（见图 5-1-77）

图 5-1-77　海底针

20. 闪通臂

① 提手收脚；② 上步分手；③ 弓步推掌。（见图 5-1-78）

图 5-1-78　闪通臂

21. 转身搬拦捶

① 转身扣脚；② 转体握拳；③ 垫步搬拳；④ 转体收拳；⑤ 上步拦掌；⑥ 弓步打拳。（见图 5-1-79）

图 5-1-79　转身搬拦捶

22．如封似闭

① 穿手翻掌；② 后坐引收；③ 弓步按掌。（见图 5-1-80）

图 5-1-80　如封似闭

23．十字手

① 转体扣脚；② 弓腿分手；③ 转体落手；④ 收脚合抱。（见图 5-1-81）

图 5-1-81　十字手

24．收势

① 翻掌分手；② 垂臂落手；③ 并脚还原。（见图 5-1-82）

图 5-1-82　收势

五、考试内容及标准

（一）内容

武术运动课程评价采用结构考核综合评分的方法进行，考核内容及权重见表 5-1-1、表 5-1-2。

表 5-1-1　课程评价内容和权重

序号	考核内容	权重百分比/%
1	理论知识	10
2	初级长拳第三路、简化太极拳	60
3	身体素质（长跑或短跑）	10
4	群体活动	10
5	考勤	10

注：考勤 10 分 + 长跑 10 分 + 技术评定 60 分 + 群体活动 10 分 + 理论 10 分。

（二）操作

表 5-1-2　考核内容、评分标准和操作方法

<table>
<tr><th>学期</th><th colspan="2">考核内容</th><th>操作方法</th></tr>
<tr><td rowspan="5">第二学期</td><td rowspan="2">技术评定</td><td>初级长拳第三路、简化太极拳</td><td>1. 武术基本功 15 分
2. 套路技术 25 分</td></tr>
<tr><td>50 m 跑</td><td>按评分标准评分</td></tr>
<tr><td>身体素质</td><td>开卷或闭卷考试</td><td></td></tr>
<tr><td colspan="2">体育理论</td><td>按上课考勤次数评分</td></tr>
<tr><td colspan="2">考勤</td><td>按考勤次数评分</td></tr>
</table>

（三）考试标准

1．武术基本功（15 分）

个人演练单个动作。

（1）10～15 分：熟练、准确地完成武术基本功动作，没有动作遗漏。

（2）7～9 分：熟练地完成武术基本功动作，没有动作遗漏。

（3）6 分：较能准确地完成武术基本功动作，有动作遗漏（1 ~2 个）。

（4）不及格：不能准确地完成武术基本功动作，有动作遗漏（2 个以上）。

2. 武术套路技术（25 分）

一个人单独完成考试。

（1）20 ~25 分：动作熟练、准确、到位，动作线路清晰，干脆流利，没有失误和遗漏。

（2）15 ~19 分：动作较为熟练、准确、到位，动作线路比较清晰，干脆流利，没有失误和遗漏。

（3）12 ~14 分：动作不熟练，动作线路不清晰，动作也不到位，没有失误但有动作遗漏。

（4）不及格：动作不熟练，动作线路不清晰，动作也不到位，既有失误又有动作遗漏。

第二节　珍珠球俱乐部

一、珍珠球运动概述

珍珠球是满族的传统体育项目。珍珠球俗称“采珍珠”“投空手”，是满族中流行的体育项目，又被称作“踢核”“采核”“扔核”。珍珠球运动发展到今天，已成为民族运动会的正式比赛项目，并制定了《珍珠球竞赛裁判法》。从 1990 年第 4 届全国少数民族传统体育运动会把珍珠球列为正式比赛项目起，以后的全国民族运动会上都有此项目的比赛，且是最亮眼、争夺最激烈的项目之一。这项运动不受年龄、性别的限制，场地、器材也比较简易，经常参加这项运动，能提高观察、判断和反应能力，改善血液循环、呼吸系统功能，能培养勇敢顽强的意志和集体主义精神。因此，深受广大群众的喜爱，并有非常大的发展前景。

珍珠球运动经历了不断改革和发展的历程，目前，部分民族体育项目（包括珍珠球）进入学校，将为中国体育的发展带来了新气象。民族体育在学校的开展，将是提高人文素质教育的良好手段。

各民族通过长期和广泛的经济文化交流和共同的劳动生活，民族传统体育中有继承和发展价值的内容为大家所接受，珍珠球便是其一，通过向全国推广乃至向全世界推广，扩大影响，珍珠球这种民族传统体育逐步取得较为深远的社会效益，提高其娱乐及欣赏价值，加快了珍珠球运动的发展步伐，最终将使珍珠球这项传统体育活动被全人类所接受，从而走向国际化的坦途。

二、珍珠球基本技术

1. 持球

持球方法有两种，一种是单手持球，一种是双手持球。这里主要介绍单手持球。单手持球要求五指自然分开，用五指的合力，依靠手指手腕力量拿住球。持球时掌心要空出，手腕不要过分紧张，以免影响球出手的速度。

2. 运球

运球是控制球、支配球、组织战术配合及突破防守的重要手段，是珍珠球运动中一项最基本的技术，是持球队员在原地或移动中，用单手连续拍按从地面反弹起来的球。这是珍珠球比赛中个人进攻的一项技术。要求两眼平视，五指自然分开，以肘为轴，手心向下，用力向前下方拍按，球的落点在身体侧前方，球的反弹高度在胸腹之间。如果向前直线运球，则拍在球的后上方；如果向左或向右变向，则拍在球的右侧或左侧后方。运球的方式有快速高、低运球，正面变向运球，背后变向运球，转身变向运球，胯下变向运球，胯下接背后变向运球。

3. 传球

传球是珍珠球运动中进攻队员之间有目的地转移球的方法，传球的好坏直接影响比赛的成绩和团队配合的质量。珍珠球比赛中很少运球，而是多用各种传球技术组织进攻和调动防守。传球有原地传球、跑动传球和跳起传球，从传球出手的部位来讲，可分为头上、肩上、体侧、低手、反手、头后、背后和胯下等，下面介绍两种基本的传球方法。

（1）单手肩上传球

此种方法是珍珠球比赛中最基本的一种传球方法，它迅速有力，运用不同距离、不同方向、不同位置，并能与射球很好地结合运用，具有较强的攻击性，多用于进攻长传和外围转移球。

（2）单手体侧传球

单手体侧传球也是珍珠球比赛中基本的传球方法，由于这种传统动作幅度小，出手快，便于突破时与其他射球技术结合运用，能创造良好的进攻机会，多用于外围转移球及供内线球。

4. 接球

接球是与传球紧密衔接的重要进攻技术。准确熟练的接球技术，不仅能减少传球失误，而且能为顺利完成下一个连续进攻动作做好准备，从而加强个人的攻击能力。接球的手法主要有单手接球和双手接球两种。根据来球的部位不同，又可分为接胸部高度的球、高球和低球三种。

（1）单手接球

要求五指自然分开成勺形，向来球伸出，当球触手后，手臂顺势收回缓冲，然后直接挥臂射球或成单手持球姿势。

（2）双手接球

要求接球时，两眼注视来球，两臂向来球伸出主动迎球，五指自然分开稍向上翻，手掌向前成半球状，当球触及手指的瞬间，两臂迅速随球向后回收缓冲把球接住，同时保持身体平衡，以便接下一个动作。

5. 个人进攻

个人进攻技术也就是通常所说的突破技术，它包括同侧步（顺步）持球突破、交叉步持球突破和转身突破三种。

（1）同侧步（顺步）持球突破

以左脚作中枢脚为例。左脚内侧蹬地，右腿迅速向右前方跨出，同时上体右转探肩用右手投放球，左脚迅速前迈，超越对手。

（2）交叉步持球突破

以左脚作中枢脚为例。先用传球假动作使防守队员重心左偏，然后右脚内侧蹬地并向左前方迈出，上体左转探肩，左手推放球于右腿前侧，快速超越对手，也可做投网假动作后持球突破。

（3）转身突破

对手紧逼或背对得分区接球时，可用转身突破对手，可分前转身持球突破和后转身持球突破两种。

6. 个人防守

（1）对有球队员的防守

对有球队员的防守是指对持球的进攻队员做传球、运球、突破和投射动作进行积极干扰和破坏行为。当持球队员向防守队员的前脚方向突破时，防守队员的前脚应迅速后撤并接侧滑步，同时张开双臂随时准备抢夺进攻队员的球。当对手的前脚落入自己两脚之间时，即转为侧后滑步，并用胸对着进攻队员的肩，以抢占突破路线。如持球队员向防守队员的后脚方向突破时，防守队员顺势横滑步，保持一臂的防守距离，掌心向上放在进攻队员的胸前，并用前臂的伸缩和指、腕的挑拨动作干扰和袭击进攻队员手中的球。防运球突破时，防守队员应面对对手，运用滑步与后撤步，始终使球处于自己两脚之间，头低于对手的肩，并抖动手腕去破坏球。如防守队员运用追防堵位迫使对手停球时，应立即上前贴身防守，高举双臂，封住对手的传球路线。

（2）对无球队员的防守

积极有效地防守就是用脚步移动进行堵位、抢位，以干扰对手接球，阻挠对手向攻击区移动。防守时要人球兼顾，积极寻找断球机会。

① 防对手接球。常采用错位（即偏位）防守。屈膝，两脚宽于肩，用平步偏向对方有球一侧站位，有球一侧的手臂伸出挡在对方传球路线上，拇指向下，掌心对着球，另一臂屈肘，两眼要做到人球兼顾。当对方摆脱球时，用滑步跟随，使自己始终抢占在有球的一侧，不让对方接到球。

② 防对手切入。当对手向得分区或有球的方向切入时，防守队员切记决不让对方从自己和球之间切入，也就是说防守队员始终要使自己处于球和对手之间。要做到这一点，首先防守队员防守位置总是要偏向球的一侧，当对方切入时，防守队员的双脚跨在对方的切入线上，用胸挡住对方，近球将臂伸出封住对方的接球路线；若在端线处对手要从防守队员的身后切入，应向切入队员的方向转身，同时一臂屈肘顶住对方的腰，另一臂高举封锁对方高吊过来的球，始终紧贴对手，只有在对手背离进攻方向远离球时，防守队员才能重新调整防守位置和防守动作。

7. 射球技术

射球是珍珠球运动中最重要的一项技术，它是进攻得分的唯一手段。强有力和富有战术意识配合的射球，不仅能使对方难于防守而直接得分，并且能有效地影响对方的反击，破坏对方的进攻，取得主动权，所以说一个球队射球能力的强弱是衡量该队水平高低的重要标志。下面介绍三种基本的射球技术。

（1）高抛球

抛射的球通过封锁区的高度必须在4.5 m以上，落点在得分区附近。包括原地和先进间。

（2）中平快球

强调手指和手腕控制球的能力，射球时对准抄网手肩前的网位。包括原地和先进间。

（3）边线界边跳射

持球队员与抄网手同侧边线外跳起腾空配合，射点应在抄网手移动的刻肩前上方一臂距离，这种射球技术难度较大，对运动员的身体素质要求较高，但其效果较好，对方不容易防守。

8. 抄球技术

（1）抄高抛球：采用侧身站位，后跨跳抄球。

（2）抄中平快球：移动错位和时差错位，给出网位，主动向前进抄球。

（3）抄边线界外空中球：同侧移动，向界外跨跳，空中给出网位，将水区队员射出的平快球抄入网内。

9. 板手

板手是珍珠球运动比赛中防守的重要环节。一个球队的强弱及防守的好坏，与板手有着直接的关系。两个板手的有效配合，不但能使对方难于得分，并且能有效地破坏对方的进攻、打击对方的气势而取得主动权。下面介绍板手防守的四种基本技术。

（1）夹球：将对方的来球用两板夹住，然后迅速传给自己的队员。

（2）通球：将对方的来球用板通出界外。

（3）挡球；将对方的来球用板正面挡到水区自己的同伴处或用板侧向挡给自己的同伴板手，然后迅速传给自己的队员。

（4）按压球：将对方的来球用板按压在封锁区内，然后迅速传给自己的队员。

三、基本战术

1. 水区队员与抄网队员的战术基础配合

（1）中路射抄配合（见图5-2-1a）：水区队员各持一球，传球给后，接回传球；先做持球跨步起跳，抄网手在水区队员起跳时，选择假摆脱，中路起跳接抄时差快球；或者假起跳，双向摆脱抄中路错位球；也可假摆脱，侧身后跨跳接抄高抛球。

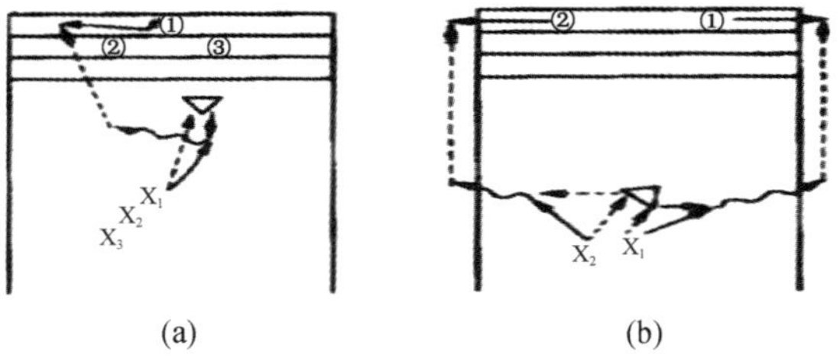

图5-2-1　水区队员与抄网队员的战术基础配合

（2）边线界外腾空射抄配合（见图 5-2-1b）：水区队员站于中线，各持一球，X_1 先传给△，然后向右侧移动接△回传球，并向界外起跳跨出界外射球，抄网手①同时向同侧移动并跳出界外，在空中接抄射来的球。

2. 水区队员和持拍队员的战术配合

（1）二对二的接抢和发动快攻配合（见图 5-2-2a）：防守队员 O_1，先阻挡进攻队员 X_1 的路线，当射出球后转身抢球，O_2 斜插接应，快速插上形成快攻，过了中线后攻防交换练习。

（2）三对三的挡抢防反快攻配合（见图 5-2-2b）：防守队员先面对进攻队员防守，当将球射出时，防守队员转身先挡后抢，持拍队员② 将球传出时，O_2 插边接应，O_3 插中，形成快攻的品字纵深队形，完成后攻防交换练习。

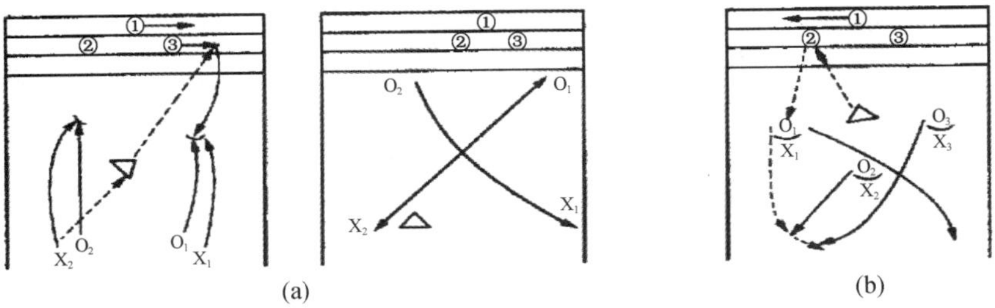

图 5-2-2　水区队员和持拍队员的战术配合

3. 珍珠球防守

珍珠球的防守主要是指防守方尽最大的努力阻挠进攻一方的突破、传接球和射抄球等，力争更多的防守机会。珍珠球的防守分为水区防守和持拍区防守。

（1）水区队员的防守：分为个人防守和集体防守。

个人防守：分为防无球队员和防有球队员。

集体防守：采用穿过、挤过、绕过和换防来对付进攻队员的两人进攻小配合，加强夹击、偷袭、协防进攻队中核心队员的突破和射球，提高全队补防和协防的集体防守能力。

（2）持拍区队员的防守：包括个人防守和集体防守。

个人防守：持拍队员除了应掌握基本的防守技术外，还应加强防守位置的选择（人、球兼顾），以及移动侧跨步，后仰跳，防平快球、低快球等技术动作的训练。

集体防守：持拍区队员的集体防守主要是通过分工合作，同步移动和起跳，增大对抄网队员的防守面。

4. 快攻与防守快攻

（1）快攻方法：获得球后长传快攻、短传与运球结合快攻、结束阶段的快攻。快攻战术是进攻战术的重要环节，常会出现人数上多打少、等打等和以少打多的局面。当前场形成二攻一时，进攻队员要拉开适当的距离，扩大进攻范围，利用快速传球、快速运球、运球突破等进攻手段，创造进攻投射。当前场三攻二时，左右两侧的队员要向边线拉开，中路队员稍靠后，保持三角形队形，扩大进攻面。在攻击时，要根据防守的阵形，选择是从中路运球突破，还是从边线运球突破，并根据防守的变化果断、及时、快速进攻。

（2）防守快攻方法：积极和网手配合，提高命中率；就近夹击，由攻转守时，要与就近的同伴夹击、封堵第一传和接应队员，延误快攻时间；积极退守、积极移动，始终注意占据和调整有利的防守位置，有策略地利用假动作进行干扰，造成对方失误和延误其进攻时间；选择最佳防守方法，如对边路进攻较强的队，应注意对具体边路进攻投射较强的队员的防守，抢占有利位置，不让其有边路跳射的机会。

5. 边路进攻

边路进攻分为边路投射和边路腾空跳射。和网手有效配合利用快攻从边路进攻投射和利用边路腾空跳射，是珍珠球比赛中最容易得分、进攻力最强的有效手段。它和篮球的边路进攻技术恰恰相反。

6. 进攻全场紧逼人盯人防守

区域紧逼是防守队员按区域紧逼人盯人，不断组织封堵夹击并以争夺球为目的的积极防守战术。进攻全场紧逼人盯人防守是根据全场紧逼人盯人防守战术所采用的一种具有针对性的进攻战术。进攻方法包括后场配合进攻方法、中场配合进攻法、插中策应进攻方法。

四、珍珠球考试内容及标准

（一）内容

珍珠球课程评价采用结构考核综合评分的方法进行，考核内容及权重见表 5-2-1。

表 5-2-1　珍珠球课程评价内容和权重

序号	考核内容	权重百分比/%
1	理论知识	10
2	珍珠球	60
3	身体素质（长跑或短跑）	10
4	群体活动	10
5	考勤	10

注：考勤 10 分 + 长跑 10 分 + 技术评定 60 分 + 群体活动 10 分 + 理论 10 分。

（二）考试标准

1. 2 人移动中传接球技术（20 分）

每人距离 5 m，从一侧端线开始传球推进，传接至对面端线后折返。

（1）18 ~ 20 分：传接球完整技术衔接、连贯，移动迅速，手法正确，速度快，稳定没有失误。

（2）15 ~ 17 分：传接球完整技术衔接、连贯，手法较正确，有一定的速度，失误 1 次。

（3）12 ~ 14 分：能完成传接球技术，失误 2 次。

（4）不及格：无法完成连续传接球技术，失误达 3 次以上。

2. 行进间投球技术（20 分）

从中线开始运球至限制区前 3 m 左右跳起投高球（投 3 次球），按出手动作及所得分来评判，得分区队员的失误不计。

（1）18～20分：运球熟练，起跳充分有高度。出手弧度高，力量柔和，投中5分以上。

（2）15～17分：运球较为熟练，起跳有力。出手弧度和力量合适，投中3分以上。

（3）12～14分：运球技术不熟练，起跳有一定高度。出手弧度、力量够准确，投中1分以上。

3．珍珠球比赛（20分）

（1）18～20分：充分灵活运用珍珠球各项技术，组织完成比赛，个人技术突出，有自己的特点。

（2）15～17分：能运用珍珠球各项技术，完成比赛，有一定的特点。

（3）12～14分：能运用珍珠球技术，能参加、完成比赛。

（4）不及格：无法参加比赛。

第三节　跆拳道俱乐部

一、跆拳道运动概述

跆拳道练习推崇“以礼始，以礼终”的尚武精神，练习中要以“礼义廉耻，百折不屈”为宗旨，因此可以培养人顽强果断、耐劳的精神，磨炼人坚韧不拔、积极向上的品质，养成礼让谦逊、宽厚待人的美德。

“跆拳道”一词，是1955年由崔泓熙创造。其中“跆”指踢击（脚法），“拳”指拳击，“道”则是代表道行、自己对礼仪的修炼。崔泓熙在留学日本时，学习了日本松涛馆流空手道，并融入跆拳道中去，因此在跆拳道中，可以看到少数松涛馆流的手部招式。

跆拳道有以下几个特点：

（1）以腿法为主，拳脚并用。

（2）动作追求速度、力量和效果，以击破为测试功力的手段。

（3）强调呼吸，发声扬威。

（4）以刚制刚，方法简练。

（5）礼始礼终，内外兼修。

礼仪、廉耻、忍耐、克己、百折、不屈、勇敢、果断就是跆拳道的精神。

二、跆拳道基本技术

1．热身

准备动作 、颈部 、肩部、胸部 、腰部 、膝部、手腕、脚踝 、侧压腿。

2．基本步型（见图5-3-1）

图5-3-1　基本步型

并步、开立步、马步、弓步、后弓步、前行步。

3. 基本的移动步法（见图 5-3-2）

上步、刺步、后退步、后撤步、弧形步。

图 5-3-2 基本的移动步法

4. 基本的隔挡

下挡、上挡、中内挡 、中外挡、侧手刀 、双手刀、手掌中内隔挡、剪刀手隔挡、双下隔挡 、交叉拳下隔挡。

5. 基本的手部攻击

正拳、上拳、下拳、中手刀、背锤、锤拳、掌击。

6. 基本的脚法

（1）前踢（见图 5-3-3）

右脚蹬地髋关节向左旋转，双手握拳置于体侧；同时，右腿以髋关节为轴屈膝上提。当大腿抬至水平或稍高时，关节向前送、向前顶，小腿以膝关节为轴快速向前方踢出，力达脚尖，整条腿踹直，踢出后迅速放松还原成实战姿势。

图 5-3-3 前踢

（2）摆踢（见图 5-3-4）

右脚蹬地屈膝提起，左脚以脚掌为轴外旋 180°，右腿以膝关节为轴抬到一定高度以后，右腿的小腿迅速有力的弹出击打目标，顺鞭打之势上体右转，右腿屈膝回收，右脚落回原地，成实战姿势。

图 5-3-4 摆踢

（3）侧踢（见图 5-3-5）

右脚蹬地右腿以髋关节为轴屈膝提起，两手双手握拳置于体侧，随即左脚以前脚掌为轴外旋180°，髋关节向左旋转，右腿以膝关节为轴向前蹬伸，右脚快速向右前上方直线踢出，力点在脚跟。发力后回到实战姿势。

图 5-3-5　侧踢

（4）后旋踢（见图5-3-6）

以左势开始，左脚以前脚掌为轴内旋约90°，右脚与此同时贴着左脚内侧大腿上身旋转，起右脚的运动轨迹呈弧形，身体重心在左脚，以左脚为轴身体原地旋转360°，右腿向右后方伸的同时并用力向右屈膝鞭打后顺势放松，收回原地，成实战姿势。

图 5-3-6　后旋踢

（5）下劈（见图5-3-7）

右脚蹬地，重心前移至左脚，同时右腿以髋关节为轴屈膝上提，两手握拳置于胸前，随即充分送髋，上提膝关节至胸部，右小腿以膝关节为轴向上伸直，将右腿伸直举与体前，右脚过头，然后放松向下以右脚后跟（或脚掌）为力点劈击，一直到地面，成实战姿势。

图 5-3-7　下劈

（6）推踢

右脚蹬地，身体重心前移至左脚，右脚蹬地屈膝提起，左脚以脚掌为轴外旋约90°，重心向前压，同时右脚迅速向前方推踢，力点在脚掌，推踢后迅速屈膝，身体重心落成左势。

（7）后踢（见图5-3-8）

左脚蹬地，脚掌为轴内旋约90°，右脚同时以前脚掌为轴脚跟向内旋，随右脚前蹬，右腿大小腿折叠，屈髋关节收紧大腿，左腿稍屈膝，右脚向右后方随展髋伸膝沿直线向后方踢出，上体倾斜，力点在脚刃，这时右腿屈膝回收，向前落下。

图 5-3-8　后踢

三、跆拳道考试内容及标准

（一）内容

跆拳道运动课程评价采用结构考核综合评分的方法进行，考核内容及权重见表 5-3-1。

表 5-3-1　跆拳道课程评价内容和权重

序号	考核内容	权重百分比/%
1	理论知识	10
2	跆拳道	60
3	身体素质（长跑或短跑）	10
4	群体活动	10
5	考勤	10

注：考勤 10 分 + 长跑 10 分 + 技术评定 60 分 + 群体活动 10 分 + 理论 10 分。

（二）考试标准

1. 跆拳道基本功（20 分）

个人演练单个动作。

（1）18 ~ 20 分：熟练、准确地完成跆拳道基本功动作，动作到位。

（2）15 ~ 17 分：熟练地完成跆拳道基本功动作，动作到位。

（3）12 ~ 14 分：较能准确地完成跆拳道基本功动作，动作到位。

（4）不及格：不能完成跆拳道基本功动作。

2. 跆拳道技术（40 分）

两人对练完成考试。

（1）35 ~ 40 分：动作熟练、准确、到位，动作线路清晰，干脆流利，没有失误。

（2）29 ~ 34 分：动作较为熟练、准确、到位，动作线路比较清晰，干脆流利，没有失误。

（3）24 ~ 28 分：动作不熟练，动作线路不清晰，动作也不到位，没有失误。

（4）不及格：动作不熟练，动作线路不清晰，动作也不到位，而且有失误。

第六章　操舞俱乐部

第一节　街舞俱乐部

一、街舞的概述

街舞是一种民间舞蹈，是爵士舞发展过程中的一个分支。兴起于20世纪80年代的美国黑人青少年，是美国黑人“嘻哈文化”的组成部分。这种舞蹈通常出现在街头，不居于场地器械，所以称为街舞。街舞通常被称为Hip－Hop，从字面上看，Hip是指臀部，Hop是指单脚跳，Hip－Hop是轻扭臀部的意思。它作为街舞的代名词是Hip－Hop狭义的概念，Hip－Hop广义上指的是“嘻哈文化”，它代表的是一种文化、一种生活态度，主要包括音乐（DJ说唱）、舞蹈、涂鸦、刺青和服饰等，街舞其实只是文化的一个分支。

二、街舞常见动作解析

（一）Pop

Pop是靠身体不同关节的突然收缩与放松来达到震动身体不同部位的动作，Pop时肌肉的发力点要和音乐的点相一致。全身Pop的点从上向下有颈部、上肢、胸部、腹部、肩背部、下肢等。

Pop的时候肌肉发力要快，力量要大，Pop的点越轻松就越漂亮，一方面要靠熟练掌握技巧，另一方面要靠掌握肌肉收缩和放松的节律。

1．上肢的Pop

（1）用到的主要肌肉：肱二头肌、肱三头肌、三角肌和桡侧腕短肌。

（2）动作要领：肩部放松，手臂向前抬起接近水平时，手腕快速稍下压，肘关节快速用力向外撑，瞬间制动，带动上肢肌肉快速收缩后放松。

（3）练习提示：① 五个手指扶住墙壁，然后用手心的位置去推墙（注意肘关节自然弯曲，不要用力打直）。在这个动作里用到的肌肉群，大致就是手臂上的Pop位置。② 把两只手摆成一个很像骑马的姿势，手指往下放，要感觉到很轻松的感觉。③ 手腕下压，手背稍上抬，肘关节外撑，此时可看到手臂的肌肉有跳动，反复练习。④ 练习当中，如果上肢肌肉有跳动，再注意胸部与手臂相连肌肉和背部的肌肉有没有跳动。⑤ 加强上肢肌肉的练习。

2．下肢的Pop

（1）用到的主要肌肉：大腿肌群，分前肌群、后肌群、内侧肌群和外侧肌群，如股四头肌、股二头肌、腓肠肌、股外侧肌，腓骨前肌等。下肢的Pop有时不单单靠大腿肌群来完成，在一些特定的动作里，也会用到臀部和后腰肌群。

（2）动作要领：两腿开立与肩同宽，膝盖向前稍微弯曲，然后从膝盖弯曲的动作慢慢站起来，把膝益打直，别用力。当腿快将要站直的时候，突然用力快速把膝益打直，注意臀部不要发力或往里收。再瞬间收缩下肢部位肌肉，带出一种突然停止的效果，然后快速放松。

（3）练习提示：① 打直腿的瞬间注意力放在下肢肌肉的收缩上，而不是膝关节。② 多做肌肉瞬间发力收缩和放松的练习，使神经控制能力得以提高。③ 加强下肢肌肉练习。

3. 颈肩部 Pop

（1）用到的主要肌肉：胸锁乳突肌、斜方肌、肩胛提肌和肩脚舌骨肌是颈肩部 Pop 的主要发力点。

（2）动作要领：两腿开立与肩同宽，做快速收缩和放松胸锁乳突肌的动作，即用力做吞咽，或是嘴向两侧快速咧开时来达到的一种效果。每种方式都要用力在短时间内完成。Pop 要做得短促有力，然后很快放松肌肉，保持 Pop 后轻松的表情。注意下颚别用力，用力点在后脑勺。

（3）练习提示：胸锁乳头肌、肩胛提肌，这是位于颈部浅层最显著的肌肉，其功能是使头和颈部侧屈；头和颈部旋转，颈向前或后弯曲。可通过助力和自我抗力动作锻炼这些肌肉。

4. 胸部的 Pop

（1）用到的主要肌肉：胸大肌，它是胸部 Pop 的主要发力点。

（2）动作要领：两腿开立与肩同宽，把腰挺直，注意提胸，即胸部的肌肉垂直向上走。慢慢呼气把胸部放松，突然吸气在胸提起时发力，使胸肌振动。

（3）练习提示：注意 Pop 时腰不要发力，腰挺直是为了 Pop 的时候更漂亮。加强胸肌的力量练习。

（二）滑步

1. 原地滑步

（1）预备姿势：并脚直立，两臂自然下垂。

（2）动作要领（见图 6-1-1）：

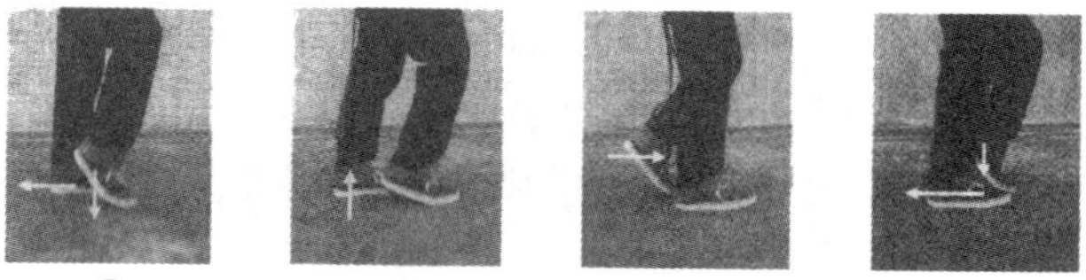

①　②　③　④

图 6-1-1　原地滑步

① 右脚提踵，身体重心落在右脚前脚掌上。

② 在右脚跟下压的同时，左脚全脚掌向后滑动。

③ 左脚滑动结束，继续滚动至脚尖轻离地面。

④ 屈腿向前移行至原位，变左脚提踵。两脚交替进行，即为原地滑步。

（3）练习提示：① 原地滑步可结合单臂、双臂向前波浪和上下波浪等动作进行练习。② 平时加强徒步或负重提踵训练，以提高膝、躁（踝）关节及脚趾的力量。

2. 前滑步

（1）预备姿势：并脚直立，两臂自然下垂。

（2）动作要领（见图 6-1-2）：

① 右脚提踵，身体重心落在右脚前脚掌上。

② 在右脚跟下压的同时，左脚全脚掌直腿向前滑动。

③ 左脚继续向前滑动，滚动至脚尖点地，成右腿直腿支撑重心，左腿屈膝脚尖前点的姿势。然后换脚重复动作，两脚交替向前滑行，即为前滑步。

（3）练习提示：① 前滑步的脚尖方向可以朝正前方或外侧方。② 平时加强徒步或负重提踵训练，以提高膝、踝关节及脚趾的力量。

①　②　③

图 6-1-2　前滑步

3. 后滑步

（1）压脚跟后滑步

1）预备姿势：并脚直立，两臂自然下垂。

2）动作要领（见图 6-1-3）：

① 左腿支撑，右腿屈膝，脚尖点于左脚旁。

② 右脚提踵下压脚跟的同时，左腿伸直，左脚全脚掌向后平滑。

③ 当右脚尖滑至左脚跟处时，右脚尖点地，脚跟提起。

④ 接着右脚压脚跟，左腿伸直全脚掌向后平滑。

⑤ 当左脚尖滑至右脚跟处，左脚尖点地，左脚跟提起。左右脚交替完成后滑动作。即为压脚跟后滑步。

3）练习提示：① 一个脚跟触地，另一个脚跟即提起，反复交替进行。② 当动作熟练后可加大后滑的步幅。③ 练习时注意控制身体重心。

①　②　③　④　⑤

图 6-1-3　后滑步

（2）提踵后滑步

1）预备姿势：并脚直立，两臂自然下垂。

2）动作要领（见图 6-1-4）：

① 左脚为支撑脚，右腿膝关节伸直，全脚掌后滑至左脚脚跟处。

② 左脚提踵。

③ 脚跟放下。

④ 重心至右脚，左腿膝关节伸直全脚掌后滑至右脚脚跟处。

⑤ 右脚提踵。左右脚交替后滑，即为提踵后滑步。

3）练习提示：滑行时，提踵的同侧肩向上提起，配合单臂关节逆向波浪传递。

① ② ③ ④ ⑤

图 6-1-4 提踵后滑步

4. 横滑步

（1）预备姿势：两脚左右开立，间隔一足的距离，脚尖朝前。

（2）动作要领（见图 6-1-5）：

① 左脚提踵，脚尖带动左脚拖动至右脚前。

② 以左脚尖和右脚跟为支点捻动双脚成外八字，重心压在左脚前脚掌上。

③ 左脚跟下压时，右腿伸直，全脚掌向右平滑一步，脚尖向前。

④ 重心换至右脚，成右腿屈膝脚尖撑地。

⑤ 然后，以右脚尖和左脚跟为支点捻动双脚成内八字，回到开始姿势。

⑥ 重复以上动作，连续向右完成横滑动作。

（3）练习提示：① 动作要点在于前脚掌的碾地，要使两脚移动路线在两条平行线上。② 初学者先进行一个方向的滑动练习，熟练后完成左右两侧的交叉横滑步。

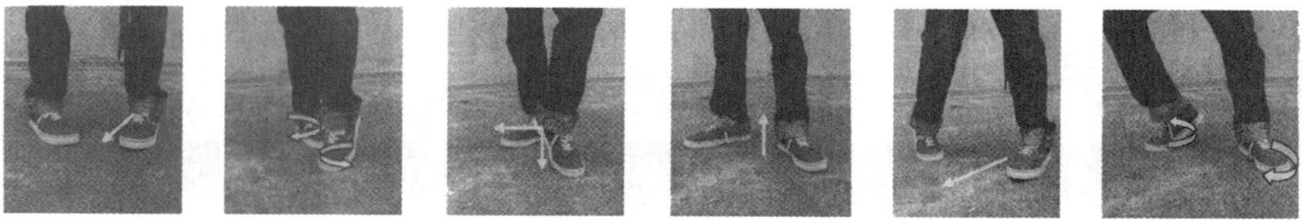

① ② ③ ④ ⑤ ⑥

图 6-1-5 横滑步

5. 棱形滑步（以右转棱形滑步为例）

（1）预备姿势：两脚左右开立，左脚尖向左，两臂自然下垂。

（2）动作要领：

① 左脚提踵，当左脚脚跟向右脚足弓靠拢时，左脚跟下压，右腿伸直向右横向

滑行一步。

② 结束成左脚跟触地，右脚提踵。

③ 随身体问左转动（大约90°），左脚伸直转动至右脚尖旁。

④ 接着右脚跟压地，左脚向侧滑动一步。

⑤ 重心转移到左脚时身体继续向左转体（大约90°），左脚提踵。

⑥ 身体继续向左转动，右脚经过左脚伸直向前滑行一步。

⑦ 重心随之转移至右脚并提踵，身体继续向左转动，重复此时左脚跟触地，右脚提踵。左右交替，反复完成动作。

（3）练习提示：① 转体的角度可以是180°，那么滑行的路线在一条直线上，类似转体横滑步。② 滑行的脚每次在变换方向时，要相对经过支撑脚。

四、街舞考核方式

（一）平时成绩（100分，权重30%）

主要看考勤、课堂表现、课后练习。

（二）技术评定（100分，权重70%）

具体动作要求及评定标准见表6-1-1。

表6-1-1　技术评定评分标准

技术评定	动作要求
90～100分	动作标准，身体姿态好，动作幅度大，节奏好。具有较强的街舞动作特征，动作与音乐能够完美结合
80～89分	身体姿态一般，动作较标准，动作幅度大，节奏好
70～79分	动作较标准，动作幅度一般，动作不太连贯，有个别小错误
60～69分	动作不太标准，能连贯完成，有个别明显错误
60分以下	动作错误较多，连接有错误

第二节　排舞俱乐部

一、排舞运动概述

排舞是指站成一排排或者围在音乐伴奏下通过自由的表现形式和不断重复规定的舞步组合来愉悦身心的一项健身运动。它以音乐为核心，通过风格各异的舞步组合循环，来展现世界各国民间舞蹈的多元文化魅力。排舞已经风靡世界，受到不同国籍、性别及年龄人们的喜爱。目前，我国许多学校已经把排舞列入学校体育教学大纲，成为学生课间操、课余体育锻炼和学校庆典表演的主要内容之一；许多工矿企业把排舞列入工人工间操、业余锻炼和节假庆典表演之中。排舞对培养学生的音乐素养、提高其身体素质、了解世界文化、培养礼仪行为等有重要的意义。

二、排舞运动的分类与特点

（一）排舞运动的分类

目前，国内外还没有关于排舞分类的研究，针对如此丰富的排舞内容，只有对其进行分类整理，才能更好地深入地了解它。

1. 按照舞步组合结构分类

（1）完整型排舞：不断重复固定的舞步组合。如果是2/4拍或4/4拍的音乐，舞步组合一般由32拍、48拍、64拍组成。如果是3/4拍的音乐，舞步组合一般由12×3拍或16×3拍组成。这种类型的排舞，无论是舞步动作还是方向变化都较为简单，因此多数属于初级水平的排舞。

（2）组合型排舞：由两个或更多的舞步组合构成，而且每一个舞步组合的节拍数不一定相同。这种类型的排舞，并不按照一定的规律进行循环，有些组合重复，有些组合并不一定进行重复。

（3）间奏型排舞：在固定的舞步组合外，还有一个或多个不一定相同的间奏舞步。间奏舞步一般不超过一个8拍。通常，这一类型的排舞在学习时较难记忆，因此属于中等难度级别的排舞。

（4）表演型排舞：这种类型的排舞，舞步较复杂，并且没有固定的舞步组合，属于最高难度级别的排舞。

2. 按照舞步组合变化的方向分类

（1）两个方向的排舞：舞步组合结束后在相反的方向又开始重复这一舞步组合。即面向时钟12点方向的舞步组合结束后，面向时钟6点方向又开始重复这一舞步组合。

（2）四个方向的排舞：每完成一次舞步组合，都在一个新的方向开始动作。一般按顺时针12点、3点、6点、9点的方向进行变化，也可以按逆时针12点、9点、6点、3点的方向进行变化。

（二）排舞运动的特点

自2008年国家体育总局体操运动管理中心将排舞运动作为全民健身项目推广以来，排舞迅速成为中小学课间操、大专院校团体操、机关企事业单位工间操、社区居民广场操、农村田野坝坝操的主要内容。排舞以迅雷不及掩耳的态势成为当下时尚、休闲、娱乐、有效的健身项目之一。排舞运动能够迅速传播，相比其他的一些健身项目，有其自身的独特价值和个性特点：① 文化传承与文化创新的循环性；② 舞蹈元素与音乐风格的融合性；③ 舞步规范与自由形式的共存性；④ 网络传播途径的充分应用。

三、排舞术语特征及创立原则

排舞术语是排舞理论和技术等方面的专门用语。它以简明、扼要的词汇，准确而又形象地反映出排舞的舞步形式和技术特征。排舞术语是在排舞的演变和发展过程中不断完善的，它来自排舞实践又指导排舞实践，是排舞教学、交流不可缺少的工具。

（一）排舞术语的基本特征

为了便于书写、学习、交流、运用和推广排舞运动，在实践中排舞术语应具有下列特征：

（1）专业性特征。术语是用于表达排舞的特殊概念的，所以通行范围有限，体现出较强的专业水准。

（2）统一性特征。术语作为一种交流专业知识的工具，在教学、训练中，无论是讲述动作要领、交流训练体会、制订训练计划，还是编写教材、教学大纲、进度 、教案及科研等活动，都需要运用术语，这就要求所用术语必须是统一的，并且是规范的。

（3）科学性特征。正确的术语既能反映动作的基本形态，又能形象地描述动作的基本特征，是对所述动作技术的一种理解，这就要求所用的术语具有较严格的逻辑性和科学性。科学的术语能加深对动作的理解，有利于动作技能的形成，对教学训练起到促进作用。

（4）实践性特征。排舞运动的群体性使得排舞术语的运用范畴较宽广，不仅有广大的教师（教练员）、学生（运动员），还有机关企业干部、社区群众、国际友人等众多的排舞爱好者。因此，术语的选词必须通俗、易懂，以利于排舞运动的开展。

（二）创立排舞术语的原则

排舞术语是在专业理论与技术实践活动中，反映客观存在的运动形式和技术特征的基本工具。在其创立和运用中应遵循下列原则：

（1）简练性原则。简练性是指所形成的概念或动作名称的词语应简明、扼要、精炼，反映出术语最本质的特征。

（2）准确性原则。准确性是指用语力求准确、严谨、形象，能明确地反映动作及动作过程。

（3）易懂性原则。易懂性是指术语应通俗易懂，便于理解，便于记录，易为人们所接受。

（4）组合性原则。组合性是指术语能按规定的形式和顺序进行组合，形成各种动作名称。

（5）适用性原则。适用性是指所用的概念和动作名称既要符合我国当前的习惯，又必须与国际用语相适应，以利于术语的推广应用和国际交流。

四、排舞运动基本术语

排舞的基本术语是构成舞步、组合、成套动作的基本要素。主要包括动作方向、动作方法和动作相互关系术语。

（一）动作方向术语

动作方向是指人体或人体某一部分运动的指向或位置。为了正确地辨别身体方向和检查动作旋转的角度，方便理解和记忆套路动作，国际排舞协会规定以时钟的方向作为运动方向。因此，动作方向的参照体前者是时钟，后者是人体，如图 6-2-1 所示。

（1）时钟 12:00 钟方向：人体直立时胸部所对的方向。

（2）时钟 3:00 钟方向：人体直立时右肩所对的方向。

（3）时钟 9:00 钟方向：人体直立时左肩所对的方向。

（4）时钟 6:00 钟方向：人体直立时背部所对的方向。

（5）时钟 1:30 钟方向：人体直立时身体左肩与时钟 10：30 方向相同时胸所对的方向。

（6）时钟 4∶30 钟方向：人体直立时身体左肩与时钟 1：30 方向相同时胸所对的方向。

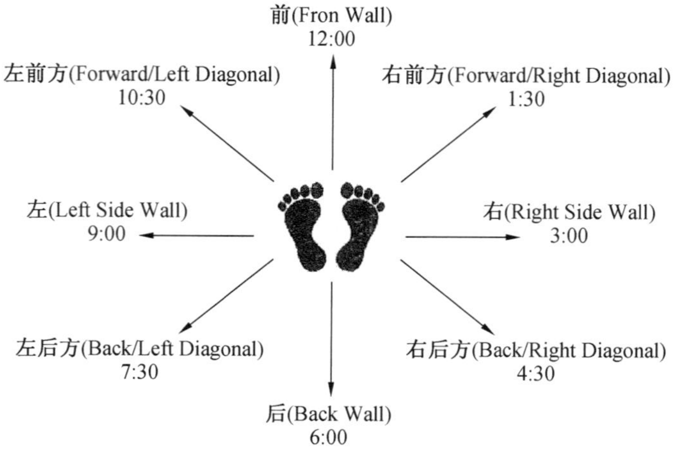

图 6-2-1　动作方向术语

（7）时钟 7∶30 钟方向：人体直立时身体右肩与时钟 10：30 方向相同时胸所对的方向。

（8）时钟 10∶30 钟方向：人体直立时身体右肩与时钟 1：30 方向相同时胸所对的方向。

（9）顺时针方向：按时钟的 12∶00，3∶00，6∶00，9∶00 钟方向依次完成动作。

（10）逆时钟方向：按时钟的 12：00，9：00，6：00，3：00 钟方向依次完成动作。

（11）对角线方向：指右前方、左前方、右后方、左后方。

（12）向前：向时钟 12∶00 方向做动作。

（13）向后：向时钟 6∶00 方向做动作。

（14）向右：向时钟 3∶00 方向做动作。

（15）向左：向时钟 9∶00 钟方向做动作。

（16）右前方：向时钟 1∶30 方向做动作。

（17）左前方：向时钟 10∶30 方向做动作。

（18）右后方：向时钟 4∶30 方向做动作。

（19）左后方：向时钟 7∶30 方向做动作。

（二）动作方法术语

1. 平衡步

由 3 拍构成的舞步动作，常用于华尔兹风格的排舞。常用的有右前进平衡步、左前进平衡步、右后退平衡步、左后退平衡步，1/2 向右平衡步、1/2 向左平衡步。

（1）右前进平衡步（见图 6-2-2）：1 拍右脚向前一步，重心在右脚；2 拍左脚向前一步，重心在左脚；3 拍右脚原地一步，重心在右脚。

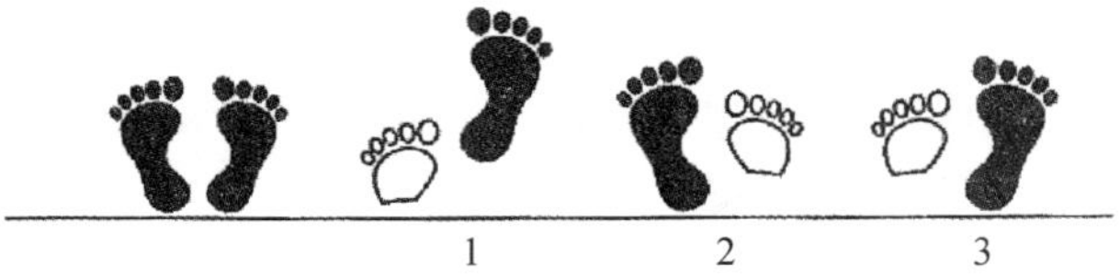

图 6-2-2 右前进平衡步

（2）左前进平衡步（见图 6-2-3）：1 拍左脚向前一步，重心在左脚；2 拍右脚向前一步，重心在右脚；3 拍左脚原地一步，重心在左脚。

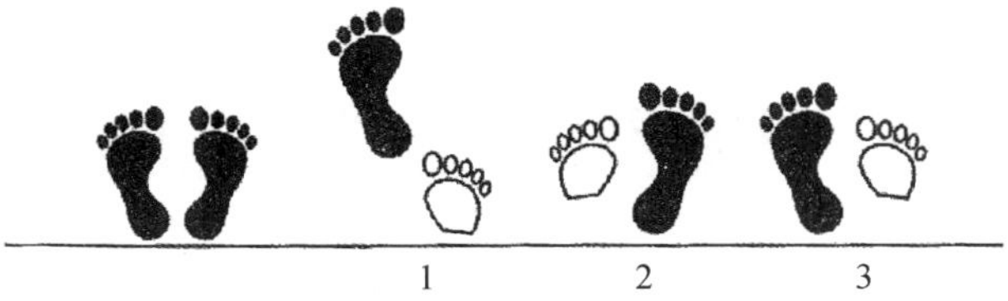

图 6-2-3 左前进平衡步

（3）右后退平衡步（见图 6-2-4）：1 拍右脚向后一步，重心在右脚；2 拍左脚向后一步，重心在左脚；3 拍右脚原地一步，重心在右脚。

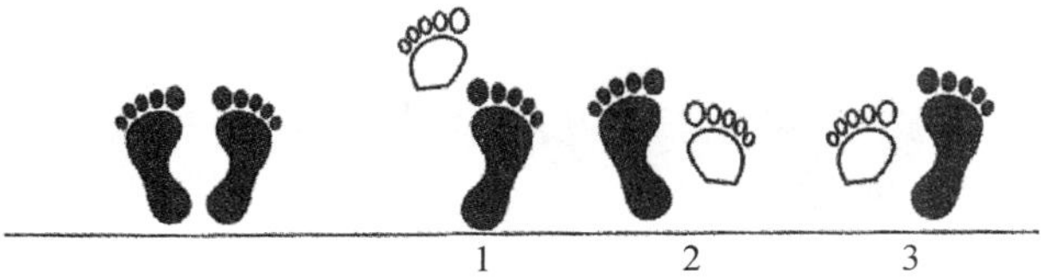

图 6-2-4 右后退平衡步

（4）左后退平衡步（见图 6-2-5）：1 拍左脚向后一步，重心在左脚 2 拍右脚向后一步，重心在右脚；3 拍左脚原地一步，重心在左脚。

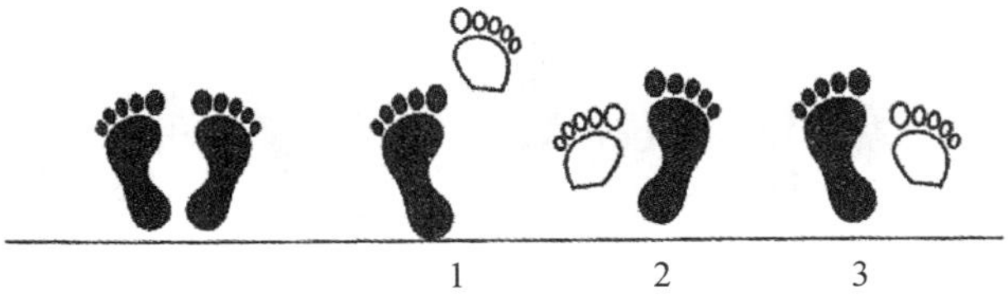

图 6-2-5 左后退平衡步

（5）1/2 向右平衡步（见图 6-2-6）：1 拍右转 1/4 同时右脚向前一步，重心在右脚；2 拍右转 1/4 同时左脚向左一步，重心在左脚；3 拍右脚原地一步，重心在右脚。

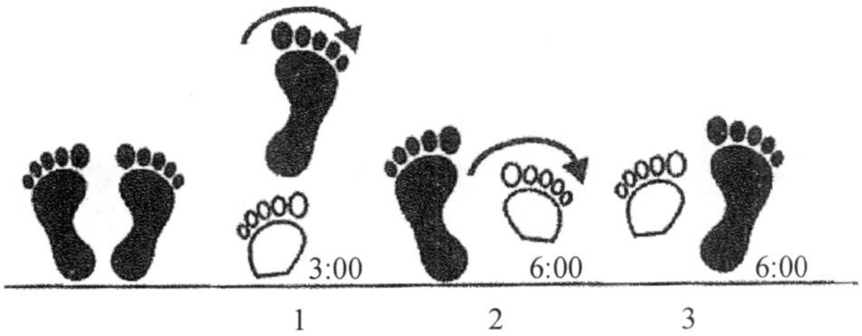

图 6-2-6 1/2 向右平衡步

（6）1/2 向左平衡步（见图 6-2-7）：1 拍左转 1/4 同时左脚向前一步，重心在左脚；2 拍左转 1/4 同时右脚向右一步，重心在左脚；3 拍左脚原地一步，重心在左脚。

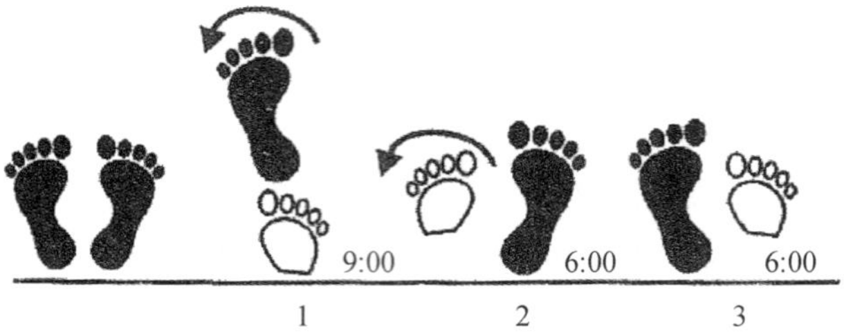

图 6-2-7　1/2 向左平衡步

2. 闪烁步

由 3 拍构成的舞步动作，常用于华尔兹风格的排舞。常用的是右闪烁步、左闪烁步、1/2 右闪烁步、1/2 左闪烁步。

（1）右闪烁步（见图 6-2-8）：1 拍右脚在左脚前交叉，重心在右脚；2 拍左脚在右脚旁，重心在左脚；3 拍右脚原地一步，重心在右脚。

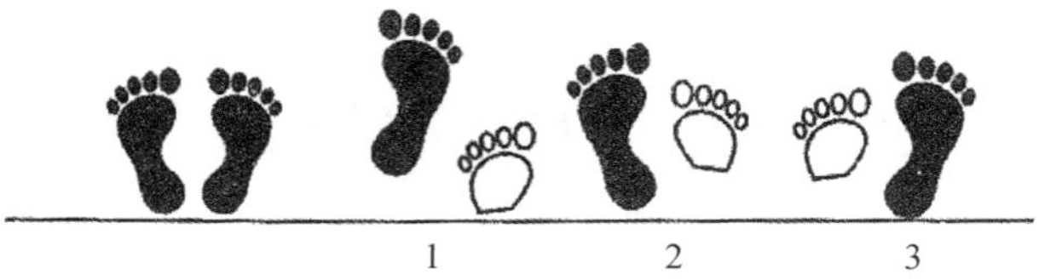

图 6-2-8　右闪烁步

（2）左闪烁步（见图 6-2-9）：1 拍左脚在右脚前交叉，重心在左脚；2 拍右脚在左脚旁，重心在右脚；3 拍左脚原地一步，重心在左脚。

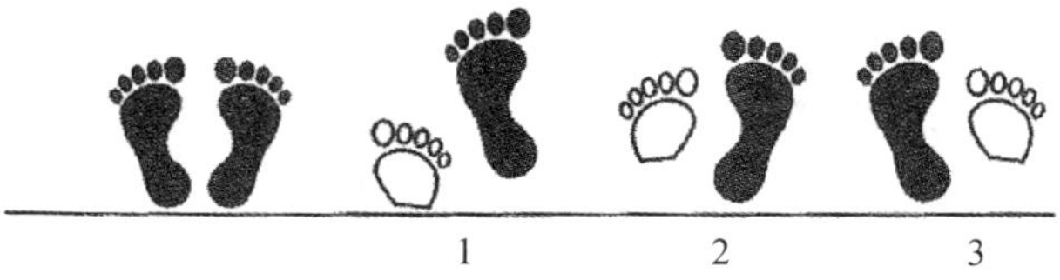

图 6-2-9　左闪烁步

（3）1/2 右闪烁步（见图 6-2-10）：1 拍右脚在左脚前交叉，重心在右脚；2 拍右转 1/2 同时左脚向后一步，重心在左脚；3 拍右脚向右一步，重心在右脚。

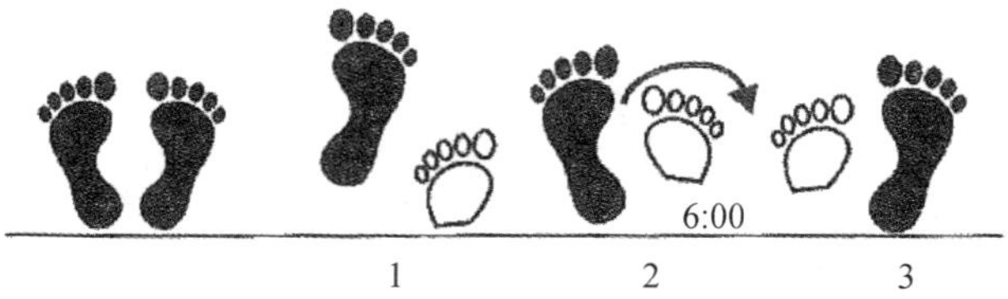

图 6-2-10　1/2 右闪烁步

（4）1/2 左闪烁步（见图 6-2-11）：1 拍左脚在右脚前交叉，重心在左脚；2 拍左转 1/2 同时右脚向后一步，重心在右脚；3 拍左脚向左一步，重心在左脚。

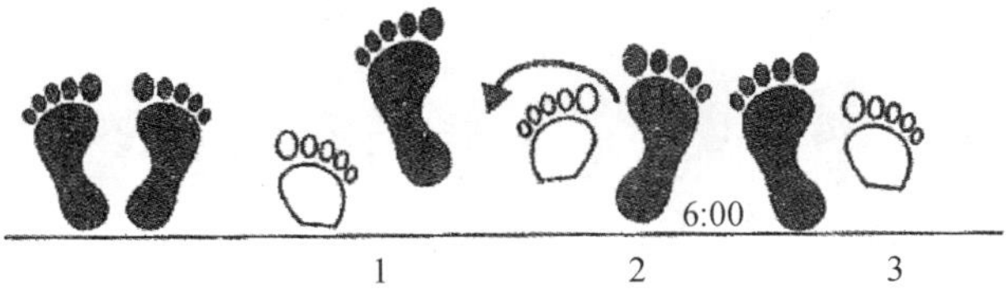

图 6-2-11　1/2 左闪烁步

3. 水手步

2 拍和 1 个 & 拍构成的由后交叉向旁迈步的舞步动作。常用的是右水手步和左水手步。

(1) 右水手步（见图 6-2-12）：1 拍右脚在左脚后交叉，重心在右脚；& 拍左脚在右脚旁，重心在左脚；2 拍右脚向右一步，重心在右脚。

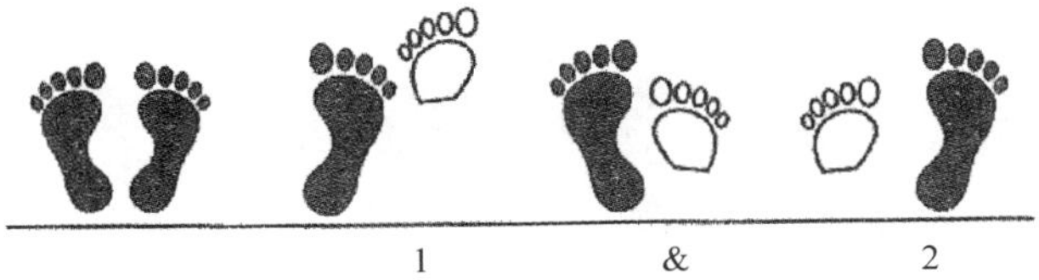

图 6-2-12　右水手步

(2) 左水手步（见图 6-2-13）：1 拍左脚在右脚后交叉，重心在左脚；& 拍右脚在左脚旁，重心在右脚；2 拍左脚向左一步，重心在左脚。

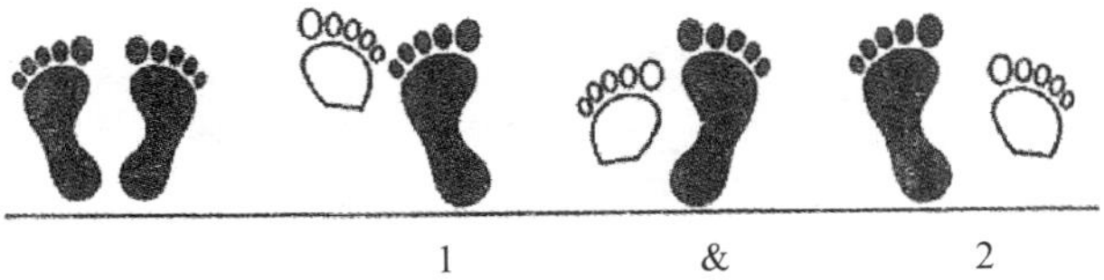

图 6-2-13　左水手步

4. 剪刀步

由 2 拍和 1 个 & 拍构成的动作结束时两脚形成交叉状的舞步动作。常用的是右剪刀步和左剪刀步。

(1) 右剪刀步（见图 6-2-14）：1 拍右脚向右一步，重心在右脚；& 拍左脚在右脚旁，重心在左脚；2 拍右脚在左脚前交叉，重心在右脚。

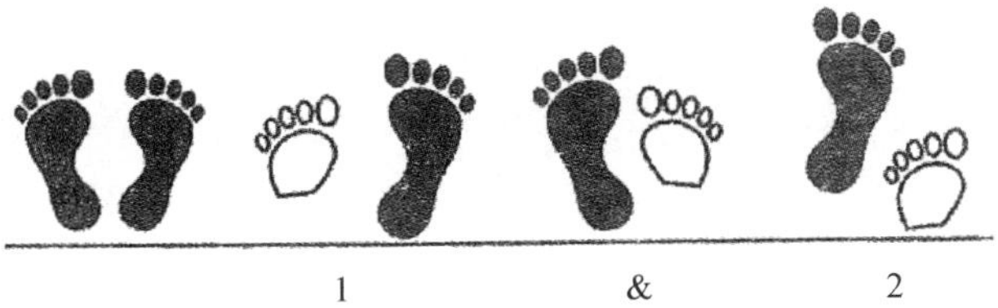

图 6-2-14　右剪刀步

(2) 左剪刀步（见图 6-2-15）：1 拍左脚向左一步，重心在左脚；& 拍右脚在左脚旁，重心在右脚；2 拍左脚在右脚前交叉，重心在左脚。

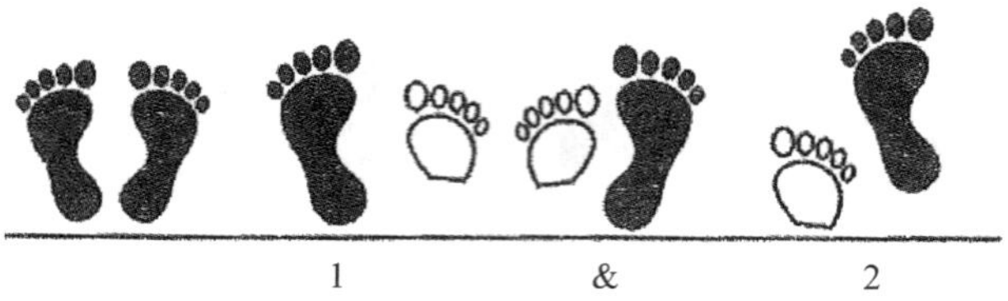

图 6-2-15　左剪刀步

5. 海岸步

由 2 拍和 1 个 & 拍构成的退并前的舞步动作。常用的是右海岸步和左海岸步。

（1）右海岸步（见图 6-2-16）：1 拍右脚向后一步，重心在右脚；& 拍左脚并右脚，重心在左脚；2 拍右脚向前一步，重心在右脚。

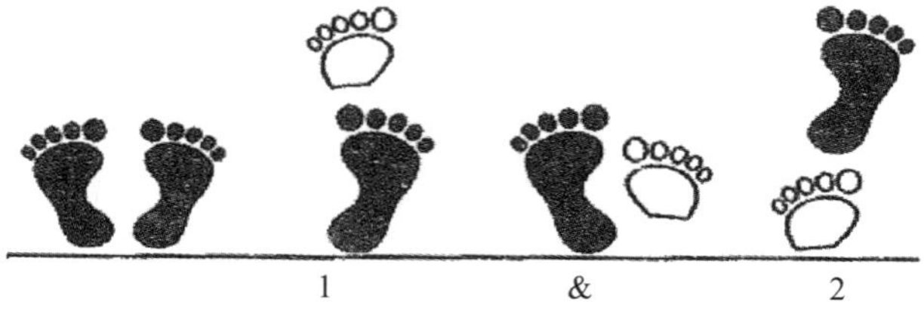

图 6-2-16　右海岸步

（2）左海岸步（见图 6-2-17）：1 拍左脚向后一步，重心在左脚；& 拍右脚并左脚，重心在右脚；2 拍左脚向前一步，重心在左脚。

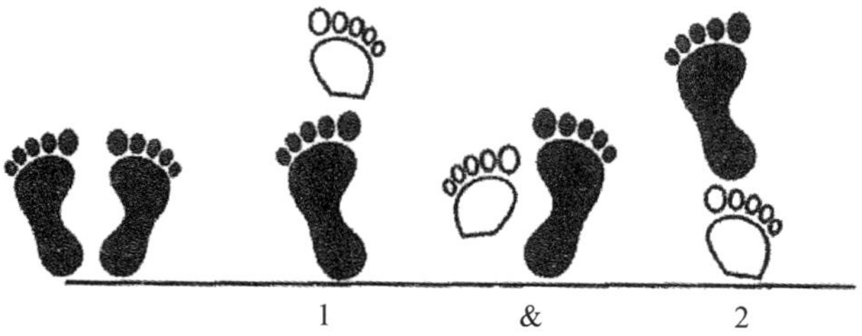

图 6-2-17　左海岸步

五、考试标准

1. 平时成绩（30 分）

从学生上课出勤情况与学习态度两方面进行综合评分。学习态度指学生课堂表现是否积极、认真及学习进步程度情况；迟到一次扣 2 分，早退一次扣 3 分，旷课一次扣 5 分，扣完平时成绩分数为止。

2. 技术部分（50 分）

排舞规定组合成套评分标准：

（1）46 ~ 50 分：整体表演流畅，主题鲜明，有朝气、有特色，动作表演到位、有力度，表演有很强的感染力和震撼力。

（2）41 ~ 45 分：整体动作表演比较流畅，节奏感较强，表现力较好。

（3）36~40分：动作表演不流畅，节奏感不强，感召力一般。

（4）31~35分：能独立完成全套动作。

（5）30分以下：不能独立完成全套动作。

3．综合能力（20分）

学生自编排舞规定套路队形评分标准：

（1）18~20分：全套动作顺利、流畅，整体协调性强，动作一致，节奏感强，感召力强，动作规范，符合排舞操队形创编的技术性原则，合理利用所学知识。

（2）16~17分：全套队形编排顺利、流畅，整体协调性较强，符合排舞的技术性原则。

（3）14~15分：符合排舞操队形编排的技术性原则，能顺利完成全套动作，动作整体性表演较差，表现力一般，感召力一般，动作技术应用较合理。

（4）12~13分：能顺利完成全套动作，编排整体配合一般。

（5）11分以下：队形编排不合理

第三节 瑜伽俱乐部

一、瑜伽运动的概述

瑜伽起源于古印度，本意是指自我和原始动因的结合与一致，它是一种精神和肉体相结合的运动。近几年来，瑜伽悄然传遍了全世界，尤其在西方，瑜伽受到了普遍欢迎，几乎没有一个国家不开设瑜伽姿势和冥想课程。近年来，瑜伽走进了中国人的生活，一些高校的体育教学也增加了瑜伽的内容。

练习瑜伽有下列好处：

（1）强身健体：长期练习瑜伽，可改善运动系统的血液循环，加快新陈代谢。瑜伽式呼吸，有利于全身的气体交换。练习瑜伽，可使身体各系统得到平衡，从而起到强身健体的效果。

（2）减压疏泄：练习瑜伽，可排除杂念，舒展身体，其减压功效被世人所公认。

（3）塑身美体：练习瑜伽，不仅可以减肥，还能使人的身体吐故纳新，舒筋活络，让人的体形匀称，线条优美，并能在不知不觉中保持轻盈灵动的姿态。

（4）防病治病：练习瑜伽，能有效地保护和增强心肺功能，瑜伽呼吸法能降低血压、减缓心率，对控制高血压、防止心血管疾病的发生和发展有显著效果。通过瑜伽姿势和经络穴位的练习，能改善人体各系统的免疫能力，预防和缓解身心疾病。

（5）提高境界：瑜伽会给人带来一种源自内心的力量，使人青春焕发，神采奕奕，可以改变人的不良生活习惯和脾气，使人摆脱平常琐事的困扰，以一种超凡脱俗的姿态走入另一个崭新的人生境界。

二、瑜伽姿势和呼吸法

（一）几种简单的瑜伽姿势

1．猫式（伸展背脊）

运动过程：由跪坐开始；用手支撑双肩，跪趴在地上；吸气，抬头，凹背，同时移动前胸，保持6秒（见图6-3-1）；呼气，慢慢地垂下头和拱起后背，再保持6秒；两臂伸直，垂直于地面。做这个动作就好像一只被激怒的猫，重复做5次。

功效：放松颈部和肩膀；补养神经系统，改善血液循环；消除腹部脂肪。

2．犬式（伸展腿后侧、侧肋）

运动过程：四肢都放在地上；呼气，伸直双腿直到膝盖想要弯曲，同时伸直双臂，用手按压地面，保持一段时间（见图6-3-2）；吸气，伸直腿锻炼四头肌，保持1分钟（如果觉得吃力，膝盖可微微弯曲）。

功效：消除背、腿、肩部的僵硬和紧张；增强腿部力量。

图6-3-1　猫式

图6-3-2　犬式

3．站立向前倾（伸展腿部和后背）

运动过程：站立，脚与肩同宽，手臂垂在身体两侧；呼气，臀以上部分向前倾，腿直立并让身体放松，保持1分钟（见图6-3-3）。

功效：补养脑、面部和头皮；减缓抑郁，对神经系统起镇静作用。

4．眼镜蛇式（伸展后背、臀部、肋间肌）

运动过程：俯卧，手掌撑着地；吸气，用手压地板，抬头，提胸（不紧绷），向上抬，保持10秒（见图6-3-4）；呼气，回到俯卧。

功效：消除背、颈部的僵硬和紧张。

图6-3-3　站立向前倾

图6-3-4　眼镜蛇式

5．蝶式（收紧尾骨，内侧大腿）

运动过程：坐在地上，后背挺直；两只脚底相接触，膝盖向外打开（见图6-3-5）；挤压两脚，保持2分钟。

功效：对骨盆有益；消除坐骨神经痛；预防疝气。

6．婴儿式（伸展脊背）

运动过程：跪在地面上，脚踇趾接触地面；上身坐在脚跟上，呼气；身体向前爬去，前额着地（见图6-3-6）；放松手臂放在地板上，保持2分钟，呼吸自然。

功效：补养肝脏和各内脏器官；强壮生殖器官，消除月经失调。

7. 三角伸展式

运动过程：两腿分开，中间保有四只脚的距离；左脚稍向内旋转，右脚向外90°，并在身体两侧伸直手臂；呼气，上身向一侧弯曲，右手放在右腿上做支撑，保持45秒（见图6-3-7）；吸气，回复，换另一边。

功效：消除腰部脂肪，健壮臀部肌肉。

图6-3-5　蝶式

图6-3-6　婴儿式

图6-3-7　三角伸展式

（二）瑜伽的呼吸方法

（1）腹式呼吸：仰卧，将气体直接吸入腹部，此时腹部抬起，横隔膜下降，呼气，腹部向内朝脊柱方向收，将腹部气体全部排出。

（2）胸式呼吸：仰卧，吸气，腹部向内收，胸部扩张，横隔膜上升，呼气时，肋骨向下收，将胸部气体。

（3）瑜伽式呼吸：也叫完全呼吸法，把以上两种呼吸法结合起来完成，是一种自然的呼吸方法。吸气，慢慢将气体吸到腹部，此时腹部抬起，接着将气体压入胸的下半部、肺部，然后从肺部呼出所有气体，收缩腹部，将腹部所有余气排出。

三、练习瑜伽的注意事项

瑜伽是全身性的腺体运动，没有年龄的限制，任何人都可以学习。除了在办公室之外，在健身会所或家中练习时，有几点要特别注意：

（1）对练习者的饮食没有特别规定，但不要吃得太饱，以免感到沉重和懒散。练瑜伽前后一个小时内不要用餐，饭后两个小时内尽量避免练习。

（2）不要一开始就做高难度的动作，以免造成运动伤害。最好先做一些瑜伽暖身动作，循序渐进。

（3）练习时心情尽量放松，可容许身体一点点酸痛，但不要过度用力或勉强做动作。

（4）练习时不要大笑或说话，要专注地呼吸。保持有规律、较深沉的呼吸，这有助身体放松。

（5）最好能每天练习，做完一个完整瑜伽动作后，记得躺下来休息。

（6）宜在安宁、通风良好的房间内练习。室内空气要新鲜，可以自由吸入氧气；也可以在室外练习，但环境要令人愉快，如花园。不要在大风、寒冷或不洁的、有烟味的空气中练习。不要在靠近家具、火炉或妨碍练习的任何场所练习，以免发生意外。在做头手倒立时，不要在电风扇下练习。

第七章　休闲健身俱乐部

第一节　健步走俱乐部

一、健步走运动的概念

健步走是一项以促进身心健康为目的，讲究姿势、速度和时间的一项步行运动，行走的速度和运动量介于散步和竞走之间。

二、健步走特点

健步走的方法易于掌握，不易发生运动伤害；不受年龄、时间和场地的限制，不同年龄人群可根据自己的时间随时随地进行锻炼；运动装备简单，只需一双舒适合脚的运动鞋；在良好自然环境中结伴健步走，不仅锻炼了身体，还能欣赏自然美景，促进人际交流，陶冶身心。

三、健步走的健身作用

（1）提高心肺功能和耐力。突出地表现在降低安静时和同等负荷下运动时的心率，以及提高肺活量，可以降低心血管疾病和心脏突发事件的危险性，如果发生心脏突发事件也可降低其严重性。

（2）改变血液质量。健步走可以增加全血容量，降低血液的黏稠度，增加红细胞携带氧气的能力，增加组织器官的血流量，有效防止动脉栓塞的发生和发展，也能防止如脑血栓、心肌梗死这些并发症的发生。

（3）调节血管机能。健步走可以增加毛细血管数量，改善末梢循环，改善冠状动脉循环，降低动脉粥样硬化的危险因素。

（4）减肥。坚持健步走能明显减少身体脂肪重量，减少体脂百分比，增加和维持肌肉重量、耐力和力量。

（5）促进骨关节健康。健步走可以增加骨密度、骨和关节力量，增加韧带、肌腱的力量，防止多种骨、关节、肌肉、肌腱的损伤，降低骨质疏松发生的危险性。

（6）增加人体免疫能力。健步走提高抗病能力，加快病后康复速度。

（7）改善心理状态。健步走可以减轻精神压力，增加自信心，增加自我控制能力。

（8）改善睡眠质量。健步走可以缓解精神压力，使兴奋点转移，促进睡眠。

四、健步走的方法

健步走是在自然行走的基础上，躯干伸直，收腹、挺胸、抬头，随走步速度的加快而肘关节自然弯曲，以肩关节为轴自然前后摆臂，同时腿朝前迈，脚跟先着地，过渡到前脚掌，然后推离地面。健步走时，上下肢应协调运动，并配合深而均匀的呼吸。

健步走速度的快慢是决定锻炼效果的关键因素，通常因人而异地，可分为慢速走（每分钟70～90步）、中速走（每分钟90～120步）、快速走（每分钟120～140步）、极快速走（每分钟140步以上）。

五、健步走网络竞赛在欧美和中国的发展现状

健步走网络竞赛起源于瑞典，在短短的三四年时间参与人数已经超过了60余万人，占全国总人口数的6.7%。参赛者普遍反馈：97%的人认为是一个有趣的活动，95%的人确信这是很好的开始锻炼的方式，91%的人认为他们在参赛阶段结束后运动更频繁了。因为没有地域的限制，目前参与网络竞赛的人群已经覆盖全球，没有国界的区分，只要有互联网就能把所有参赛者聚集到一个平台参与竞赛。因此网络健步走活动因其时尚、简单、有趣又适合大众群体，目前在欧美已成为民众普遍认同的一种群体健身互动新模式。

2013年1月7日至1月20日，全球虚拟马拉松公开赛（北京站）活动在北京开展。活动反馈报告显示：100%的参与者认为这是一个有趣的团队活动；98.44%的参与者认为是一种很好的开始锻炼方法；96.88%的参与者认为他们在竞赛后运动更频繁了；93.75%的参与者希望参加下一次竞赛。

健步走这种将运动健身与娱乐互动相结合的新模式，一方面奖励了民众的健康生活行为，改善了他们的健康状况，使更多的民众积极、主动、持久地加入“健步走”等健身活动中来，逐步养成终身锻炼的习惯；另一方面其意在于推动和促进大众的健康文化发展，打造全方位、立体式的健康促进模式，使平台的产品与配套服务成为政府机关、企事业单位和社团打造健康城市、智慧城市、健康雇主的配套方案之一。

第二节　攀岩俱乐部

攀岩运动是一项集体能、技能、心理能力和智能于一体的新智型体育运动，是登山、探险活动中通过悬崖、峭壁、冰雪岩石地形的一种基本攀登技术，素有“岩壁上的芭蕾”的美誉。

一、攀岩运动概述

（一）攀岩运动释义

攀岩运动是从登山运动中衍生出来的竞技运动项目。攀岩运动以其独有的登临高处的征服感吸引了无数爱好者。它集健身、娱乐、竞技于一体，既要求运动员具有勇敢顽强、坚忍不拔的拼搏进取精神，又需要运动员具有良好的柔韧性、节奏感及攀岩技巧，这样才能娴熟地在不同高度、不同角度的陡峭岩壁上轻松、准确地完成身体的腾挪、转体、跳跃、引体等惊险动作，给人以优美、流畅、刺激、力量的感受。

简言之，攀岩就是一项攀爬者利用人类原始的攀爬本能，并借各种装备作安全保护，仅依靠自身手脚的力量来控制身体平衡，攀登一些主要由岩石所构成的峭壁、裂缝、岩面、大圆石及人工岩壁等的心智型体育运动。

（二）攀岩运动的形式

攀岩运动可分为不同的类型，它是攀登运动形式中的一种。主要分为高山探险、攀岩、攀冰、攀冰岩混合。其中攀岩运动从不同的角度又可以分为如下几种形式：

1. 按地点分类

（1）自然岩壁攀登

定义：在野外攀爬天然生成的岩壁（一般是开发和清理过的路线或抱石路线）。

优点：可以接近自然，充分体验攀岩的乐趣；岩壁角度、石质的多样性带来攀登路线的千变万化；由于岩壁固定，路线公开且可长期保留，所以自然岩壁的定级可经多人检测对比，成为攀岩定级的主要依据。

缺点：野外岩场地处偏僻，交通不便，时间和金钱花费都较大；路线开发也比较费力；路线开发时间长后会老化。

（2）人工岩壁攀登

定义：在人工制造的攀岩墙上攀登，包括室内攀岩馆和室外人工岩壁。

优点：对攀岩者安全性较高；交通方便，省时省力；不可预见因素少，可以定期训练或进行专项训练；人员密集，便于交流切磋；另外，人工岩壁可以对路线进行保密性设置从而成为攀岩比赛的主要形式。

缺点：缺少特殊地形，创意性少，自由发挥余地小；支点的可调性使得人工岩壁路线常变，定级主观性更强，准确度偏低，相对自然岩壁线路问题会比较尖锐，人工线路难度越大对力量要求高。

2. 按攀登形式分类

（1）自由攀登

定义：不借助保护器械（主绳、快挂、铁锁等）的力量，只靠自身力量攀爬。

特点：此种攀登形式在我国占主导地位，较符合体育的含义范畴，考验人体潜能。

（2）器械攀登

定义：借助器械的力量攀登。

特点：在大岩壁攀登中较为常用，对于难度超过攀登者能力范围的路线有时也借助器械通过。其意义在于攀登者的项目目标和活动历程而不在于攻克难度动作。对器械操作的要求较高。

（3）顶绳攀登

定义：在岩壁上端预先设置好保护点，主绳通过保护点进行保护，攀登者在攀登过程中不需进行器械操作。

特点：安全，脱落时无冲坠力，适合初学者使用；但对岩壁的要求苛刻，岩壁必须高度合适（8～20 m）且路线横向跨度不大，由于需要绕到顶部进行预先操作，架设和回撤保护点的工作都比较烦琐。有时为方便初学者，可在先锋攀登的路线上架设顶绳。

（4）先锋攀登

定义：路线预先打上数个膨胀钉和挂片，攀登过程中将快挂扣进挂片成为保护点并扣入主绳保护自己，攀登者需要边攀登边操作。

特点：先锋攀登在欧洲尤其法国最为盛行，它比传统攀登安全性高，可以降低心理恐惧对攀爬的影响，从而全力以赴突破生理极限，挑战最高难度；另外，在角度较大或横向跨度较大的路线中，先锋攀登方式比顶绳保护有更大的便利，可以让攀登者脱落后很容易地重新回到脱落处，对难点进行反复练习。

3. 按比赛形式分类

（1）难度攀岩

难度赛是各赛员在同一难度的人工墙或路线上比赛。攀得越高或越远便是胜利者。

（2）速度攀岩

速度赛顾名思义是以速度决定胜负。在最短时间内完成路线，便得以晋级，直至产生冠军。

（3）抱石比赛

抱石赛是赛员在指定时间内，不限次数去尝试完成多条路线。尝试次数越少而又能完成路线者为冠军。

（4）室内攀岩

在一个高而大的房间内设置不同角度、不同难度的人工岩壁，在上面装有许多大小不一的岩石点，供人用四肢借助岩点的位置，手攀脚登。室内攀岩的难易程度可由人直接控制。岩壁也分为人工岩壁和天然岩壁。人工岩壁是人为设置岩点和路线的模拟墙壁。可在室内和室外进行攀岩技术的训练，难易程度可随意控制，训练时间比较机动，但高度和真实感有限。而天然岩壁是大自然在地壳运动时自然形成的悬崖峭壁，给人的真实感和挑战性较强，可自行选择攀岩的岩壁和攀岩路线及攀登地点，而且天然岩壁的路线变化丰富，如凸台、凹窝、裂缝、仰角等，可以体会到“山到绝处我为峰”的感受。

（三）攀岩运动的主要特点和功能

攀岩运动是一项非常健康的智力与体力并重的智慧型体育项目，是一项集竞技、娱乐、休闲为一体的勇敢者运动，它不仅可以强身健体，培养人的独立思考和独立解决困难的能力，增强人们在体力和智力受到双重压力的情况下作出迅速反应和果断决定的能力，还有助于在全世界范围内建立起强大的社交网络。

1. 攀岩运动的主要特点

惊险刺激是攀岩运动根本的特点。攀岩运动能充分满足人们要求回归自然，寻求刺激，并从中挑战自然，挑战自我的欲望，这是它深受人们喜爱的根源。它正以自己特有的魅力、突出的个性感染着人们。攀岩可以让参与者在与悬崖峭壁的抗衡中学会坚强，在与大山的拥抱中感受宽容，在征服攀登路线后享受成功与胜利的喜悦。其特点如下：

（1）攀岩运动是一项勇敢者的体育项目。因为它富于挑战，勇于尝试从未尝试过的路线，并要求全身心的通过上肢、下肢到大脑最协调的配合来达到最终目标。

（2）攀岩运动是一项家庭体育项目。在周末，全家团聚，回归自然，放松身心，融洽关系，增加乐趣。

（3）攀岩运动是一项青少年体育项目。它能培养青少年独立分析和解决问题的能力和良好的逻辑思维能力。

（4）攀岩运动是一项惊险的颇具观赏的体育项目。它将带给人们精彩刺激的人生经历，充分展现个体的力与美。

（5）攀岩运动是一项自然环境体育项目。因为它让人们融入自然，回归自然，它教会人们如何在自然中把握自己的行为，如何保护自然并遵守环境规则。

（6）攀岩运动是一项社会体育项目。在这里，不同年龄、性别、种族、文化背景和身份、地位的人们相遇、相识、相知，共享攀岩带来的快乐。

（7）攀岩运动是一项花费较少的大众体育项目。只需要拥有一双攀岩鞋、安全袋和粉袋即可。

2. 攀岩运动的功能价值

攀岩运动是一项能够锻炼攀登者综合素质的运动，它不仅能够使攀登者获得惊人的勇气、过人的胆量、良好的柔韧性，更能提高其耐力、判断力及对外界环境的适应能力，达到锻炼身体、磨炼意志、娱乐身心的多重功效。经常进行岩壁、悬崖、高墙、山涧、冲沟、山溪等攀爬训练，不仅能提高抠、拉、夹、引、攀、爬、撑、平衡等技能，而且能培养勇敢顽强、坚忍不拔的意志品质和团结互助的精神。

（1）从身体上，锻炼了力量、速度、柔韧、灵巧、耐力等多项身体基本运动素质。

（2）从心理上，加强了形态、机能等生理素质和意志、品质、调控能力等多项心理素质。

（3）从精神上，提高了理性心态、协作精神、竞争勇气、创新意识等多项社会适应方面的基本素养。

二、攀岩运动基本技术

（一）攀岩运动的基本要领

（1）拉：在抓住前上方牢固支点后，用力上拉引体向上。

（2）撑：利用台阶、缝隙或其他地形，以手掌和小臂使身体向上或向左右移动。

（3）推：利用侧面、下面的岩体或物体以手臂的力量使身体移动。

（4）靠：利用能够容纳身体的裂缝，用背部靠住一侧岩面，用四肢顶住对面岩石，使身体上移。

（5）张：将手伸进缝隙里，用弯曲手掌或握拳，以此抓住岩石的缝隙并移动身体。

（6）蹬：用前脚掌内侧或脚趾的蹬力把身体支撑起来，减轻上肢的负担。

（7）跨：利用自身的柔韧性，避开难点，以寻求有利的支撑点。

（8）挂：用脚尖或脚跟挂住岩石，维持身体平衡使身体移动。

（9）踏：利用脚前部下踏较大的支点，减轻上肢的负担，移动身体。

（二）攀岩运动的基本方法

1. 身体姿势

攀登岩石峭壁时身体要自然放松，以 3 个支点稳定身体重心，而重心要随攀登动作的转换移动，这是攀岩能否稳定、平衡、省力的关键。要想身体放松就要根据岩壁陡缓程度，使身体和岩壁保持一定距离，靠得太近，会影响观察攀岩路线和选择支点。但在攀登人工岩壁时要贴得很近。在自然岩壁攀登时，上、下肢要协调舒展，要有节奏，上拉、下登要同时用力，身体重心一定要落在脚上，保持面向岩壁、三点固定支撑的攀登姿势。

2．手臂的技术动作

手在攀登中是抓住支点、维持身体平衡的关键，手臂力量的大小直接影响攀登的质量和效果。因此，一个优秀的攀岩运动员必须有足够的指力、腕力和臂力。对初学者来说，在不善于充分利用下肢力量的情况下，手臂的动作就显得更为重要。手臂如何用力，在人工岩壁攀登和自然岩壁攀登时情况不同，前者要求第一指关节用力抠紧支点的同时，手腕要紧张，手掌要贴在岩壁上，小臂也要随手掌紧贴岩壁而下垂，在引体时，手指（握点）有下压抬臂动作，其动作规律，重心活动轨迹变化不大，节奏更为明显。但攀登自然岩壁时其动作变化很大，要根据支点不同采用各种用力方法，如抓、握、挂、抠、扒、捏、拉、推压、撑等。

3．脚的技术动作

一个优秀攀岩运动员的攀登技术发挥得好坏，关键是两腿的力量是否能充分利用。只靠手臂力量攀登不可能持久。脚的动作要领是两腿外旋，大脚趾内侧贴近岩面，两腿微屈，以脚踩支点维持身体重心，在自然岩壁支点大小不一和方向不同的情况下，要灵活运用。但要切记，膝部不要接触岩石面，否则会影响脚的支撑和身体平衡，甚至会造成滑脱而使膝部受伤。另外，在用脚踩支点时，切忌用力过猛，并要掌握用力的方向。

4．手脚配合

凡优秀攀岩运动员，上、下肢力量是协调运用的。对初学者或技术还不熟练的运动员来说，上肢力量显得更为重要，攀登时往往是上肢引体、下肢蹬压抬腿而移动身体。如果上肢力量差，攀登时就容易疲劳，表现为手臂无力、酸疼麻木、逐渐失去抓握能力。失去抓握能力后，即使有好的下肢力量，也难以继续维持身体平衡。所以学习攀岩，首先要练好上肢力量，上肢又以手指、手腕和手臂力量为主，再配合脚腕、脚趾及腿部的力量，使身体重心随着用力方向的不同而协调地移动，手脚动作的配合也就自如了。

5．手法

攀登中用手的根本目的是使身体向上运动和贴近岩壁。岩壁上的支点形状很多，常见的也有几十种。攀登者对这些支点的形状要熟悉，知道对不同支点手应抓握何处，如何使力。根据支点上突出（凹陷）的位置和方向，有抠、捏、拉、攥、握、推等方法。但也不要拘泥，同一支点可以有多种抓握方法。例如，有种支点是一个圆疙瘩上面有个小平台，一般情况是把手指搭在上面垂直下拉，但为了使身体贴近岩壁，完全可以整个捏住，平拉；又如有时要两只手抓同一支点，前手可先放弃最好抓握处，让给后手，以免换手的麻烦。抓握支点时，尤其是水平用力时，手臂位置要低，靠向下的拉力加大水平摩擦力；要充分使用拇指的力量，尽量把拇指搭在支点上，对于常见的水平浅槽的支点，可把拇指扭过来，把指肚一侧扣进平槽，或横搭在食指和中指指背上，都可增加很大力量。攀登中手指的力量十分重要，平常可用指卧撑、引体向上、指挂引体向上、提捏重物等方法练习。现在国外一些高手已能达到单指引体向上的力量水平。在攀登较长路线时可选择容易地段两只手轮换休息。休息地段要选择没有仰角或仰角较小，且手上有较大支点处，休息时双脚踩稳支点，手臂拉直（弯曲时很难得到休息），上体后仰，但腰部一定要向前顶出，使下身贴近岩壁，把体重压到脚上，以减小手臂负担，做活动手指、抖手动作放松，并擦些镁粉，以免打滑。

6. 脚法

攀岩要想达到一定水平，必须学会腿脚的运用。腿的负重能力和爆发力都很大，而且耐力强，攀登中要充分利用腿脚力量。攀岩一般都穿特制的攀岩鞋，这种鞋鞋底由硬橡胶制成，前掌稍厚，鞋身由坚韧的皮革制成，鞋头较尖，鞋底摩擦力大。穿上这种鞋，脚踩在不足 1 cm 宽的支点上都可以稳固地支撑全身重量。在选购这种鞋时，一定不能买大了，只要能穿进去就行，大脚趾在里面是抠着的，不能伸直，鞋越紧脚，发力时越稳固。一些选手比赛时甚至要用快挂钩在鞋后帮上硬把脚塞进去。新手买鞋往往太大，一段时间后就会觉得脚上松松垮垮踩不上劲。一只脚能接触支点的只有四处：鞋正前尖、鞋尖内侧边（拇趾）、鞋尖外侧边（四趾趾尖）和鞋后跟尖（主要是翻屋檐时用来挂脚）。而且只能踩进一指左右的宽度，不能太多，比如把整个脚掌放上去，为的是使脚在承力的情况下能够左右旋转移动，实行换脚、转体等动作。

换脚是一项基本的技术动作，攀登中经常使用。常见到一些初学者换脚时前脚使劲一蹬，跃起，后脚准确地落在前脚原在的支点上，看起来十分利落，但实际上是错的，因为这样一方面使手指吃劲较大，另一方面造成身体失衡，更重要的是在脚点较高时无法用这种方法换脚。正确方法是要保证平稳，不增加手上的负担。以从右脚换到左脚为例，先把左脚提到右脚上方，右脚以脚在支点上最右侧为轴逆时针（向下看）转动，把支点左侧空出来，体重还在右脚上，左脚从上方切入，踩点，右脚趁势抽出，体重过渡到左脚。动作连贯起来，就像脚底抹了油一样，右脚从支点滑出，左脚同时滑入，体重一直由双脚负担，手只用来调节平衡。双脚在攀登过程中除了支承体重外，还常用来维持身体平衡。脚并不是总要踩在支点上，有时要把一条腿悬空伸出，来调整身体重心的位置，使体重稳定地传到另一只脚上。

7. 重心

攀登中，应明确地意识到自己重心的位置，灵活地控制重心的移动。移动重心的主要目的是在动作中减轻双手负荷，保持身体平衡。一开始学习时动作大都十分盲目，不知道体会其中的细微动作，一心只想升高度，其实初学者最好不要急于爬高，先做一段时间的平移练习，即水平地从岩壁一侧移到另一侧，体会重心、平衡、手脚的运用等基本技术。在最基本的三点固定、单手换点时，一般把重心向对侧移动，使手在没离开原支点之前就已经没有负荷，可以轻松地出手。横向移动时，要把重心向下沉，使双手吊在支点上而不是费力地抠拉支点。一般情况下，应把双脚踩实，再伸手够下一支点，而不要脚下虚踩，靠从手上拉使身体上移。一定要注意体会用腿的力量顶起重心上移，手只是在上移时维持平衡。一般常认为身体要尽量贴近岩壁，这是对的，可常见一些高手往往身体离岩壁很远，这是因为他们常用的侧拉、手脚同点、平衡身体等技术动作的准备动作需要与岩壁间有一定空间，只是身体上升的一刻，身体贴向岩面。通常重心调节主要由推拉腰胯和腿平衡来达到。腰是人体中心，它的移动直接移动重心，较大的移动往往形成一些很漂亮的动作，把腿横向伸出，利用腿脚的重量来平衡身体也是常见的做法。

8. 侧拉

侧拉是一项很重要的技术动作，它能节省上肢力量，使一些原本困难的支点可以轻易达到，在过仰角地段时尤其被大量采用。其基本技术要点是身体侧向岩壁，以身体对侧手脚接触岩壁，另一只腿伸直用来调节身体平衡，靠单腿力量把身体顶起，抓握上方支点。以左手抓握支点不动为例，身体朝左，右腿弯曲踩在支点上，左腿用来保持平衡，右腿蹬支点发力，右手伸出抓握上方支点。由于人的身体条件，膝盖是向前弯的，若面对岩壁，抬腿踩点必然要把身体顶出来，改为身体侧向岩壁就可以很好地解决这一问题，身体更靠墙，把更多体重传到脚上，而且可利用全身的高度，达到更高的支点。

侧拉动作有以下方面应当注意：身体侧向岩壁，踩点脚应以脚尖外侧踩点，不要踩得过多，以便利换脚或转身。若支点较高，可侧身后双手拉牢支点，臀部向后坠，加大腰前空间，抬脚踩点，再双手使劲把重心拉回到这只脚上，另一条腿抬起，不踩点，保持平衡用，固定手只负责把身体拉向岩壁，身体完全由单腿发力顶起，不靠手拉，以节省手臂力量。发力前把腰肋顶向岩壁，体重传到脚上，千万不能松垮垮地坠着，这点在攀仰角时尤应注意。移动手应在发力前就向上举起，把肋部贴向岩面，否则蹬起后再把手从下划到头上，中间必会把身体顶离岩壁，加大固定手的负担。一次侧拉结束后，视支点位置可做第二个连续侧拉，双手抓稳后，以发力脚为轴做转体，脸转向对侧，平衡腿在发力腿前交叉而过，以脚尖外侧踩下一支点，这时平衡腿变成了发力腿，移动手变成了固定手，做下一次侧拉动作。其间脚发力脚踩点一定要少，否则不易做转体动作。侧拉主要在过仰角及支点排列近于直线时使用。

9. 手脚同点

手脚同点是指当一些手点高度在腰部附近时，把同侧脚也踩到此点，身体向上向前压，把重心移到脚上，发力蹬起，手伸出抓握下一支点，这期间另一手用来保持平衡。手脚同点需要的岩壁支点较少，且身体上升幅度大。

做此动作时有以下几点需要注意：若支点较高，应打身体稍侧转，面向支点，腰胯贴墙向后坠，腾出空间抬腿，不要面向岩壁直接抬腿。脚踩实后，另一脚和双手发力，把重心前送，压到前脚上，单腿发力顶起身体，同点手放开原支点，从侧面滑上，抓所握下一支点，另一手固定不动调整身体平衡。手脚同点技术主要用在支点比较稀少的线路上。

10. 节奏

攀岩讲究节奏，讲究动作的快慢和衔接。每个动作做完，身体都有一定的惯性，而且如果上一动作正确到位身体平衡也不成问题，这时可以利用这一惯性直接冲击下一支点，两个动作间不做停顿，否则过分求稳，一动一停，每个动作前都要先移动重心、调节平衡，然后从零开始发力，必然导致体力消耗过大。动作要连贯但不能毛糙，各个细节要到位，上升时一定要由脚发力，不能为快手拉脚蹬。手主要用来保持平衡和把身体拉向岩壁。动作不要求太快，但是要连贯。每个动作做实，一般做一两个连贯动作稍稍停顿一下，调整重心，观察选择路线，困难地段快速通过，容易地段稳定、调整。连贯—停顿—连贯—停顿，间歇进行，连贯动作时手脚、重心调整一定要到位，冲击到支点后要尽快恢复身体平衡。有必要时，可选好地段稍做休息，放松双手。进行练习时可以干脆把各个动作分解成几个步骤，细细体味各处细节，分析如何才能节省体力。动作熟练后，实际攀登时根本不用考虑，条件反射似的就能做出正确动作。

（三）攀岩运动的基础技术动作

（1）基础平衡攀登。利用身体的移动重心来支配平衡，善用脚和身体去体验，用心去感觉。

（2）上方固定，下方确保。初学者除了在较低的地方做横渡练习之外，通常都以此系统做安全攀爬，坠落系数较为安全。

（3）先锋攀登。它须经由岩壁下方开始攀登，中途架设支点防止完全落体。注意先锋坠落有一定的长度，能不坠落当然最好，此为进阶课程。

（4）绳队攀登。在高又长的岩壁路线中，须由 2 名以上伙伴组成的绳伴，以先锋攀登方式进行，在中途进行转换。登攀者要边架设中途支点，上攀至定点后，在岩上做好固定点，确保第 2 人往上攀，并要收回登攀者架设的岩械，反复进行完成。

（5）室内儿童攀岩。提供一个安全的游戏空间，不受天气影响，让小朋友尽情地伸展、活动筋骨，消耗过剩的精力，健康又快乐，是小朋友课余后最喜欢的活动（应有大人陪同或教练在场）。

（6）儿童户外攀岩。户外攀岩，如小朋友到郊外郊游野餐一样，除可享受大自然洗礼外，还可接受挑战，刺激自我勇气及自信心的建立，当然安全的装备、攀岩教练耐心的引导，都是必需的。

三、攀岩基本要点

（1）尽量节省手的力量。攀岩是用手和脚，通过寻找岩面上一切可利用的支点，克服攀爬者自身的体重及所携带器械的重量向上进行攀登。所有攀爬者应该具备一定的手臂、手指、指尖及腰腹力量，手臂力量相对很有限，在攀登过程中，应尽量用腿部力量，而节省手的力量。

（2）控制好重心。控制重心平衡是攀岩过程中最关键的问题，重心控制得好就省力，反之，就会消耗许多不必要的力量，同时也就影响了整个攀登过程。

（3）有效地休息。在一条攀登路线中，肯定是有些地方简单，有些地方难，要想一口气爬完全程比较困难（除非这条线对你来讲很容易），所以想爬得高一些，必须进行有效的休息，一般是到达一个比较容易的位置，以最省力的姿势，边休息边观察下一段要攀爬的线路。这一点在比赛过程中显得尤为重要，因为正式的比赛，攀登路线是完全陌生的，而且只有一次机会。

（4）主动调节呼吸。初学者往往忽略这一点。攀爬一条路线是一个连续的过程，从一开始就应该主动调节呼吸，而不是等快坚持不住了再去调整。另外要强调一点，攀岩是一项具有危险性的运动，若装备质量合格，保护技术过硬，保护人员操作规范、认真，就不会有危险；反之，若装备有质量问题，保护人员操作不规范、不认真，就容易出危险。因此，在攀岩运动中，不管是初学者还是有经验的老手，都应该注意自我保护。

四、攀岩基本安全注意事项

尽管有保护设施，但攀岩还是存在一定的危险性，初学者一定要注意安全。切记：在没有老手指导的场合下，不使用不熟悉的器材；在没有辅助保护的情况下，不做任何有危险的攀爬；攀岩前要做好热身，以免拉伤肌肉或韧带。

在岩场上，除了要保证自己的安全外，还要考虑别人的安全，以及遵守基本的攀岩道德。

（1）抛下绳索前，必须大喊“抛绳”后才抛下。

（2）在任何东西掉落时，必须立刻大喊落石通知，尽量避免造成落石伤人。

（3）绝对禁止踩踏绳子，这是尊重自己和别人生命的表现。

（4）不要抛掷任何攀岩器材。

（5）攀完后应向确保者道谢。

（6）离开岩场时，带走自己的所有东西（包括垃圾）。

第三节　时尚马拉松俱乐部

一、马拉松及其衍生项目介绍

马拉松长跑是国际上非常普及的长跑比赛项目，全程距离折合为 42.195 公里（也有说法为 42.193 公里），分全程马拉松、半程马拉松和四分马拉松三种。全程马拉松比赛最为普及，一般提及马拉松，即指全程马拉松。原本马拉松比赛没有设世界纪录，只有世界最好成绩。但国际田联（IAAF）为了刺激公路比赛的发展，决定从 2004 年 1 月 1 日开始，设立马拉松、竞走等公路比赛的世界纪录。

半程马拉松是目前国际上从众增长最快的赛跑项目。路程长度是 21.0975 公里。因为半程马拉松的程长很有挑战性，但对跑步者的要求又不像全程马拉松那么严苛。通常，半程马拉松会与全程马拉松（有时候也有四分马拉松）同时举办。

彩色跑，是一项 2011 年发源于美国的运动，称为“地球上最快乐的 5 公里赛跑”，参加者身着白色 T 恤，跑步过程中经过不同的彩色站，会被从头到脚抛撒彩色粉末。彩色粉末由纯天然玉米粉制成，对人体和环境无害。

二、马拉松基本技术

一般人在没有接受训练的情况下大概最多可以连续跑 25 ~ 32 公里，而马拉松的全程是 42.195 公里，所以在进行马拉松之前，应该进行相关的训练，这样才能顺利地跑完全程。马拉松专业训练一般从三个方面着手：建立基础耐力、提高跑步动作效率、增强肌肉力量。

1．建立基础耐力

最有效地加强基础耐力的方法是以低强度（60%～70%的最高心率）去进行持续长跑，刚开始的时候5～10分钟也可以，不用介意能否维持很长时间，因为耐力是一点一点积累起来的，随着每周跑量增加，耐力亦会慢慢建立。马拉松选手一般每周跑量都超过100公里，甚至更多，一般人要花很长时间训练才能达到这个里程数，否则很容易导致受伤。建议每周里程数增加不要超过10%。

2．提高跑步动作效率

在马拉松的训练计划内，我们可加入节奏跑训练，大概是比10公里配速稍慢一点的配速，心率维持在80%～90%，即感觉有点吃力，但还能在跑步时说出短句，维持时间为20～30分钟。而间歇性训练则是训练身体维持更快速度，由于不能维持太长时间，我们会以慢跑作为快跑与快跑之间的休息。每次快跑距离大概是200～600 m，次数应根据不同体能情况而定。

除了跑步训练外，还可以通过练习跑步专门的分解动作和强化核心肌肉来提高跑步动作的效率，如抬腿跑、后折跑。一方面可以训练跑步所使用的主肌群，另一方面令跑步动作的效率增加，用更少体力跑得更快更远。

3．增强肌肉力量

核心肌肉越是稳固，身体做出的不必要摆动就越少，利用作跑步向前的能量就越集中。而腿部的肌肉力量越好，除了每一步的距离会越大外，对关节的保护性亦会越高。我们可以通过上坡跑和一些距离比较短（100～200 m）的快速跑来强化跑步的肌肉群。

如初学者想完成一次马拉松，最好有8～10个月的训练时间。训练初期以建立跑步习惯为主要目的，随时间过去，跑程数可以按每周不多于10%的程度增加。待身体有一定基础后，可在训练计划中加入节奏跑、间歇跑及肌肉力量训练。

三、马拉松基本战术

1. 跟随跑、领跑、独自跑

这三种战术是最直截了当且便捷的比赛战术，比赛前只要做好充足的精神准备和营养补充，尤其在人数较多的比赛当中，这种战术对于所有人都是比较适宜的。

跟随跑：如果经验不足且实力欠缺，或者高手想很好地节省体力，便可采用跟随跑战术，选择与自己最舒服的集团或者个人跟下去，可以感觉到比自己跑更轻松，这也是借力的好方法。

领跑：通常情况下，如果没有足够的实力尽量不要在前面领跑，因为这很有可能让自己因过度带节奏而提早丢失体力。这也是为什么领跑员应当经过严格的选拔才能达到标准，而且普通官方领跑员的个人最好成绩应该高于带队成绩。在高手云集的大赛中，给第一集团领跑的配速员也是同样，他们的水平不会比第一名更高，但是他们只会领跑其中一段来带动高手们的节奏以提高最终的成绩，而他们跑到半程或者30公里时就会退出跑道也就是这个原因。所以，普通跑者（缺乏经验），尤其是初跑者尽量不要采用领跑战术。

独自跑：一些跑者在参加多场比赛之后，有了自己独到的节奏，而且在通常情况下不愿意受到其他跑者的影响，所以他们会选择单独跑，这对于经常参加比赛的人来说是很好的选择，不和任何人比，完全按照自己的计划进行。不管是在中途超过别人，还是被别人超越，都不会影响自己的节奏。

2. 三种节奏策略（匀速、正分段、负分段）

匀速：这样的节奏要有一定的跑量累积和比赛经验才能真正做到，或者可以跟随一个比赛经验丰富的且目标成绩相当的老将完成自己的目标。想要达到比赛时的匀速，平时要多做耐力训练，只有耐力增加，才能在比赛过程中始终保持稳定速度。

正分段：这种跑法简单来说就是前快后慢，也是跑者比较热衷的战术。

为什么会有人愿意这样跑呢？据了解在跑马过程中，慢抽搐肌肉纤维疲劳时，身体就会自动利用效率相对较低的快抽搐纤维，跑步效率也会跟着降低。即使前程再慢，后程也没有力气再跑出更快配速追赶时间了，但有了前半段的缓冲时间就能帮助跑者在目标时间内完成比赛。

负分段：这是久经沙场的老将惯用的比赛方式。在2016年奥运会上，基普乔格前半程保守跟随第一集团只跑出了1小时6分钟的成绩，而后半程却跑出了1小时2分钟的高水平。负分段往往是高水平选手为了控制比赛节奏或者严格要求比赛排名而不追求成绩表现出来的战术，对于想跑出个人最好成绩的普通跑者，这种战术很难实现。

3. 公里配速计划

对于普通跑者，最经济简便的方法就是用自己平时的训练水平制订配速计划，很显然，这种方法就是要保证每公里的速度都要维持在自己能够接受的乳酸阈值的水平，这样可以更好地完成比赛，并且取得好成绩。如果想要每公里都达到严格的速度限定并不是那么简单的，除了平时多了解自己的实力外，更多的是参加比赛积累经验。让比赛当中自己的预计配速和实际配速的差别尽量小，久而久之，就会越跑越好。

4. 起跑站在有利位置

跑者一定要注意起跑的位置问题，一场比赛，每个人都愿意往前站这是必然的，但是有些安全问题是更重要的，一定要警惕后面开跑冲刺的选手，很有可能发生碰撞事件，尤其是比赛人数过万的比赛当中，这种情况就太多了。

为了自己的安全着想，如果想展示自己，要么拿好手中的设备，尽量注意后方的人，要么跟随人群出动，不要在意枪声时间和最终成绩。

有些人经常说为什么总把特邀选手放到最前面，这其实是显而易见的，站得较靠后，很容易给前面的选手造成不必要的伤害。

5. 根据当天所需做补给

（1）水

因为天气条件温度高低的不确定性，补给不能每次完全按照同一种方式进行，对于水分，天冷少补、天热多补是必然的。按照正常状态，每 5 公里做一次水分补充是应该的，这是为了保证之后的 5 公里正常消耗。

前程每次的水分补充拿赛道上的纸杯来说四分之一就足够，太多会拖累后程的体力。后程根据天气和自己身体的透支程度可再做调整，当然，比赛中是特别忌讳大口喝水的。

（2）能量

能量胶盐丸等能量补给的良好运用可以让一个跑者拥有完美的体力，也许会在终点前战胜对手。通常情况下，跑者们都爱在 30 ~ 35 公里左右补充能量，不过也有人在终点前补充（比如今年衡水马拉松夺冠选手），这个界定还是比较自由的，可以是半程一过就开始补充，也可以 30 公里开始补给，或者频率再高一些的补给，都没有问题，赛前根据自己的身体情况制订补给计划即可。

五、马拉松项目训练计划目标及成绩标准

（一）制订马拉松专业训练计划

第一步：跑够就行（坚持 2 周）。

初跑者第一天可以试着跑 2 公里，能承受就继续跑，跑到很累为止，这个度自己把握，毕竟每个人体质不同。“保持健康”是马拉松训练中最重要的建议，绝大多数人都忽视了这条。跑者不要练得太狠甚至受伤，最好是稍微训练少一些让人感到强健和充满欲望，而不是训练过量。初跑者可以记录自己跑步的数据，之后再进行调整。

第二步：慢慢加量，以适应中长距离跑为目的（坚持 2 个月）。

每周跑量只增加 10%。在长距离跑达到 10 公里之前，每次只增加 1 公里，如果还想增加距离，每次增加 2 公里。此阶段不要图快，要求稳，并时刻关注自己的身体，若身体不适，应提前结束，适当休息。

第三步：进行长距离跑（坚持 3 ~4 个月）。

马拉松经历越少，跑得越慢，长距离跑就越重要。跑者需要让自己适应用双脚跑过 3 小时、4 小时甚至更长时间。经过第二步的训练，此时应该可以轻松跑完 10 公里，周跑量可以达到 40 ~50 公里。初跑者一般第 2 个坎在 12 公里左右，所以要尝试着把这个坎跨过去。建议周末专门训练 12 公里跑，跑前休息一天，隔周再加量。同时也可以慢慢尝试一次跑过 5 小时以上（中间包括走路休息，注意避免受伤，适可而止）。这一步持续时间很长，要 3 ~4 个月，直到能完成半程马拉松（约 21 公里）为止。

第四步：练习马拉松配速（坚持 3 个月）。

可以说，跑马拉松的成功关键就在于配速。如果有正确的配速，任何人都可以跑完 42 公里的马拉松。如果跑得太快，就会立刻崩溃。但如果一开始跑得够慢的话，就可以完成目标。无论是用 3 小时或是 5 小时来完成马拉松，一定要体会到配速的感觉，并努力地控制自己的配速，不断尝试跑完全马。要采取“递进的马拉松配速”长距离跑，具体配速计划参考表 7-3-1。

表 7-3-1　配速计划

	星期	训练内容	配速	时间/min	距离/km
第 1 周 40 公里	一	—	—	—	—
	二	60 分钟长跑	645	60	9
	三	—	—	—	—
	四	5 公里轻松跑	620	31	5
	五	—	—	—	—
	六	40 分钟长跑	645	40	6
	日	20 公里持续跑	700	140	20
第 2 周 45 公里	星期	训练内容	配速	时间/min	距离/km
	一	—	—	—	—
	二	40 分钟长跑	645	40	6
	三	—	—	—	—
	四	7 公里轻松跑	620	44	7
	五	—	—	—	—
	六	70 分钟长跑	645	70	10
	日	22 公里持续跑	700	155	22

续表

	星期	训练内容	配速	时间/min	距离/km
第3周 34公里	一	—	—	—	—
	二	3×3公里（中间休息4分钟）	600	66	9
	三	—	—	—	—
	四	60分钟长跑	645	60	9
	五	—	—	—	—
	六	45分钟长跑	645	45	6
	日	10公里比赛	600	60	10
第4周 46公里	星期	训练内容	配速	时间/min	距离/km
	一	—	—	—	—
	二	40分钟长跑	645	40	6
	三	—	—	—	—
	四	60分钟长跑	645	60	9
	五	—	—	—	—
	六	40分钟长跑	645	40	6
	日	25公里持续跑	700	175	25
第5周 49公里	星期	训练内容	配速	时间/min	距离/km
	一	—	—	—	—
	二	40分钟长跑	645	40	6
	三	—	—	—	—
	四	60分钟长跑	645	60	9
	五	—	—	—	—
	六	30分钟慢跑	700	30	4
	日	15公里比赛	600	90	15
第6周 49公里	星期	训练内容	配速	时间/min	距离/km
	一	—	—	—	—
	二	40分钟长跑	645	40	6
	三	—	—	—	—
	四	60分钟长跑	645	60	9
	五	—	—	—	—
	六	28公里持续跑	700	195	28
	日	40分钟长跑	645	40	6

续表

	星期	训练内容	配速	时间/min	距离/km
第7周 49公里	一	—	—	—	—
	二	11公里轻松跑	620	70	11
	三	—	—	—	—
	四	60分钟长跑	645	60	9
	五	—	—	—	—
	六	30分钟慢跑	700	30	4
	日	25公里持续跑	700	175	25

第五步：参加比赛吸取经验。

对于初跑者来说，在准备马拉松比赛前，参加一些路跑比赛是非常重要的。不定期的路跑比赛可以获得难得的宝贵经验，例如，如何热身，如何调整配速，如何补充水分，在比赛前后如何进食，什么时候吃什么东西，鞋子会不会让双脚起水泡等。当然最希望的，是在最重要的马拉松比赛中发生最少的错误。

注意事项：长跑最容易引起的就是过度使用型的损伤（髂胫束综合征、髌骨疼痛综合征、足底筋膜炎等），这些伤在最初时都会有相应的症状，最普遍存在的就是疼痛。很多新手在准备马拉松的时候会忽略一些小疼痛，这都为以后的恶化埋下了祸根。

（二）马拉松成绩标准

马拉松成绩标准就是田径协会的《田径运动员技术等级标准》，其中马拉松项目只有全程，标准见表7-3-2。

表7-3-2　马拉松成绩标准

等级＼性别	男子	女子
国际级运动健将	2：13：00	2：34：00
运动健将	2：20：00	2：40：00
一级运动员	2：34：00	3：19：00
二级运动员	3：10：00	3：50：00
三级运动员	4：00：00	4：10：00

第八章　团结协作的素质拓展活动

第一节　素质拓展游戏

一、素质拓展简介

素质拓展训练方式是一套密切借鉴中国大陆实际，借鉴日、美、欧等发达国家“磨难教育”“挫折教育”的先进经验，经培训及心理学专家和青少年教育专家精心整合、设计的训练体系，是激发和增进个人及组织的系列优势的现代型学习和训练方式。它着眼于激发、调整、升华、强化受训者的心理、身体、品德素质和潜能，力求使受训者心态开放稳定、敢于应对挑战、富有创新活力，用以培养大学生的“五自能力”（自学、自理、自护、自强、自律）和“三学能力”（学会自理、学会服务、学会创造），全面促进大学生素质教育事业的飞跃发展。

二、开展素质拓展训练课程的重要意义

作为高等职业院校，培养学生的目标要紧紧围绕学生职业素养和职业能力进行考虑，将拓展训练融入课堂教学，将拓展训练的理念灌输到学生的学习当中，用寓教于乐的方式来潜移默化影响学生，用先行后学的模式来感染学生。拓展训练是以培养大学生综合素质、生活能力及生存能力为目的，从而提高学生的职业素质。

现在一些大学生缺乏吃苦精神和团结奋斗精神，具有心理脆弱、性格孤僻等缺陷。素质拓展课程为这些大学生提供了了解生活、体验人生的机会。在事事都要通过自己的努力，依靠集体的力量才能变为现实的情况下，让大学生体验到成功的喜悦，发现人生的价值，培养出团结协作的精神，以及与人为善及开朗活泼的性格。

素质拓展培训通过一些趣味性的小游戏激发学员主动思考、团结互助、锻炼胆魄并彼此分享感受。在专业拓展培训师具有针对性的指导下，完成深刻的观念转变和形成更好的行为方式；同时，利用各种丰富有趣的游戏体验、社会实践的方式深入了解大学生的性格特点及行为方式，并提供针对性的指导，大学生容易接受，并且效果持久。

（一）素质拓展训练对大学生的精神层面起到的作用

素质拓展训练始于体验，而志于参训者的体能、心理和心智、情感方面的综合改善，整个过程及循环必须以参训者的“动心忍性”为中介。

素质拓展训练使大学生置身于生理、心理的极限情境，在支持性的团队中参与“互动性”“直指人心”的活动，由此而体验、震惊、反思，进而得到心理、身体、品德三个维度素质的拓展。

（1）“极限情境”。通过创设种种特殊“软”“硬”兼顾的情境，使学生几乎始

终处于一种富于挑战性的高压之中；使一个人原先隐蔽而不易发现的内外问题由此得以暴露，得到正视的机会和团体的真诚诊治；而一个人原先具有的一切美好素质又同时得到表现和升华，并积极地影响团体，形成良性的循环。

（2）“支持性”。人的内在品质是因为鼓励而得到培养与滋长的。一种行为在赞许中得到强化，形成习惯，人的身心性格中那些基本的、恒稳的、自然表现出来的习惯本身就是素质。

（3）“互动性”。包括某一方面素质的拓展与全部训练科目之间的互动性，某一训练科目与多方面素质的拓展之间的互动性，个人在小组中学习的形式上的互动性，个人提高与小组提升之间的互动性。

（4）“直指人心”。从内因方面来说，人的一切情感和行为障碍，其实都源于对自身和对事物的错误判断。一旦它们受到触动、改变，人本身所具有的独特的优秀品质就能得到精彩地释放和发挥。

（二）素质拓展训练对大学生的综合作用

（1）提高自信心，勇于超越自我。建立相互接纳、相互支持、相互信任的团体气氛。让大学生在活动中放开自我、超越自我，从而开发自身潜能，肯定自我价值，提高自信心。

（2）激发潜能，完善人格。帮助大学生认识自我潜在能力和极限，克服恐惧心理和思想障碍，锻炼动手能力和创造力，培养自信心和自我管束能力，完善人格。培养大学生的上进心理，增强抗挫折和突破能力，使个性变得坚强而富有韧性。

（3）学会合作，培养团队精神。引导大学生发现在团体生活中合作的价值和团体中个人的责任。帮助大学生明白团队的巨大力量，领悟合作精神的重要性，克服排他情绪和性格孤僻心理，培养与人沟通融合的能力，感受分享带来的无穷乐趣。

（4）学会沟通，融洽人际关系。针对一些大学生心理脆弱、性格孤僻等缺陷，实施拓展训练，帮助大学生了解生活，使他们学会沟通、学会感恩、学习建立人际关系技巧。

三、高等职业院校开设素质拓展课程必须具备的条件

高等职业院校开展素质拓展课程对培养学生基本素质和职业能力起到很大作用，所以就要考虑不管任何专业的学生都应该进行素质拓展课程学习，这就决定了开展职业课程的目标对象比较广，需要一定数量的素质拓展教练或教师，要有专业的场地与器材设备。

（1）需要有素质拓展课程总体计划与大纲，依据学院实际情况和学生特点设计项目，由体育教师和思政教师共同参与，自编一本素质拓展教材，其需具备开展素质拓展课程的必要性、科学性、针对性、可实施性。

（2）要有既有较强专业能力又有较强组织能力的专业教师或教练，教师或教练的思想认识和觉悟要高，要深刻认识和理解素质教育的意义和内涵，要有较强的理论功底。

（3）必须具备项目配套的相关器材和道具。在开展素质课程中，器材与道具是实施项目的基本条件。有些道具只需要材料或半成品，在活动实施过程中需要学生自己动手去完成道具的制作。

（4）为了保障项目的开展，以及实施的效果，必须要有专门的素质拓展基地，基地的建设要与课程项目相结合，只有在专门的场地范围内开展素质拓展活动，才能够达到环境育人，氛围影响人。

四、素质拓展项目介绍

1. 项目名称：团队建设

培训简介：每个队员积极思考，设定团队的目标，给自己的团队命名，并向大家展示团队的队长、队名、队旗、队徽、队歌、队训等。

培训目标：熟悉团队成员，选取团队领袖，塑造团队文化，对团队产生归属感和荣誉感。

2. 项目名称：偷天陷阱

培训简介：每个人都将被蒙上双眼依次通过一段充满危险的障碍区，只能在队友的指挥下穿越障碍区。

培训目标：体会在团队中来自同伴的鼓励与支持，树立信心，增强勇气，通过相互关心、支持和合作增强团队的凝聚力，提高团队协作能力。

3. 项目名称：心灵速递

培训简介：所有学员排成一列，按规则将培训师所给之信息，从后向前传递。在传递过程中不能发出声响，不能转头。看看学员们能否准确地把信息传达给每个人。

培训目标：认识到有效沟通的重要性，有效沟通除了要将信息通过恰当的方式、在恰当的时间传递给恰当的人之外，另一个重要的因素是必须精兵简政，减少沟通过程中不必要的环节。

4. 项目名称：分解 DNA

培训简介：每组站成一个向心圆。先举起右手，握住对面那个人的手；再举起左手，握住另外一个人的手；在不松开的情况下，想办法把这张乱网解开。

培训目标：提高解决问题的能力，激发智慧和团队创造力，提高团队协作精神。

5. 项目名称：信任背摔（见图 8-1-1）

培训简介：所有队员依次站在背摔台上，背对大家从台上向后倒下，其他队员用手臂将他接住。

培训目标：增强团队成员之间的信任，培养团队合作的精神，客观自我挑战和自我突破。

图 8-1-1

6. 项目名称：动感颠鼓

培训简介：一面四周绑了数根绳子的鼓。要求每位学员拿起一根绳子，把鼓提起来。用这面鼓颠起一个排球，在排球不落地并超出 1 米高的情况下连续颠十次。

培训目标：团队默契度与协作能力。

7. 项目名称：大河之舞

培训简介：一个组的两个人摇大绳，其余人一起跳，在没有人半途绊到绳子的情况下，集体连续跳 10 下。

培训目标：看似简单，实则不易；体现团队统一的重要性。

8. 项目名称：求生墙（见图 8-1-2）

培训简介：面对 4 米高的光滑墙面，规定时间内团队所有成员必须翻过墙面，可以借助的只能是整个团队。

培训目标：培养全体队员共同战胜困难的决心和勇气。此项目集中反映人力资源能否合理分配，根据人的性格和能力合理搭配，优势互补，知人善任，用人所长，找准位置，善于调整。突出发挥群体决策和领导的作用，强化队员的配合意识，培养个人的奉献精神。

图 8-1-2

第二节　户外拉练活动

一 、拉练概述

拉练是部队的一项训练内容，在野战部队很普遍，就是与紧急集合相结合，把部队全员单兵装备，拉到野外进行机动训练的一种方式，有时候还会在拉练过程中结合多项多内容多科目的训练。作为学校学生进行拉练的主要目的是活跃团队气氛，加强团队协作，锻炼身体，放松心情。

二、东坡书院户外拉练活动

东坡学院是在当今教育大背景和学校领导高度重视下成立的，学院的宗旨是以德树人，实施“全人”教育。怎样实施“全人”教育？体育教学团队和心理教学团队积极思考、认真研究，通过多次的教研活动，开展了以“心理历程、你我同行”为主题的户外拉练活动，旨在培养学生的团队意识与吃苦精神，体验徒步乐趣，健全人格，培育健康心理意识。作为刚进校的新生，通过此活动的参与感受到四川城市职业学院的育人理念与东坡学院的育人特色，认识到“人的全面发展”在当今社会立足与发展的重要性和必要性。

三 、拉练活动实施方案

（1）活动主题：心路历程、你我同行。

（2）活动时限：一天。

（3）参加对象：大一新生。

（4）活动组织：东坡学院体育教学团队和心理教学团队教师。

（5）活动形式：户外拉练 + 心理团辅。

（6）拉练路线与活动场地：体育教学团队考察路线和户外草坪（若下雨则将场地改为运动场）。

（7）活动要求：

① 心理团辅所用道具由心理教学团队自行准备。

② 每位学生要求穿运动鞋，自备一件一次性雨衣，自带两瓶矿泉水。

③ 每个班准备一面班旗与旗杆，在班旗上印上自己班的队名（队名由各班自己定），每个班全部学生学会 5 首以上的革命歌曲（行军路上由班长带领大家一起唱）。

④ 在行军路途中，每位学生严格按体育教师的要求和带领行军，严禁在路途中嬉戏打闹，不能破坏路边公共设施与农作物等。

（8）活动流程（见表 8-2-1）。

表 8-2-1　活动流程

序号	事项	负责教师	备注
1	第一批次学生（三个班）在食堂外广场集合，组织队形，清点人数，讲解行军要求，准备出发	3 人	一路高歌
2	第二批次学生（两个班）在食堂外广场集合，组织队形，清点人数，讲解行军要求，准备出发	3 人	一路高歌
3	第一批次学生到达目的地，学生团辅活动	3 人	
4	第二批次学生到达目的地，学生团辅活动	3 人	
5	第一批次学生返校	3 人	
6	第二批次学生返校	3 人	
7	第三批次学生（三个班）在食堂外广场集合，组织队形，清点人数，讲解行军要求，准备出发	3 人	一路高歌
8	第四批次学生（三个班）在食堂外广场集合，组织队形，清点人数，讲解行军要求，准备出发	3 人	一路高歌
9	第三批次学生到达目的地，学生团辅活动	3 人	
10	第四批次学生到达目的地，学生团辅活动	3 人	
11	第三批次学生返校	3 人	
12	第四批次学生返校	3 人	
13	所有师生全部回到校园		

（9）团队辅导项目（见表 8-2-2）。

表 8-2-2　团队辅导项目

项目	备注
环节一：桃花朵朵开（10 分钟） 游戏规则： 在简单进行完身体关节活动以后，所有队员围成一个圆圈要求队员慢慢跑动，在大家跑动的同时，教师随机喊出一个数字，按照数字的大小，迅速地抱在一起，教师喊三个数，三个数过后，那些抱多的，抱少的，没有找到人抱的，都将被请到圆圈中间来，可以自己表演节目，也可以接受“惩罚”。	
环节二：滚雪球（10 分钟） 目的：帮助成员相互了解记住名字。 活动程序： （1）6 ~ 8 人一组，小组成员围圈而坐。 （2）任选一名成员作为第一个人，由第一个人开始介绍自己，依次以一句话介绍自己的名字、来自哪里、最满意自己的地方（如长相、特长）等个人资料。在此过程中每个人专心去记其他成员的资料。 （3）由第一人开始，讲述自己的资料，第二人必须重复前一个人的资料后再介绍自己，以此类推，每个人都要讲述自己和前面小组成员的资料，最终一人重复所有人的资料结束。	
环节三：棒打薄情鸟（10 分钟） 目的：尽快相识，增进团体凝聚力。 准备：用旧报纸卷成一根纸棒。 活动程序：小组围坐成一圈，选一个执棒者站在圈中间，由他面对的人开始大声叫出一个成员的名字，执棒者马上转向那个被叫的人。被叫的人马上再叫出另一位成员的名字。如果叫不出来，就会受当头一棒，然后由他执棒。依次类推，直到大家熟悉互相的名字为止。如果一个人 3 次被打就必须接受“惩罚”（表演节目）。	纸棒
环节四：同舟共济（15 分钟） 目的：集思广益，团队合作。 活动程序： （1）以一张报纸作为汪洋大海里的一条船，团队成员必须全都上船，不能缺少并且坚持在船上 5 秒 （2）小组成员第一回合进行讨论，拿出最佳方案。 （3）成功完成任务后，辅导员要求报纸的面积减半，继续游戏坚持到最后的队伍获胜。	废报纸
环节五：认识你真好（10 分钟） 目的：感受成员之间的人际距离，提升同学之间的亲密感。 活动程序：将所有人排成两个同心圆，随着歌声同心圆转动，歌声一停，面对面的两人要相互出指，以出手指头少者决定问候方式，在用不同的姿体表达问候的同时都要说出：“认识你真好！” 出指规则：1 个手指微笑点头；2 个手指鞠躬问好；3 个指头握手；4 个手指拍对方肩头；5 个指头热情拥抱。 歌声再起时，游戏继续进行。	音乐

第三篇

职业体能训练

第九章　职业体适能

第一节　职业体适能训练原则

运动训练原则是指为了有效达到身体训练目的而需遵循的规律和方法，对于职业人群而言，保持良好的身体状况、愉悦的心境，就能促进其生活、工作的健康持久发展。

1. 循序渐进原则

循序渐进不是说每次平均增大负荷而是按照人体对运动的适位性变化，根据负荷的要求有计划地增加运动负荷。一定的运动负荷对身体作用一定次数和时间以后才能引起身体的适应，然后再逐步增大运动负荷，使身体产生新水平的适应，锻炼时的运动量应由小到大，不能一开始就竭尽全力，动作应由易到难，由简到繁，密度也不要过于集中，当身体逐渐适应后，再逐步增加。

2. 自觉性原则

首先应该树立“科学锻炼有益健康”的信念，自觉克服各种懒惰和对体育锻炼的麻痹或恐惧心理，而代之以自觉、愉悦和积极的心态，开展各种形式的体育锻炼活动。如果一个人以某些理由放弃体育锻炼，短期内可能不会有明显的恶果，但是长期的代价必定是体质下降、疾病缠身、未老先衰。也有的人即便参加体育活动，也是不情愿的心理状态，这不仅达不到应有的锻炼效果，反而容易造成消极的心理和生理影响。

3. 适度原则

锻炼时，要根据环境（如季节、气候、场地和运动器材）和个人的身体条件，以及自身的健康和运动水平等，科学安排锻炼项目，选择适当的锻炼方法和身体负荷等。各种锻炼项目都应逐步适应，不要一曝十寒，急于求成。

4. 区别对待原则

日常锻炼可根据性别、体格、基础条件等选择适当项目，如男女分组、按照自己体质选组，对运动量、锻炼密度、计划进程等无须强求一致。

5. 持之以恒原则

体育锻炼需要经常反复、持久地进行，方能逐步取得进展。已经取得的效果不及时巩固，训练效果就会消退。根据“用进废退”原理，应不断强化。锻炼不可能在短时间内产生显著的效果，只有坚持才能逐步巩固、积累和提高。

6. 全面性原则

人的身体是一个整体，要想增强体质就必须使身体的各局部都得到锻炼和发展。具体来说就是要使身体的各部分（如头颈部、躯干部、四肢）、各器官系统（如心血管、肺、神经、胃肠等）功能、身体各种素质及人体各种基本活动能力都得到发展。

第二节　一般职业体适能训练路径

一、提高心肺耐力水平

（一）制定个体运动处方

1. 起始阶段

锻炼初始阶段运动时间不宜过长，防止过度疲劳，以致影响锻炼的效果和信心。因此，起始阶段的锻炼，最重要的是让机体慢慢适应运动，一般情况下，可根据不同训练水平持续2～6周。

每次锻炼应包括准备活动、锻炼内容（强度不超过70%最大心率）和整理活动。在锻炼时注意以下几点：

（1）在以某一强度锻炼时应比较轻松。

（2）感觉不适时不要延长运动时间。

（3）有疼痛或酸痛感时应停止运动，让机体充分恢复。

2. 渐进阶段

此阶段时间较长，持续10～20周。在这一阶段，锻炼的强度、频率和持续时间应逐渐增加。虽然每个阶段设置的目标不同，但锻炼频率应达到3～4次/周，每次锻炼持续的时间不少于30分钟，强度应达到70%～90%的最大心率。

3. 维持阶段

锻炼者通过16～28周的锻炼即进入维持阶段。维持心肺适应水平的主要因素是运动强度，若运动强度和锻炼时间都维持在渐进阶段最后一周的水平，那么锻炼频率降至每周2次，心肺适应水平也无明显下降；若保持渐进阶段的锻炼频率和强度，锻炼时间可减至20～25分钟。相反地，在锻炼频率和时间都不变的情况下，强度减少1/3就可使心肺适应水平明显下降。因此，在运动强度不变时，适当减少锻炼频率和时间仍可保持较佳的锻炼效果。

（二）增强心肺功能的有效练习方法

1. 综合性练习

它是由几种不同的锻炼内容组成的，如第一天跑步，第二天游泳，第三天骑自行车。综合练习的优点就是避免日复一日进行同一种练习的枯燥感，并且可以防止身体的同一部位的过度使用造成的劳损或伤害。

2. 持续性练习

持续训练是指长时间、长距离、慢节奏和中强度（约70%最大心率）的锻炼，也是一种最受欢迎的心肺训练方法。一次锻炼时间可持续40～60分钟。

3. 间歇性练习

间歇练习是指重复进行强度、时间、距离和间歇时间都较固定的锻炼方法。练习持续的时间各不相同，但一般为 1 ~ 5 分钟。每次练习后有一休息期，休息期的时间和练习时间相等或长于练习时间。

4. 法特莱克（faxtlek）练习

faxtlek 一词来源于瑞典，意思是“速度运动”，是一种与间歇练习相似的长距离跑的锻炼方法，但练习时间与休息时间的比例不固定。法特莱克的锻炼地点比较随意，这可以减少锻炼中的枯燥感。

（三）训练监控

（1）根据自己目前的体能状况和锻炼目标的实施状况等，不断修订调整运动处方，确保锻炼安全，使运动处方更具有科学性和针对性，从而可以达到最佳的健身效果。将锻炼情况填入表 9-2-1。

表 9-2-1　锻炼监控记录

周次	锻炼时间/（分/天）	运动强度/（% 最大心率）	锻炼频率/（天/周）	锻炼方式	备注
1					
2					
3					
4					
5					

（2）在表 9-2-2 的心率一栏中填写每次锻炼时不同时间的心率，在备注栏中填写天气、感觉等，这有助于了解自己心肺适应水平的提高情况，从而坚定自己坚持锻炼的决心和信心。

表 9-2-2　锻炼情况记录

日期	锻炼方式	准备活动时间	锻炼时间	整理活动时间	心率	备注

二、肌肉训练方法

1. 动静结合法

把动力练习和静力练习有机地结合起来，先动后静。先做动力练习至极限，而后固定在需要锻炼部位的角度上静止用力6~8秒，可练2~4组。

例加：动静结合的弯举（发展肱一头肌），先用60%~70%的重量做6~8次，而后固定肘关节使上臂和前臂的夹角呈90°，坚持6~8秒，做2~4组。

2. 克制退让结合法

用动力练习重复5~6次，做不起来后再做2~3次退让性工作。这样的结合能使肌肉得到更深的刺激。

3. 先衰竭法

选择想发展的局部肌肉来训练，做6~10次，直到疲劳，使其衰竭，然后在3~5秒之内跑向另一器械，做一个以发展这块肌肉为主的综合肌肉群练习，用79%重量做到极限，这样交替训练4组左右，肌肉会感受到极大的刺激。据研究，这样能有效地刺激肌肉生长，促进其发育。

4. 先疲劳再重复法

先做综合肌肉群练习，再做局部肌肉群练习。如至少有四块肌肉参与的卧推，主要练习部分是胸大肌，肱三头肌在最大用力时并未最大限度地参与用力。根据先疲劳再重复的原则，首先练卧推（采用超组数法），然后卧在板凳上持哑铃做飞鸟练习。

5. 连续减重法

开始用较重的重量做到极限（8~10次），紧接着由同伴减低重量后再做到极限（4~6次），由同伴将重量再减小，再重复做到极限（4次左右）。如此连续做3组左右，使肌肉极度紧张，得到最大的刺激。

例如：仰卧推举（卧推）（80千克+70千克+60千克）/（8次+4次+4次）为一大组；站立弯举（35千克+30千克+25千克）/（12次+6次4次）为一大组。

6. 连续加重法

先用轻重量做某一动作，轻松地完成练习后，紧接加重练习使肌肉有所感觉，再加重做练习，一直到起不来为止。这种不断加强度、加深刺激的方式的方法，能提高肌肉的分离度。

三、提高柔韧性的方法

现代职场工作压力大，柔韧性的练习不需要大的运动量，没有场地器材的严格限制，并且能在各种场合进行，因此柔韧性练习在职业身体锻炼中受到广泛青睐。通常来说，女性比男性的柔韧性好，孩子的柔韧性比成年人有更强的可塑性。一个关心自己的柔韧性、健康、相貌及运动水平的人，无论男女，每天至少需要10~15分钟的柔韧性练习。如果能坚持不懈，每周3~4次，将会逐渐地增强关节和肌肉的灵活性，如能每天坚持练习，进步的速度要快4~5倍。

1. 正压腿

在压腿的几种方法里，正压腿是基础，也是练习者感到吃力的方法。初练者常存在以下问题：低头、弯腰，急于用头碰脚，胸部和腿之间出现较大空当，站不稳，甚至出现腿部韧带受伤。要解决以上问题，压腿时需注意：① 规范动作，分步进行；② 由轻到重，由低到高；③ 先拉后压，由近及远；④ 意志坚强，持之以恒；⑤ 压腿前要做好准备活动。

2. 正踢腿

踢腿是腿部柔韧性训练最为重要的一步，踢腿时常出现以下问题：重心不稳甚至摔倒，支撑腿脚跟抬起或支撑腿膝部弯曲，弯腰凸背。要解决上述问题，踢腿时需注意：① 起腿要轻；② 踢时要快；③ 落腿应稳。

四、神经肌肉放送方法

（一）放松训练

放松练习是以一定的暗示语提示集中注意力，调节呼吸，使肌肉得到充分放松，从而调节中枢神经系统兴奋性的方法。它能降低中枢神经系统的兴奋性，降低由情绪紧张而产生的过多能量消耗，使身心得到适当休息并加速疲劳的恢复。

一般要求将注意力高度集中于自我暗示语上；需要清晰、逼真地想象带有情绪色彩的形象；能够清晰知觉肌肉不同程度的紧张状态，从极度紧张到极度放松；进行深沉而缓慢的腹式呼吸。

1. 准备姿势

（1）马车夫式

想象一位车夫从容地坐在椅子或凳子上，头微微向前，手和胳膊轻松地放在大腿上，两腿取较舒适的姿势，脚尖微微朝外，闭上双眼。

（2）软椅式

舒适地坐上一张软椅上，胳膊和手放在椅子的扶手或者自己的腿上，双腿和脚取舒适的姿势，脚尖略向外，闭上双眼。

（3）躺式

仰面躺下，头舒服地靠在枕上，两臂微微弯曲，手心向下放在身体两旁，两腿放松，稍分开，脚尖略朝外，闭上双眼。

2. 注意事项

不要骤然停止练习，每做完一遍练习，睁开眼睛，逐渐地开始活动。伸展一下四肢，活动一下关节，抛掉沉重然后从事正常活动。

在重复自我暗示语时，要精力集中和带有感情，使暗示语融化到自己的意识中去，一边默念句子，一边想象。沉重感和热感练习往往能使人处于舒服的昏昏欲睡的状态。这种方法能使人进入放松的精神状态，当紧张消除后，人的头脑应当更加灵敏。

（二）肌肉放松

首先找一个安静的房间，找一张有靠背的椅子。坐的时候采取最自然轻松的姿势，让上半身的重量都置于臀部，两脚的重量平均置于脚掌上，两手自然摆于大腿内侧，然后轻闭双眼。

1. 练习步骤

（1）将两手抬到水平位置，用力向前伸直，用力握紧拳头，逐次用力后再放松，把两手慢慢放回大腿内侧，然后感受肌肉放松的情形。

（2）把额头往上扬，拉紧额头的肌肉，也是逐次用力再放松。

（3）将眉头往中间拉紧，鼻子和嘴也往中间拉紧，形成鼻子和嘴都撅起来的情形，逐次用力后放松。

（4）咬牙的动作，用力咬紧牙齿，亦是逐渐用力后放松。

（5）用力张开嘴巴，再把舌头用力抵住下面的门牙约10秒，逐步用力后放松。

（6）要把身体坐正，低头把下巴抵住前胸，两手向后用力，使胸膛挺出来，也是先用力后放松。放松时要回复原来坐姿，做两次深深的深呼吸。

（7）向后弯腰，将身子坐正。（6）（7）两个步骤放松时要恢复原来坐姿，做两次深深的深呼吸。

（8）最后一个动作是将两脚抬到水平位置，脚尖向下压，拉紧腿部的肌肉，再逐渐放松。

（9）持续整个身体放松的状态5~10分钟。

2. 注意事项

（1）最好每天练习1~2次，每次10~20分钟。

（2）最好选择空闲时间练习，以便减少干扰。

（3）环境要清静，周边最好不要太亮，也不要全黑，如阴雨天一般的光线最适合。

（4）最好穿宽松的衣服练习，如运动服、睡衣等。

（5）练习时小心不要吹到风受凉。

（6）练习时闭眼可去除视觉的干扰。

3. 呼吸放松法

操作要领（按次序）：安静，让心静下来；用鼻孔慢慢地吸气，想象“气从口腔顺着气管进入腹部”，腹部随着吸入的气的不断增加，慢慢地鼓起来；吸足气后，稍微屏息一下，想象“吸入的氧气与血管里的浊气进行交换”；用口和鼻同时将气从腹中慢慢地自然吐出，腹部慢慢地瘪下去；睁眼，恢复原状。

如要连续做，可以保持入静状态，重复呼吸。这种呼吸方式称为腹式呼吸。呼吸放松的特点是见效快。在紧张时，只要进行深呼吸2~3次，就可以起到放松的作用。

4. 肌肉放松法

（1）头部放松：用力皱紧眉头，保持5秒，然后放松：用力闭紧双眼，保持5秒，然后放松；皱起鼻子和脸颊部肌肉，保持5秒，然后放松；用舌头抵住下颚的门牙，口尽量张开，头向后抬，保持5秒后放松。

（2）颈部肌肉放松：将头用力下弯，努力使下巴抵胸部，保持5秒。

（3）肩部肌肉放松：将双臂平放体侧，尽量提升双肩向上，保持5秒，然后放松。

（4）臂部肌肉放松：将掌心向上平放在座椅扶手上，握紧拳头，使双手及前臂肌肉保持紧张5秒，然后放松；侧平举张开双臂做扩胸状，体会臂部的紧张感5秒，然后放松。

（5）胸部肌肉放松：将双肩向前收，使胸部四阔的肌肉紧张，保持5秒，然后放松。

（6）背部肌肉放松：将双肩用力往后扩，体会背部肌肉的紧张感5秒，然后放松；向后用力弯曲背部，努力使胸部挺起，挤压背部肌肉5秒，然后放松。

（7）腹部肌肉放松：尽量收紧腹部，保持收腹5秒，然后放松。

（8）臀部肌肉放松：夹紧臀部肌肉，收紧肛门，使之保持紧张5秒，然后放松。

（9）腿部肌肉放松：缠紧双腿，伸直上抬，腿离地面20厘米，保持5秒，然后放松。

（10）脚趾肌肉放松：将脚趾慢慢向上弯曲，仿佛用力抓地，保持5秒，然后放松；将脚趾慢慢向上翘，保持紧张5秒，然后放松。

以上从头到脚10个部分的肌肉放松连续完成，所有动作应熟练掌握到能连续完成，并且在各种情境下都能自如运用。建议在早晨醒来后和夜晚临睡前各做一遍，或者在感到焦虑紧张时做一遍。

第三节 体适能的测定与评价

一、健康储能的四大要素

良好的健康相关性体能，可让身体应付日常工作和余暇活动及突发事情。换言之，培养、提高这方面的体能主要是为了使身体更加健康，工作能力更强，生活更积极，生命更有价值，寿命更长久。健康体能和心、肺及肌肉的表现有关，受年龄、性别、遗传、习惯运动量的影响，健康体能也会影响心理及情绪，健康体能是一种身体特质，需要适度规律运动来提升。健康体能包括四大要素：

（1）身体组成。人体是由脂肪及非脂肪组织（如肌肉、骨骼、水与其他脏器）组成，保持理想体重对维持适当的身体组成很有帮助。

（2）肌力与肌耐力。肌力是肌肉所能产生的最大力量，肌耐力是肌肉持续收缩的能力，良好的肌力与肌耐力可以维持正确的姿势与增进工作的效率；肌力与肌耐力不好的人较容易产生肌肉疲劳与酸痛的现象。

（3）心肺耐力。心肺耐力是身体在活动时能持续地吸收与利用氧气的能力，涉及的范围包括心、肺、血管和血液等，是全身性运动持久能力的指针。拥有良好心肺耐力的人，能比别人更有效地完成日常活动，而不容易感到疲劳。

（4）柔韧性。柔韧性是关节的最大活动范围，使四肢和躯干伸展而不会感到疼痛的一种能力，影响因素有：骨骼、关节结构与关节周围的肌肉、脂肪、皮肤与结缔组织。具有良好柔韧性的人，肢体的活动范围较大，肌肉不易拉伤，关节也较不易扭伤。若柔韧性不好，则容易造成姿势不良的问题，如下背痛及肩颈疼痛等。不常运动是造成柔韧性降低的主要原因。

二、体适能的分类

（一）心肺适能

1．心肺适能的定义

心肺适能是健康体适能最重要的组成成分之一，它反映由心脏、血液、血管和肺组成的呼吸与血液循环系统向肌肉运送氧气和能量物质，维持机体从事运动的能力。

2．心肺适能的影响因素

（1）生理学因素。心肺适能是人体呼吸、血液和循环系统功能的综合表现。心脏功能是影响心血管适能的最主要生理学因素。心脏作为心血管系统的动力器官，其主要生理功能是收缩射血推动全身的血液循环，以适应体力活动和其他生命活动的需要。

人体运动等各种活动所需要的氧气和营养物质及新陈代谢产生的二氧化碳气体等代谢产物，都离不开肺与组织的呼吸及血液的运输作用。

（2）遗传。遗传是影响心血管适能的重要因素。

（3）年龄和性别。发育过程中最大摄氧量的绝对值（升/分钟）随年龄增长而增加，男子约 16 岁达到顶峰，女子约 14 岁达到顶峰。14 岁时，男女最大摄氧量约为 25%，16 岁时高达 50%。男性在 6～16 岁期间最大摄氧量稳定，而女性则骤降，这一差距可能与女性体内脂肪贮量随年龄增长而增加有关。25 岁以后，最大摄氧量以每年约 3% 的速度递减，55 岁时最大摄氧量较 20 岁时平均减少约 27%。然而，也有研究指出，30 岁以后，活动少的人最大摄氧量每 10 年降低 8%～10%，而活动多的人，每 10 年只下降 4%～5%。长期坚持耐力运动者，每 10 年甚至只降 1%～2%。女子最大摄氧量较男子小，这与女子心肺功能不如男子、血红蛋白含量低于男子及体脂含量多于男子等因素有关。

（4）体育锻炼。经常进行体育锻炼，可以使人体心血管系统的形态、机能和调节能力产生良好的适应，从而提高人体的工作能力。

（二）肌肉适能

1. 肌肉适能的定义

肌肉适能主要是指肌力与肌耐力。肌力是指肌肉对抗某种阻力时所发出的力量，一般而言是肌肉在一次收缩时所能产生的最大力量。肌耐力是指肌肉维持使用某种肌力时，能持续用力的时间或反复次数。

2. 肌肉适能的影响因素

① 肌肉围度；② 脂肪厚度；③ 神经受纳器（高尔肌腱器）与中枢神经系统的抑制；④ 体育锻炼。

（三）柔韧适能

1. 柔韧适能的定义

柔韧适能即柔韧性，是指人体关节活动幅度及关节韧带、肌腱、肌肉、皮肤和其他组织的弹性和伸展能力，即关节和关节系统的活动范围。柔韧性可以分为主动柔韧性和被动柔韧性。

2. 柔韧适能的影响因素

影响柔韧性即关节活动范围的因素有：关节骨结构，关节周围组织的体积，韧带、肌腱、肌肉和皮肤的伸展性。其中，最后一项对提高柔韧性关系最大。

（四）身体成分

1. 身体成分适能的定义

身体成分适能指的是人体中脂肪组织及非脂肪组织的含量，及其在人体总体重中所占的百分比。通常状况下，人的身体主要是由水、蛋白质、脂肪、无机物四种成分构成。普通成年人的正常比例：水占 55%，蛋白质占 20%，体脂肪占 20%，无机物占

5%。也可以说，这是实现人身体成分均衡和维持身体健康状况的一个基本的条件。

2. 身体成分适能的影响因素

身体成分与身高、体重、性别、年龄有一定的关系。

三、职业体适能测定方法与评价标准

（一）心肺适能

1. 心肺耐力的评估——台阶实验

台阶实验是以登台阶运动3分钟后的心跳恢复能力来了解受测者的心肺耐力。台阶高度：男30厘米、女25厘米，以每分钟120拍速度上下阶梯30次（4拍上下一次），持续3分钟。测试受试者运动停止后1～1.5分钟、2～2.5分钟、3～3.5分钟的三次脉搏数，并代入计算公式计算台阶指数。台阶指数越高表示心肺耐力越好。正常数值为56～61，高于此值表明心功能较好，反之则差。具体评分标准见表9-3-1。

表9-3-1　台阶指数评分标准

性别	年龄	1分	2分	3分	4分	5分
男	20～25	41	41～49	50～70	71～79	79
	26～30	40	40～49	50～69	70～78	78
	31～40	39	39～49	50～68	69～78	78
	40～50	38	38～49	50～68	69～79	79
	51～60	36	36～47	48～68	69～79	79
女	20～25	39	39～49	50～69	70～78	78
	26～30	39	39～48	49～69	70～78	78
	31～40	38	38～48	49～68	69～78	78
	41～50	36	36～46	47～67	68～79	79
	51～60	34	34～45	46～66	67～78	78

2. 心肺耐力的评价——12分钟跑

“12分钟跑”是一种评定心肺耐力的方法。心脏和肺是人体健康的命脉，长跑时，要求充分发挥心肺功能，人体要不断地吸入氧气，而这些氧气要不断地通过心血管循环运输到肌肉来供能，长跑是最能反映心肺功能的指标，因此一位美国科学家库帕设计出了“12分钟跑”，它比听诊器和心电图更为方便、可靠，被许多医生称为“不花钱的心电图”。

（二）肌肉适能

1. 肌力评价——握力

具体评分标准见表9-3-2。

表 9-3-2 握力评分标准

性别	年龄	1 分	2 分	3 分	4 分	5 分
男	20 ~ 24	29.6 ~ 36.9	37.0 ~ 43.5	43.6 ~ 49.2	49.3 ~ 56.3	>56.3
	25 ~ 29	32.6 ~ 38.3	38.4 ~ 44.8	44.9 ~ 50.4	50.5 ~ 57.6	>57.6
	30 ~ 34	32.2 ~ 38.0	38.1 ~ 44.9	45.0 ~ 50.6	50.7 ~ 57.6	>57.6
	35 ~ 39	31.3 ~ 37.2	37.3 ~ 44.4	44.5 ~ 50.2	50.3 ~ 57.7	>57.7
	40 ~ 44	30.0 ~ 36.4	36.5 ~ 43.4	43.5 ~ 49.5	49.6 ~ 56.7	>56.7
	45 ~ 49	29.9 ~ 35.5	35.5 ~ 42.4	42.5 ~ 48.5	48.6 ~ 55.4	>55.4
	50 ~ 54	31.5 ~ 45.8	45.9 ~ 53.5	53.6 ~ 59.9	60.0 ~ 69.7	>69.7
	55 ~ 59	25.9 ~ 31.4	31.5 ~ 38.5	38.6 ~ 43.9	44.0 ~ 50.7	>50.7
	60 ~ 64	21.5 ~ 26.9	27.0 ~ 34.4	34.5 ~ 40.4	40.5 ~ 47.5	>47.5
	65 ~ 69	21.0 ~ 24.9	25.0 ~ 32.0	32.1 ~ 38.1	38.2 ~ 44.8	>44.8
女	20 ~ 24	18.6 ~ 21.1	21.2 ~ 25.7	25.8 ~ 29.8	29.9 ~ 35.0	>35.0
	25 ~ 29	19.2 ~ 21.7	21.8 ~ 26.1	26.2 ~ 30.1	30.2 ~ 35.3	>35.3
	30 ~ 34	19.8 ~ 22.3	22.4 ~ 26.9	27.0 ~ 30.9	31.0 ~ 36.1	>36.1
	35 ~ 39	19.6 ~ 22.3	22.4 ~ 27.0	27.1 ~ 31.2	31.3 ~ 36.4	>36.4
	40 ~ 44	19.1 ~ 22.0	22.1 ~ 26.9	27.0 ~ 31.0	31.1 ~ 36.5	>36.5
	45 ~ 49	18.1 ~ 21.2	21.3 ~ 26.0	26.1 ~ 30.3	30.4 ~ 35.7	>35.7
	50 ~ 54	17.1 ~ 20.1	20.2 ~ 24.8	24.9 ~ 28.9	29.0 ~ 34.2	>34.2
	55 ~ 59	16.3 ~ 19.2	19.3 ~ 23.5	23.6 ~ 27.6	27.7 ~ 32.7	>32.7
	60 ~ 64	14.9 ~ 17.1	17.2 ~ 21.4	21.5 ~ 25.5	25.6 ~ 30.4	>30.4
	65 ~ 69	13.8 ~ 16.2	16.3 ~ 20.3	20.4 ~ 24.3	24.4 ~ 29.7	>29.7

2. 纵跳

纵跳能力指原地垂直起跳后测得的离地净距离。

3. 肌耐力的评价——俯卧撑和仰卧起坐

锻炼腹肌或臂部，有利于下背疼痛的防范。一分钟仰卧起坐的多少主要反映腹部肌群的力量与耐力。俯卧撑不仅反映臂力与臂耐力，还反映腹肌力量与耐力，在反映肌肉力量方面更全面。

做仰卧起坐时，两肘关节触及或超过双膝为完成一次，仰卧时两肩胛必须触垫。

做俯卧撑时，两手按地，两指间距与肩同宽，两腿向后伸直；屈臂，使身体平直下降，肩、肘保持同一平面，躯干、臀部和下肢者要挺直；撑起后稳步恢复到原姿势，为完成一次。值得注意的是，俯卧撑项目不适合尚处于生长发育阶段的少年儿童，也不适合 50 岁后的中年人，它在女性肌力中也不具代表性。俯卧撑尤其能增强上肢、肩带和胸大肌的力量。连续次数多时对心血管系统等均有较大的促进作用，是延缓衰老、保持体能的好方法。

4. 腿部柔韧性测试

在进行测定时，要注意两点：① 做好准备运动，防止受伤；② 测试时动作应保持缓慢，而不是快速的爆发运动。良好的柔韧性可使我们在日常活动与运动锻炼中避免损伤。

测试方法：测试时，上体垂直坐着，两腿伸直，脚跟并拢，两臂和手伸直，渐渐使上体前屈，并尽可能地用两手手指指尖轻轻地推动标尺上的游标向前滑动，直至手不能继续前移为止，保持这一姿势3秒，测3次取最好成绩。评分标准见表9-3-3。

表9-3-3　腿部柔韧性评分标准　　厘米

性别	年龄	1分	2分	3分	4分	5分
男	18~30	<3	3~7	8~18	19~22	>22
	31~40	<-1	-1~4	5~14	14~19	>19
	41~50	<-3	-3~1	1~11	11~16	>16
	51~60	<-6	-6~1	~1~9	9~14	>14
女	18~30	<3	3~8	9~17	18~21	>21
	31~40	<1	1~7	8~14	15~19	>19
	41~50	<0	0~5	6~13	14~18	>18
	51~60	<-1	-1~4	5~11	12~16	>16

5．肩部柔韧性测试（摸背实验）

摸背实验反映肩关节的活动幅度，间接反映全身肌肉、韧带的弹性。

测试方法：站直后，举起右手，前臂向体后下方弯曲，并尽量向下伸展，同时，用左手在体后去触及右手，尽可能使两手手指重叠，换左手在上，右手在下测另一侧。记录两手手指所重合的距离就是肩部柔韧性实验的得分（单位：厘米）。注意测量手指重合距离时根据评价表取上一档近似值。评价标准：两手重合得越多，柔韧性越好。

（三）身体成分

常用体重指数（BMI）来衡量人体的身体成分。BMI是用体重千克数除以身高米数平方得出的数字，是目前国际上常用的衡量人体胖瘦程度及是否健康的一个标准，主要用于统计用途（见表9-3-4）。当我们需要比较及分析一个人的体重对于不同高度的人所带来的健康影响时，BMI值是一个中立而可靠的指标。

$$体质指数（BMI）=体重（千克）/身高^2$$

表9-3-4　BMI值

性别	过轻	适中	过重	肥胖	非常肥胖
男性	<20	20~24.9	25~29.9	30~35	>35
女性	<19	19~23.9	24~28.9	29~34	>34

第十章　站立型岗位职业特点及锻炼方法

第一节　站立型岗位职业特点

一、站立型岗位职业分布特征

根据《职业分类标准》，站立型岗位主要集中在第四、五、六、七类人员中，他们大多长时间在站立过程中从事体力劳动，如商业工作人员、服务性工作人员、农林牧渔劳动者、生产工作运输工作和部分体力劳动者等。该工作对责任心的要求相对较高，工作环节要求细致严密，服务敏感性强，从业人员必须精神饱满、情绪稳定，有较强的自我控制能力和排除干扰能力，有比较强的应变能力。例如，餐饮、宾馆前台人员等是必须站姿的从业人员，他们的表现将体现所在单位的形象和精神面貌，因此必须笑脸相迎、服务热忱，但久而久之，就会造成情绪资源的枯竭，以及职业倦怠。

二、站立型岗位职业身体活动特征

站立型职业主要以体力劳动为主，心理负荷相对较小。

身体长期处于站立姿态，对于下肢和腰腹肌的力量、耐力及协调平衡能力有比较高的要求。站姿是一种静力性工作，直立体位时，因血液重力的流体静力学作用，血液会滞留在心脏水平以下的血管中，由于静脉管壁较薄、易于扩张，容积大为增加，滞留了大量血液，致使静脉回流量下降，易疲劳，影响下肢的回心血流。因此，站立时间长、血液回心受阻而出现脚背浮肿、趾关节或静脉曲张等症状。发病工龄一般为6~8年，妇女更易发生。位于心脏以上部位的颈、脑部也易血液供给不足，从而出现头晕、头痛等症状。

第二节　站立型岗位职业体能训练路径与方法

站立型岗位从业人员在体能锻炼中应以发展下肢和腰腹部的力量为主，并练习一些形体操、健美操，使之形成合理的站立姿势与优美的体形。同时还可考虑开设野外求生训练、攀岩、自行车运动等项目，这对发展下肢、腰腹部力量，改善身体的平衡能力和灵敏素质都具有良好的效果。

一、力量练习

（一）腿部肌肉的训练方法

1. 负重深蹲

主要作用：发展股四头肌、臀大肌、下背肌群和小腿肌等。

动作要领：两脚开立，与肩同宽，脚尖稍向外分开，肩负杠铃，挺胸立腰，略抬头，然后两腿下蹲至最低点，紧接着股四头肌用力将两腿蹲起还原。

注意事项：蹲起时始终保持挺胸收腹，立腰，杠铃运行路线应是直上直下，切勿在蹲起时把臀部先抬起，这样会使杠铃重心前移，增加颈部与腰背肌的负担，影响练习效果。如在深蹲过程中感到很难掌握身体重心平衡，可在两脚跟下垫一块 5 厘米左右厚的木板练习。

2. 提踵

提踵动作就是抬起后脚跟，它是发展小腿腓肠肌和比目鱼肌的主要手段。其方法有站立、坐姿和骑人三种。

主要作用：发展腓肠肌和比目鱼肌。

（1）负重提踵（见图 10-2-1）

动作要领：两脚的前脚掌站立在垫木上，双手持杠铃于肩上，然后反复做提踵动作；也可以在特制的站立提踵架上进行练习。

图 10-2-1　负重提踵

（2）坐姿提踵

动作要领：坐姿提踵的方法很简单，坐在凳上，双手将杠铃或其他重物置于大腿前端（勿使其滑动），两手握杠，前脚掌踏于 10 厘米厚的木板上，脚跟露出木板，提起脚跟，使小腿三头肌极力绷紧，稍停，脚跟下落至低于木板面，直至不能再低为止，然后重复练习。提起脚跟时吸气，落下脚跟使呼气。另外坐在专练小腿肌的提踵架上练习，效果一样。

（3）骑人提踵

动作要领：骑人提踵需由两个人合作完成。练习者站在垫木上，上体前屈与地面平行，两臂伸直撑在凳子或固定物上，同伴骑在其臀部后端，两人轮流练习，练习者反复做提踵动作。

注意事项：练习时要匀速进行，膝关节保持伸直，用力意识集中在小腿三头肌上。

3. 负重半蹲

主要作用：发展股后肌群及股四头肌的外、内侧肌。

动作要领：基本上同负重深蹲，大腿屈膝下蹲至水平面，然后伸腿起立。重重量半蹲时可憋气进行，轻重量时自然呼吸。

注意事项：身体直上直下，挺胸直腰，紧腰，两脚站距与肩同宽或稍窄，半蹲时两膝关节要向两侧分腿，也可以做静力半蹲或全蹲。

4. 剪蹲（见图 10-2-2）

主要作用：发展股四头肌前半部、髂腰肌。

动作要领：直立，立背抬头，两手握杠置于颈后肩上，两脚间距与肩同宽，向前跨一大步，形同箭步，大腿与地面平行，后腿伸直，然后还原至直立姿势。练习时两腿交替重复练习，自然呼吸。

注意事项：练习时收腹，保持身体上下移动，忌身体前倾后仰。

图 10-2-2 剪蹲

5. 俯卧伸腿

主要作用：主要发展股二头肌的力量。

动作要领：身体俯卧在凳上，使膝盖正好抵住凳子边缘。两腿伸直脚跟紧贴于托棍的下缘，两脚踝关节勾住重物，双手握住凳的前端，使小腿向上弯起收紧，大腿始终贴紧凳面，保持静止状态 2 ~ 3 秒，然后慢慢还原，练习中小腿向上弯起时用鼻子吸气，还原时用嘴呼气。

注意事项：小腿向上弯起时要快，还原时缓慢。

6. 坐伸腿

主要作用：发展股四头肌的力量。

动作要领：坐在装有伸腿架的卧推凳上，两脚背面分别紧贴下托棍的下缘，两腿屈，双踝勾重物，双手握住凳的两边，使上体挺直，用股四头肌的收缩力慢慢使两腿伸直，保持静止收缩状态 2 ~ 3 秒，然后慢慢还原。

注意事项：练习时，背部始终要紧贴靠板，腿做屈伸动作时，要充分伸直，这是发展腿部股四头肌前束力量的一种有效办法。

7. 负重蹲跳

主要作用：发展弹跳能力。

动作要领：颈后肩上负重或穿沙衣、绑沙护腿，两手持杠铃，自然呼吸，做半蹲或全蹲跳动作。

注意事项：练习过程中要挺胸直腰，保持腰部紧张，半蹲跳时，下蹲两脚站距要比肩宽。全蹲跳时，两脚站距要比肩窄。两膝要向两侧外分，不要向前，以免损伤膝部。

8. 蛙跳

主要作用：锻炼股直肌、大腿肌肉和髋关节力量。

动作要领：两脚分开成半蹲，上体稍前倾，两臂在体侧成预备姿势，两臂预摆，两腿用力蹬伸，髋、膝、踝三个关节充分伸直，两臂迅速前摆，带动身体向前上方跳起，全脚掌落地屈膝缓冲，两臂成预摆姿势。练习时，每次进行 3～4 组，每组连续跳跃 5～7 次。另外一种练习方法是手背握，两腿下蹲像青蛙一样连续跳跃 20～30 米。

注意事项：双臂引摆身体，膝踝关节充分蹬伸。

（二）腰腹部肌肉的训练方法

1. 悬垂屈腿举腿

主要作用：发展腰腹肌力量。

动作要领：两手与肩同宽，正握单杠（或肋木），两腿并拢，身体悬垂，然后两腿屈膝向上收腹，使大腿靠近胸部，接着慢慢放腿还原。

注意事项：练习时身体前后摆动不可以太大，缩起小腿时要尽力把双膝向上提升，以腰腹肌的力量完成整个动作。

2. 悬垂直腿上举

主要作用：发展腰腹肌力量。

动作要领：两手与肩同宽，正握单杠（或肋木），两腿并拢，身体悬垂，然后两腿直腿向上举，使大腿靠近胸部，接着慢慢放腿还原。

注意事项：身体正直，以腰腹肌的力量完成平举和下放。

3. 屈膝仰卧起坐

主要作用：练习腹直肌（上腹）。

动作要领：仰卧在地上或垫子上，两脚并拢伸直（或屈腿），两手贴耳（或双手交叉胸前），然后以上腹部肌群收缩使躯干向上弯起至上体近腿部静止数秒钟，接着上体慢慢后仰还原。

注意事项：当屈体收腹时，下背部应紧贴地面。

提示：仰卧起坐如能准确做 20 次以上，可在颈后负重或头低脚高的斜板上做仰卧起坐练习，也可将两腿搁在凳上做仰卧起坐。

4. 仰卧举腿

主要作用：锻炼中、上腹肌。

动作要领：起始坐姿，仰卧于平垫或斜板上，双手紧握头后方的固定物，全身伸直；动作开始后，收缩腹肌，将保持伸直的双腿向上弯起，通过收腹带动双腿尽量向上伸展，直到最大程度，保持静止状态 1～2 秒，双腿慢慢回落，向上弯起双腿时吸气，回落时呼气。

注意事项：两腿下落时，控制腹肌，缓慢下落；练习过程中，向上提腿时，臀部尽量上提，还原时脚尖绷紧。

5. “两头起”

主要作用：锻炼腹直肌。

动作要领：仰卧平躺于地上，双腿伸直，双手伸直置于头上端，当上举双腿时，上肢同时起坐，双手碰双脚，还原。练习时先吸气后呼气。

注意事项：举腿与身体起坐同时进行，不可成仰卧起坐。

二、柔韧性练习

柔韧性是指人体关节活动幅度的大小，以及跨过关节的韧带、肌腱、肌肉、皮肤及其他组织的弹性和伸展能力。柔韧性包括两个方面的含义：一是关节活动幅度的大小；二是跨过关节的肌肉、肌腱、韧带等软组织的伸展性。

经常做一些柔韧性的运动，比如伸伸胳膊、扭扭腰，可以减少剧烈运动带来的受伤的概率，减轻肌肉酸痛。拉伸运动也有利于塑造良好的体态。尽管如此，保持一个健康自然的体态的关键仍然是平衡不同肌肉群之间的力度和柔韧度。

（一）发展柔韧性练习的方法

1. 静力性伸展运动（个体静态伸展运动）

静力性伸展运动是在一定时间里，局限在一定活动范围内的伸展活动。

2. 动力性伸展运动

动力性伸展运动由一整套大幅度动作组成，比静力性伸展运动强度要大，一般放在静力性伸展运动之后，可为训练或比赛做准备。动力性伸展运动能够刺激某些特殊关节神经系统的活动，通过这些活动，肌肉和关节可为接下来的激烈运动做好热身准备。动力性伸展运动的主要特征是动作剧烈。

3. 被动伸展运动

由一名同伴或一名教练协助运动员来完成。被动伸展一定要掌握必要的技巧，以保证安全。被动伸展运动对于提高运动员的关节活动范围特别有效。协助练习的同伴或教练员必须小心，避免队员受伤。

（二）柔韧性练习的顺序

伸展运动的顺序通常情况下先从中心部位开始，即背部、臀部和大腿后肌群，通过先拉伸这些肌肉能够影响身体其他部位的肌肉群，使全身的灵活性得以发挥到极致。首先拉伸大的肌肉群可以使相对较小的肌肉群灵活性发挥出更大的潜能。

大多数的运动源于身体重心的中心部位（腰和臀部），大腿后群肌也是直接由臀部和腰作用的。在拉伸这些肌肉群之后，就可以进行身体其他部分的伸展运动了。

1. 腰背部柔韧性练习

背部比身体的任何其他部位都更容易劳累，所以，在运动之后进行适当的背部拉伸练习是非常有必要的。

（1）前俯腰

主要作用：练习腰部向前运动的能力和柔韧性。

动作要领：并步站立两腿夹紧直立，两手十指交叉，两臂伸直上举，手心向上。然后上体立腰前俯，两手心尽量向下贴紧地面两膝挺直，髋关节屈紧，腰背部充分伸展。然后双手从脚两侧曲肘抱紧脚后跟，使胸部贴紧双腿，充分伸展腰背部。持续一定时间后再放松起立。还可以在双手触地时向左右侧转腰，用两手心触及两脚外侧的地面，增大腰部伸展时左右转动的柔韧性。

注意事项：两腿直立，挺胸塌腰，充分伸展腰背部，胸部与双腿贴紧。

（2）后甩腰

主要作用：练习腰部向后运动的柔韧性。

动作要领：并步站立，练习时一腿支撑，另一腿向后上直腿摆动，同时两臂伸直，随身体向后屈做向后的摆振动作，使腰背部被充分压紧，腰椎前面充分伸展。

注意事项：后摆腿和上体后屈振摆同时进行；支撑腿，膝伸直。头部和双臂体后屈做协调性后摆助力动作。

（3）腰旋转

主要作用：练习腰部的左右旋转幅度。

动作要领：两脚左右开立略宽于肩，两臂自然垂于体侧以髋关节为轴体前俯，然后以腰为轴，使上体自前向右、向上再向左，做顺时针或逆时针旋转；同时，双臂随上体做顺时针或逆时针的环绕动作，以增加腰部旋转的幅度和力度。

注意事项：尽量增大绕环幅度，速度由慢到快，使腰椎关节完全得到活动、伸展。

2. 腿部柔韧性练习

身体上另一个需要拉伸的部位就是腿，这部分将重点介绍腿部的基本拉伸方法。

（1）正压腿（见图 10-2-3）

主要作用：发展腿部后侧肌肉的柔韧性。

动作要领：面对横木或一定高度的物体站立，一腿提起，把脚跟放在横木上，脚尖勾紧；两手扶按在膝关节外，两腿伸直，腰背挺直髋关节摆正，上体前屈并向前、向下做压振动作。两腿交替进行。

图 10-2-3　正压腿

注意事项：两腿都要伸直，上体向前、向下压振时腰背要直。压振时幅度由小到大，直到能用下颏触及脚尖。

（2）侧压腿（见图10-2-4）

主要作用：发展腿部内侧肌肉的柔韧性。

动作要领：侧对横木或有一定高度的物体，一脚支撑，另一脚抬起，腿跟放在横木上，脚尖勾紧；两腿伸直，腰背保持直立，髋关节对前方，然后上体伸向横木的腿侧倾倒压振。左右腿交替进行。

注意事项：上体保持直立向侧、向下压振；压振幅度逐渐加大，髋关节一直正对前方。

图10-2-4　侧压腿

（3）后压腿

主要作用：发展腿部前侧肌肉的柔韧性。

动作要领：背对横木或有一定高度的物体，一腿支撑，另一腿后举起，脚背放在横木上，腿和脚背都要伸直，上体直立、髋关节正对前方，上体向后仰并做压振动作，左右腿交替进行。

注意事项：两腿伸直，支撑腿直立且全脚着地站稳；挺胸、展髋、腰后屈；后压振幅度逐渐加大。

（4）前压腿

主要作用：发展腿部后侧肌肉和髋关节的柔韧性。

动作要领：一腿屈膝支撑，另一腿向前伸直，脚跟触地，脚尖勾紧上翘，踝关节紧屈；两手抓紧前伸的脚，上体前俯；两臂屈肘，两手用力后拉，同时上体尽力屈髋前俯，用头顶和下颏触及脚尖。略停片刻后上身直起，略放松后接着做下一次。两脚交替进行。

注意事项：挺胸直背，塌腰前俯；挺膝坐膀，屈髋触脚。

（5）仆步压腿

主要作用：练习大腿内侧和髋关节柔韧性。

动作要领：两脚左右开立，左腿屈膝全蹲，全脚着地；右腿挺膝伸直，脚尖内扣，尽量远伸。然后将身体重心从左脚移至右脚，成另一侧的仆步。可一手扶，另一手按另膝，向下压振。亦可两手分别抓住左右脚，做向下压振和左右移换身体重心的动作。

注意事项：挺胸塌腰，下振时逐渐用力，左右移动时要低稳缓慢。开跨沉髋，挺胸下压，使臀部和腿内侧尽量贴近地面移动。

（6）竖叉

主要作用：练习大腿前后侧和臀部柔韧性。

动作要领：两腿前后分开成一条直线，前腿的脚后跟、小腿腓肠肌和大腿后肌群压紧地面，脚尖勾紧上翘，正对上方；后腿的脚背、膝盖和股四头肌压紧地面，脚尖指向正后方；髋关节摆正与两腿垂直，臀部压紧地面。上体正直，可做上体前俯、压紧前腿的前俯压振动作，亦可做上体后屈的向后压振动作，增大动作难度和拉伸幅度，动作幅度由小到大，逐渐用力。

注意事项：挺腰直背，沉髋挺膝；前俯勾脚，后屈伸踝。

（7）横叉

主要作用：练习腿内后侧和胯关节柔韧性。

动作要领：两腿左右一字伸开，两手可辅助支撑；两腿后侧着地，压紧地面，两脚的脚跟着地，两脚尖向左右侧伸展或勾紧，胯充分打开，成一字形。可上体前俯拉长腿后侧肌肉并充分开胯；也可上体向左右侧倒，充分拉长大腿内后侧肌肉并增大胯的活动幅度。

注意事项：挺腰立背，开胯沉髋；挺膝勾脚，前俯倾倒。

第十一章　伏案型岗位特点及锻炼方法

第一节　伏案型岗位职业特点

一、伏案型岗位职业分布特征

根据《专业分类标准》，伏案型岗位主要集中在第一、二、三类人员中，他们都是纯文职人，如公司管理人员、研发人员、文职人员；教师；设计师；财务人员；法官、律师、书记员；警卫行政及内勤人员；编辑；医生、护士；工程师；质检员仓库管理员。

二、伏案型岗位职业身体活动特征

伏案型职业主要以脑力工作为主。伏案型工作容易造成腿脚不灵、颈椎病、腰痛病和坐骨神经痛等职业病，随着竞争的不断升级，人们对时间的概念更加明确，对效率的要求更加苛求，高标准的工作定额、任务指标及各种考评，都容易造成心理超负荷，身体处于透支状态，过度脑力劳动和精神长期紧张容易引起“亚健康”疲劳综合征。在内部管理上要求提供微笑服务、优质服务、文明服务、高效服务，都需要职业人员具有良好的职业特殊身体素质与心理健康水平。

第二节　伏案型岗位职业体能训练路径与方法

一、力量的练习

（一）颈、肩部肌肉群力量练习

1．直立提拉

主要作用：发展三角肌前束、肩侧斜方肌、肱二头肌。

动作要领：两脚开立与肩同宽，上体正直，窄握杠铃，持铃下垂于体前，然后以肩带肌群向上收缩的力量，带动两上臂贴身向上提铃至下颌位置，稍停后慢慢放下还原。

注意事项：拉引杠铃应贴近身体，两肘尽量上抬，高于肩，前臂和手腕下垂。

提示：也可用哑铃进行练习。在办公室可用公文包等替代杠铃或哑铃。

2．站立前平举

主要作用：发展三角肌前束、中束，肱三头肌。

动作要领：两脚开立与肩同宽，上体正直，两手持哑铃下垂于体前，然后两肘微屈，经体前举起于肩稍高，稍停后慢慢放下还原。肘关节微屈，这样有利于二角肌的收缩，此外，举起时上体不要后仰。

提示：也可用杠铃进行练习。在办公室可用公文包等替代杠铃或哑铃。

3. 站立侧平举（见图 11-2-1）

主要作用：发展三角肌中束。

动作要领：两脚开立，与肩同宽，上体正直，两手拳心向前，持哑铃下垂于体侧，然后两肘微屈，两手持铃向两侧上方提起至头部齐高位置，稍停后慢慢放下还原。

注意事项：肘关节微屈，举起时上体不要后仰。

提示：可用拉力器或橡皮条侧平举，也可采用单手进行练习。

图 11-2-1　站立侧平举

4. 俯立飞鸟

主要作用：发展三角肌后束、上背部肌群。

动作要领：两脚开立，略比肩宽，上体前屈与地面平行，挺胸紧腰，两手拳心向前，持铃直臂下垂于腿前，然后两肘微屈，两臂向两侧提举至最高点，稍停后慢慢放下还原。

注意事项：挺胸紧腰，两手持哑铃举起时肘关节微屈。

提示：可用拉力器或橡皮条进行练习，也可采用俯卧飞鸟。

5. 哑铃坐姿颈前推举

主要作用：发展三角肌前束、中束，肱三头肌。

动作要领：坐在凳上，上体正直，挺胸紧腰，两手握哑铃，掌心朝前，屈肘于胸前锁骨和两肩上，然后将哑铃垂直向上推起至两臂伸直，稍停后慢慢放下还原。

注意事项：上推时，上体不要后仰。

提示：可用杠铃进行练习，也可采用站立式，但应避免借助腿部等力量练习而影响锻炼效果。

6. 杠铃坐姿颈后推举

主要作用：发展三角肌中束、后束，斜方肌，肱三头肌，上胸部等。

动作要领：坐在凳上，上体正直，挺胸紧腰，把杠铃置于颈后肩上，两手比中握距略宽握住横杠，然后将杠铃垂直向上推起至两臂伸直，稍停后慢慢放下还原。

注意事项：握距不同，锻炼部位也有所不同，宽握重三角肌，窄握重肱三头肌。

提示：可用哑铃进行练习，也可采用站立式，但应避免借助腿部等力量练习而影响锻炼效果。

7. 杠铃耸肩（见图 11-2-2）

主要作用：发展斜方肌、颈肌、上背肌群。

动作要领：两脚开立，与肩同宽，上体正直，两手握杠同肩宽，持杠铃下垂于体前，双肩放松下垂，然后以斜方肌的收缩力量持杠铃向上，耸起两肩，下落，或做前后旋转。

注意事项：两臂在动作过程中始终不动。

提示：也可用哑铃进行练习。

① ② ③

图 11-2-2 扛铃耸肩

（二）腰背部肌肉群力量练习

1．杠铃俯立划船

（1）杠铃宽握俯立划船

主要作用：发展背阔肌中下部、斜方肌、冈下肌、三角肌后束等。

动作要领：两脚开立，与肩同宽，上体前屈与地面平行，两手直臂下垂，宽握杠铃于腿前，肩关节放松，挺胸塌腰，略抬头，上体不动，然后以背阔肌用力，贴身将杠铃提至小腹位，稍停后慢慢沿原路还原。

提示：杠铃俯立划船根据握距的宽窄，还有中握俯立划船（两手握距同肩宽）和窄握俯立划船（两手握距约 20 厘米）两种，中握俯立划船重点锻炼背阔肌上部肌群，窄握俯立划船锻炼部位同中握俯立划船。

（2）“T”杆杠铃划船

主要作用：发展背阔肌等。

动作要领：挺胸收腹，塌腰，略抬头，杠铃置于两腿之间，两臂伸直，两手靠近杠铃片的横杠一端并握，肩关节放松，上体不动，然后利用背阔肌的收缩力量，提起杠铃的一端至胸腹部，提铃时两上臂贴近体侧，稍停后慢慢放下还原。

注意事项：基本同宽握俯立划船，练习时还可垫高两脚，以加大练习幅度，提高练习效果。

2．哑铃划船

主要作用：发展上背肌。

动作要领：一手握哑铃，拳眼向前，成单侧跪撑，上体前屈与地面平行，单手持铃，肩关节放松下垂，持哑铃一侧的腿伸直支撑地面，然后集中背阔肌收缩用力，把哑铃由腿侧向上提起至肩高度，稍停后慢慢放下还原。一臂练完再练另一臂。

注意事项：当哑铃提起至最高点时，同时使上体稍向另一侧转体，以利于上背部肌群的彻底收缩。

提示：为集中背阔肌的用力，减少两腿和腰背肌群的负担，还可采用杠铃俯卧划船和俯卧拉，以提高锻炼效果。

3．单杠胸前引体向上

主要作用：发展背阔肌、肱二头肌。

动作要领：悬垂正握单杠，两手与肩稍宽，腰部以下放松，两腿可并拢悬垂或两小腿交叉向后弯起，然后集中背阔肌和肱二头肌收缩力量曲肘引体向上到横杠至胸为止，稍停后两臂伸肘缓慢下落还原。

注意事项：在引体向上过程中，使背部的肩胛骨收拢，然后让身体慢慢下落。

提示：做单杠颈后引体向上，即在做引体时将横杠拉至颈后肩部，动作过程和用力特点同胸前引体向上。女子力量较弱，可做仰式引体向上。

4. 俯卧挺身

主要作用：发展竖脊肌、骶棘肌等腰背部肌群。

动作要领：小腹和大腿上部俯卧在山羊或长凳上，两腿向后伸直，固定两脚跟，上体向前慢慢弯曲至下背肌群完全伸展，然后以腰背肌群的收缩力量使上体向上挺起超过水平位，稍停后上体慢慢下降还原。

提示：俯卧挺身也可在垫子上练习。练习过程中两臂伸直或抱于后脑或置于背部，在挺身过程中也可以附加左右转体。此外练习到每组能做 20 次以上时，可以在颈后负杠铃片练习。

5. 俯身弯起

主要作用：发展竖脊肌、骶棘肌等腰背部肌群。

动作要领：两脚自然分开，把杠铃置于颈后肩上，上体保持挺胸腰，下背肌群始终控制住，上体前屈时应慢些，前屈至地面平行，然后以腰背部肌群力量使上体抬起还原。

注意事项：腰背肌始终紧张，挺胸立腰，身体重心略向后移，上体在前屈时速度要缓慢平稳，避免引起腰背扭伤。

6. 直腿硬拉（见图 11-2-3）

主要作用：发展竖脊肌、骶棘肌等腰背部肌群。

动作要领：两脚开立，与肩同宽，两手一正一反握杠，握距略比肩宽，挺胸紧腰，然后直腿用腰背肌群力量慢慢把杠铃拉至全身立状，挺胸向前送髋，稍停后慢慢下降杠铃至开始状态。

注意事项：上体前俯过程中速度要慢，始终要保持挺胸收腹紧腰。

提示：可采用屈膝来做硬拉。

此外，在做引体向上、杠铃耸肩、硬拉等背部动作时可使用助力带，这样有助于集中注意力和使用较大的力量，达到较好的训练效果。

图 11-2-3　直腿硬拉

（三）腿部肌肉群力量练习

1. 深蹲

主要作用：发展股四头肌、臀大肌、下背肌群和小腿肌等。

动作要领：两脚开立与肩同宽，脚尖稍向外分开，肩负杠铃，挺胸立腰，略抬头，然后两腿下蹲至最低点，紧接着股四头肌用力两腿蹲起还原。

注意事项：蹲起时始终保持挺胸收腹，立腰，杠铃运行路线应是直上直下，切勿在蹲起时把臀部先抬起，这样会使杠铃重心前移，增加颈部与腰背肌的负担，影响练习效果。如在深蹲过程中感到很难掌握身体重心平衡，可在两脚跟下垫一块 5 厘米左右厚的木板练习。

2. 半蹲

主要作用：发展股四头肌、臀大肌、背部肌群、小腿肌等。

动作要领：预备姿势同深蹲，然后慢慢屈膝下蹲至大腿与地面平行为止，稍停后两腿用力蹲起还原。

注意事项：动作过程中上体始终保持正直，挺胸收腹，立腰，从下蹲起至前腿即将伸直时，主要是股四头肌用力。

3. 坐姿腿屈伸

主要作用：发展股四头肌。

动作要领：端坐在凳上，小腿下垂，在腿上固定重物（绑沙袋、哑铃片、铁鞋等），然后股头肌用力收缩伸直膝关节，稍停后慢慢屈膝放下小腿还原。

注意事项：动作过程中把脚跟转向内或转向外侧练，使股四头肌得到全面锻炼。

提示：在专用健身器械腿屈伸架上练习更为方便有效。

4. 俯卧腿弯举

主要作用：发展股二头肌。

动作要领：俯卧在长凳或垫上，两腿并拢伸直，两小腿脚跟外套住拉力器（或橡皮条）的一端，另一端固定住，然后肱二头肌使两小腿做屈膝向上弯起，稍停后慢慢伸膝还原。

（四）腕部肌肉群力量练习

1. 站后腕弯带

主要作用：发展前臂肌群。

动作要领：两脚自然开立，两臂下垂背后，与肩同宽握杠，掌心向后，前臂曲肌群收缩，屈腕，然后慢慢放松还原。

2. 坐姿腕弯举

主要作用：发展前臂肌群。

动作要领：坐在凳上，两脚分开与肩同宽着地，上体略前倾，两手掌心向前正握杠铃（或手背向前反握杠铃），屈肘前臂贴住大腿，手腕下垂，然后两腕向上弯起做屈伸动作。

注意事项：在动作过程中，两上臂紧贴体侧，不得前后移动。

提示：可站立做或两手臂固定在凳上练习。

3. 反握弯举

主要作用：发展前臂肌群。

动作要领：两手背向前反握杠铃，上臂靠托于固定斜托板，腰背挺直坐在凳子上，两脚稍开。吸气，持铃向上弯起至肩前，注意手腕与前臂保持水平，不要上下弯动，稍停后慢慢放下还原。

二、颈、肩、腰背肌肉群的调节和放松

长时间办公处于固定坐姿而使肢体特别紧张和疲劳，其中出现较多症状的有“颈肩综合征”（颈肩部肌肉痉挛、紧绷，严重者颈肩部酸痛、头晕眼花）、“握拳手”（手因握笔或鼠标而使屈肌过分紧张）、“腰腿僵”（腰部、腿部僵直、麻木）等。

针对这些状况，向大家推荐一套简单、易学、实用、在座椅上就能做的“12 式拉伸操”。办公每久坐 1 小时后，一定要腾出几分钟在座椅上做一些拉伸运动加以放松和恢复，这会对你的学习和工作有“事半功倍”的帮助。

研究表明，久坐（特别是超过 4 小时以上的久坐）主要会导致颈侧的胸锁乳突肌（尤其是左侧的）、颈背部的斜方肌、腰椎两侧的竖棘肌及大腿后侧的股二头肌（尤其是右侧的）呈现紧张疲劳的状态而导致血循障碍、新陈代谢降低，因此根据这些久坐引起肌肉疲劳的特征，编排了“12 式拉伸操”（注意：每一节动作的拉伸必须尽最大能力做到位，并且在最大幅度处停留 20 秒，保持牵拉，需有酸痛感）。

1. 第 1 式

动作要领：头部向右侧倾，右手扶于头左侧并下压，左手指按压并揉搓右颈侧面。稍停，再轮换另一侧做。

作用：放松颈两侧的肌肉，尤其是放松导致颈部工作负担较大的胸锁乳突肌。

2. 第 2 式

动作要领：两臂前伸，手掌向下直放于桌边上，掌心掌根尽量向前。

作用：放松手掌和前臂部的屈肌群。

3. 第 3 式

动作要领：两臂向后伸直放于椅背上，掌心向下，胸和肩部向前挺伸。

作用：放松胸部和肩前部的肌肉。

4. 第 4 式

动作要领：两臂伸直向上延伸，同时头部尽量后仰。

作用：放松头颈四周和背下侧的肌肉。

5. 第 5 式

姿势要领：左臂平举向右侧屈，掌心向后，同时右臂屈，将左上臂托起，并将左臂尽量向后拉伸。（再轮换另一侧做）

作用：放松后背部的肌肉。

6. 第 6 式

姿势要领：左臂在头后侧屈，同时右手扶于左肘向右拉伸左臂。（再轮换另一侧做）

作用：放松肩下部肌肉。

7. 第 7 式

姿势要领：左大腿抬起放于右大腿上，同时上体左转，左手扶于椅背，右臂自然放于左膝外侧，头向左转。（再轮换另一侧做）

作用：放松腰部及脊柱两侧的肌肉。

8. 第 8 式

姿势要领：左脚放于右膝上，两手扶于左膝且用力下压。（再轮换另一侧做）

作用：放松大腿内侧和后群肌肉。

9. 第 9 式

姿势要领：左腿屈膝上抬，两手交叉相扣扶于左小腿，向后拉伸大腿，大腿尽量贴于胸部。（再轮换另一侧做）

作用：放松大腿后部和臀部的肌肉。

10. 第 10 式

姿势要领：坐于椅边，两膝并拢伸直，脚尖尽量勾起，身体前倾压。

作用：放松小腿后部和大腿后部肌肉。

11. 第 11 式

姿势要领：两手放于背后交叉相握，两臂向上抬起，上身下压尽量靠近腿部。

作用：放松大腿、小腿后部和腰背肌肉。

12. 第 12 式

姿势要领：左腿屈膝，膝盖放于椅上，脚背贴于椅背上沿，同时右腿微屈站立，两手扶于办公桌，向下压腿、压髋。（再轮换另一侧做）

作用：放松髋部和大腿前部。

第十二章　综合型岗位特点及锻炼方法

第一节　综合型岗位职业特点

一、综合型岗位职业分布特征

根据《职业分类标准》，综合型岗位主要集中在第八类不便分类的其他劳动者，他们所从事的工作性质复杂，工作模式不固定，具有一定的变化性。如市场调研员、新闻工作者等。

1. 人员流动的复杂性

综合型岗位职业由于其工作的形式的复杂性，导致其人员的流动较复杂，例如导游、乘务员等，每天流动于不同的地区，工作繁杂，体能消耗大。又比如长期出差在外的采购员，一方面要了解市场行情，另一方面要不断观察市场动态，游走于各类采购市场之间。综合型岗位的人员的流动性还体现在其人员交替的不断变更，例如市场销售人员，适合于刚入行不久，有一定挑战精神的年轻人，但往往这类人群工作的恒定性较差，在从事一定时间的销售行业后会选择其他行业，因此造成这类工作岗位的人员不断更迭。

2. 工作强度大

综合型工作岗位不像站立型和伏案型工作岗位形式单一，而是较为多变，因此这类岗位的工作人员普遍工作强度较大。综合型工作岗位工作的复杂性还体现在实现其自身价值途径的多样性。例如新闻工作者，除了要不断写新闻报道，还要阅读相关书籍，不断提高自身的专业素养，更需要奔波于各地，进行新闻报道。新闻工作者实现自我价值需要多方面能力和经验的全面提升，因此伴随着此类型工作岗位的是繁杂的工作压力和强度。

3. 工作场所、形式不固定

综合型工作岗位的工作形式不拘一格，没有固定的场所。例如市场推广人员，长期游走于各地，以不同的形式推广不同公司或者企业的产品，其工作形式有一定的随机性、自由性。

4. 社会认同度低

由于社会普遍认同稳定、长期恒久性的岗位类型，因此对综合型工作岗位的社会认同度较低。这也直接导致这类型工作人员社会地位偏低，自我认同度也不高，往往作为人们的过渡职业类型。也有部分该类职业属于高收入人群，例如房产推销人员，在市场顶端时期，收入也很可观，但仍然会出现许多社会认同方面的问题，起伏过大的收入特征，会导致该类人群产生多种心理问题。

二、综合型岗位岗位身体活动特征

综合型岗位的工作性质特殊，往往对身体有较高的要求。长期从事复杂的劳动，使机体受到多方面的损伤，需要综合性地进行锻炼。

1. 工作时间、作息不规律

综合型岗位由于其工作特殊性，并不属于求稳型的岗位。因此，该类型往往工作时间和作息不规律。例如警务工作者，往往白天休息、晚上工作或者连续的工作和连续的休息，这使得这类工作人员的身体机能由于生活不规律而产生排斥特性，长期会出现各种各样的生理疾病。

2. 缺少必要的身体锻炼方法

由于繁重的工作量和不规律的作息，综合型工作岗位往往缺乏必要的身体锻炼或者是锻炼方法。例如医护人员，作息时间的恒常性和不规律性，使该类人员很少有进行规律性锻炼的时间和精力，因此，身体机能会逐渐下降。

3. 身体活动负荷低，持续时间长

综合型工作岗位并不属于重体力劳动者，其往往从事负荷较低但时间较长的工作，例如保安，其工作包括岗亭的执勤及定时的巡逻工作，同时包括物业内的杂事，往往负荷量不会太大，但持续时间较长。这类型的工作考验的是人的精力，而并非锻炼身体的机能，因此并不能有效提高其身体健康状况，相反会产生一定的身体疲劳和疾病。

4. 脑力劳动与体力劳动并重

综合型工作岗位综合了脑力和体力工作，更加考验了人们的身体综合耐受能力。例如创业初期的私人企业主，不光要考虑其产品的市场销路、企业的发展出路，还要身体力行地进行一定量的体力劳动。这类人群在体力和脑力支出方面往往超人体所能承受的负荷，极易出现各类身体疾病。

第二节　综合型岗位职业体能训练路径与方法

一、耐力素质训练

（一）有氧耐力练习

1. 有氧耐力概念

有氧耐力是指长时间进行有氧供能的工作能力。负荷强度为人体最大负荷强度的75%～85%，心率一般为140～170次/分。时间最少5分钟，一般在15分钟以上。

2. 练习方法

（1）持续负荷法

持续负荷法是发展有氧耐力的主要方法。其特点是负荷量大，没有间歇。持续负荷法分为速度和变速练习两种。采用持续负荷法练习时，每次负荷时间不少于30分钟，对于一定训练水平的运动员负荷时间可以达到60～120分钟，练习强度可以通过测定心率来计算，心率可控制在150～170次/分。

采用变速练习时，可在练习过程中逐步提高速度，即从较低的强度提高到中等强度。第一个 1/3 的距离可用较低的速度完成，然后将速度提高到稍低于中等强度的水平，最后 1/3 则用中等强度的速度完成。此外，还可以从中等到次最大不断免变换强度。例如，在每 1 ~ 10 分钟的最高强度负荷后，可穿插安排中等强度负荷，以保证机体在下一次提高负荷前稍有调整。采用最大的负荷时，心率可达到 180 次/分，恢复阶段降到 140 次/分。有节奏的波浪形变化的去强度安排有助于进行大负荷练习，并能有效提离心脏和中枢神经系统功能，提高机体在不同情况下的适应能力从而大大提高有氧耐力水平。

（2）间歇练习法

这是一种采用各种强度的重复刺激，并在练习期间按预定计划安排间歇时间，不完全休息的联系方法。这种方法对发展耐力水平非常有效。间歇练习的主要影响因素是有强度、负荷数量、持续时间、间歇时间、休息发生、练习组合等。

强度：短距离或中距离间歇训练心率应达到 170 ~ 180 次/分，长距离间歇练习心率应达到 160 ~ 170 分/次。只有用较大强度才能有效提高心脏功能，提高有氧能力。

负荷数量：负荷数量一般以距离和时间来标识，其基本要求是一次练习负荷数量不要过多。若一次练习负荷数量多，持续时间长，则会导致工作强度下降，不利于心脏功能的提高。

持续时间：练习持续时间可根据练习任务和练习者自身情况确定。每一次练习的持续时间可分别为 15 ~ 90 秒、2 ~ 8 分钟等，在训练中较多的是 60 ~ 90 秒，但整个练习持续时间应尽量延长，保持在半小时以上。只有这样才能提高有氧能力及心脏的潜在功能，有利于意志品质的培养。

间歇时间：为实现对练习者呼吸和心血管系统不间断的刺激，主要以心率来控制间歇时间。其基本要求是在练习者机体尚未完全恢复（心率恢复到 120 ~ 140 次/分）时进行下一次练习。这样可使练习者在积极性休息阶段摄取大量氧气，并使整个练习过程的摄氧量和心搏量都保持在较高的水平。

休息方式：采用轻微的积极性活动休息方式（如慢跑），对肌肉中的毛细血管起到按摩作用，使血液尽快流回心脏，再重新分配到全身，尽快排除机体中堆积的酸性代谢产物，以利于下一次练习。

通过间歇练习法发展有氧耐力一般有两种组织方式：一种是分段练习，即以练习的次数与组数安排练习；另一种以连续间歇方式安排练习。

（二）无氧耐力练习

1. 无氧耐力的定义

无氧耐力是指在缺氧状态下，长时间对肌肉收缩供能的工作能力，常采用短时间、最大用力和短暂休息重复运动的方法进行。大约 1 分钟持续剧烈的运动，如快速的间歇跑、重复跑、400 米跑、对抗性球类比赛等。

2. 无氧耐力的练习方法

（1）间歇练习

间歇练习是发展无氧耐力最常用的练习方法。在发展无氧耐力而进行的间歇练习中，要考虑练习强度、练习时间和间歇时间的组合，要以运动中能产生高浓度的乳酸为依据。因此，练习强度和密度较大，间歇时间较短，练习时间一般应长于 30 秒，以 1 ~2 分钟为宜。以这种练习强度和时间及间歇时间的组合，能最大限度地动用糖酵解系统供能的能力，从而有效地提高无氧耐力。

（2）缺氧练习

缺氧练习是指在憋气或减少吸气的条件下进行练习的方式，其目的是造成体内缺氧，以提高无氧耐力。

二、灵敏性素质训练

（一）提高反应能力的练习

乒乓球是提升反应能力的一种运动。眼睛跟随球的方向和速度，要看准球才出板。乒乓球可以锻炼手臂和腰部力量，锻炼快速反应能力。

（二）利用跳绳进行的反应练习

1. 跳绳基本功

双脚并拢，进行弹跳练习 2 ~3 分钟（弹跳高度为 3 ~5 厘米）。开始跳绳时注意手腕做弧形摆动。初学者先跳 10 ~20 次，休息 1 分钟后，重复跳 10 ~20 次。非初学者可先跳 30 次，休息 1 分钟后，再跳 30 次。

2. 单脚屈膝跳

右腿屈膝，向前抬起。踮起脚尖，单脚跳 10 ~15 次，换左腿重复上述动作，休息 30 秒。每侧各做 2 轮。

3. 分腿合腿跳

先做跳绳准备运动，然后跳绳，跳跃时双脚叉开，着地时双脚并拢，重复动作 15 次。

4. 双臂交叉跳

先做跳绳准备运动，然后双臂交叉跳绳。当绳子在空中时，交叉双臂，当跳过交叉的绳子之后双臂反向恢复原状。

5. 双人跳绳

（1）采取并排站立的姿势。每人用外侧的一只手握住绳柄两人同时用双脚跳绳，然后练习同时用单脚跳绳。

（2）采取一前一后的站立姿势。身高者站在后面，并挥动跳绳。

（三）灵敏性练习

灵敏素质是人体综合能力的反映，受遗传因素影响很大。为了提高灵敏素质，大家应尽可能采用逐渐增加复杂程度的练习方式，也可以通过改变条件、器械、器材等方式增加技术动作的复杂性和难度。同时，还应着重培养和提高自身掌握动作的能力、反应能力、平衡能力、观察能力和节奏感等。

三、心理素质训练

（一）通过体育运动缓解压力

（1）参加一些运动量小、缓和沉稳的运动项目，比如慢跑、打太极拳等，使心情平静下来，然后逐渐过渡到大运动量的运动。如果压力是来源于工作上的，那么就参加一些以集体配合为主的运动，如篮球、排球、足球等，通过这些运动在集体协作、默契配合中享受愉悦、快乐、幸福，使忧烦的心绪得以排解。

（2）变换运动环境。人都有一种求新求异的心理，一旦环境变化就会对缓解压力起到意想不到的效果。比如，经常在室内工作的人，到户外去爬山，到小树林里去跑步，会觉得轻松愉快。

（3）运动前调节心理。运动前调节心理有利于运动中更好地释放压力。比如在安静的地方闭目养神，做几次深呼吸；或对着镜子自我鼓励；或听一曲喜欢的音乐，转移注意力，以达到最好的放松、减压的效果。

（4）不要固定进行某一项体育锻炼，而应多项体育运动交替进行。如果只从事某一项体育运动，则易引起单调感。进行不同内容的体育运动，既能改变情绪，又可扩大视野，在精神上、身体上都会得到好处。

（5）运动后吃碱性食物。一般正常人的体液呈弱碱性。人在体育锻炼后，感到肌肉、关节酸胀和精神疲乏，其主要原因是体内的糖、脂肪、蛋白质被大量分解，在分解过程中，产生乳酸等酸性物质，这些酸性物质刺激人体组织器官使人感到肌肉、关节酸胀和精神疲乏。此时应食用牛奶、豆制品、蔬菜水果等碱性食物，中和体内的酸性成分，缓解疲劳，当然也有利于调节情绪。

（二）工作间隙缓解压力的伸展运动

1. 手臂

（1）双臂后伸高抬

动作要领：直立，将双臂伸到背后，紧握双手，或者双手紧握一条围巾；双臂伸直，尽量抬高，挺胸；保持这个姿势，坚持 30 ~ 45 秒。放松身体，重复上述动作。此动作可以伸展胸、背、臂部。

（2）双臂前伸摇摆

动作要领：直立，十指相扣，将双臂向前伸直，与肩膀保持水平，手掌朝外，双脚不动；身体慢慢向左扭转，双臂伸向正左侧后再向右扭转，一直到双臂伸向身体正右侧后还原，然后重复上述动作。此动作可伸展腰部和上背部。

（3）双手触星星

动作要领：保持直立状态，目视前方，双手手指互握，手臂尽量向上伸展，脚尖尽量踮起，此时肩部在耳朵垂直位置之后，保持 15 秒钟。此动作可让腿、腹、上身同时伸展。

（4）拉伸手臂

动作要领：坐在椅子边缘，上体直立，左手臂折叠在胸前抬起，与肩同高，右手轻轻托住左臂肘部，向内拉，使肘部对准下巴，15 秒钟后还原放松。然后换另一只手臂，重复此动作 3 ~ 5 次。此动作可伸展肩部。

（5）曲肘练习

动作要领：正坐在椅子上，左手的肘部直指天花板，左手指指向右肩胛骨，右手轻轻压在左肘上，15 ~ 30 秒后，还原放松。之后，两手互换重复此动作 3 ~ 5 次。此动作可伸展臂部、胸部和肩部。

2. 上体

(1) 俯身前伸

动作要领：坐在椅子上，两腿分开比臀稍宽；头朝下，身体向前弯曲，同时颈部和身体的其他部位放松；尽量保持此姿势一会儿，具体时间随个体情况而定。然后呼气，使全身放松；吸气，慢慢还原。休息一会儿，重复此动作 1～3 次。此动作可放松上半身。

(2) 侧身运动

动作要领：正坐在椅子上，左手置于大腿上，右手上举，手掌朝上，尽量向上伸直，身体向左压，保持 15～30 秒，放松还原，换成左手重复此动作。此动作可使腰部、胸部充分伸展。

(3) 侧坐转身

动作要领：从侧面坐在椅子上，正视前方，身体的左侧面正对椅子靠背；使双脚和双膝并拢、保持水平；双手抓住椅背上两角；吸气，伸直脊柱；慢慢呼气，同时扭动身体，面向椅子的靠背，注意从脊柱的后背开始扭动，用左手推，用右手拉。重复此动作 3～5 次。放松全身，交换方向后再重复上述动作。此动作可伸展腰部、背部。

3. 腿部

动作要领：将椅子的靠背面向墙壁，身体的左侧朝椅子站立，距椅子 1 步到 1 步半远；将左脚放在椅子上，伸直双臂，抬高肩部，手掌向下，颈部、肩膀和喉咙放松；身体慢慢地左倾，左腿膝盖弯曲，呈直角，右腿拉直，右脚掌贴地，双目正视前方，伸展腰腿，保持此姿势 20～30 秒。放松还原，交换方向重复上述动作 3～5 次。此动作可使全身得到舒展。

参考文献

[1] 田金华. 体育运动与健康促进 [J]. 中国体育科技，2003 (1).

[2] 冯燕. 健美课与大学生心理健康效应研究 [J]. 中国体育科技，2005 (1).

[3] 许国喜. 试论体育教学对学生心理健康的影响 [J]. 武汉体育学院学报，2001 (4).

[4] 刘成海. 体育运动全球化对现代人存在方式的影响 [J]. 四川大学，2004 年.

[5] 季浏，耿培新，腾子敬，等. 体育与健康课程五个领域强调什么 [J]. 中国学校体育，2003 (2).

[6] 李运铭. 对体育与健康 [J]. 宿州教育学院学报，2005 (8).

[7] 李遵. 排舞运动 [J]. 人民体育出版社，2013 (7).

附录一　大学生体质健康测试项目简介

一、身高、体重

受试者身着轻装，赤足，背向立柱以立正姿势站于身高体重测试仪的底板上（两臂自然下垂，足跟靠拢，足尖分开60°），足跟骶骨部及两肩胛区与立柱贴紧，躯干自然挺直，头部正直耳廓上缘与眼眶下缘呈水平位。

测试要求：

（1）受试者必须轻上秤台，以免损坏仪器。

（2）掌握“三点靠立柱”“两点呈水平”的测试姿势要求。

（3）测试时身体勿晃动。

（4）测量身高体重前受试者不得进行剧烈体育活动或体力劳动。

二、肺活量测试技术方法及要求

取已消毒过的肺活量吹嘴一个，插入肺活量仪测量部位。待测量仪发出第一次测量指令后，深吸气，然后尽力吹气，即可测出肺活量水平。等测量仪发出第二次测量指令后，再次深吸气，尽力吹气。仪器自动取最大值作为测量值存入手持终端。

注意事项：

（1）吹气时气流不可中断，一旦中断，仪器便自动记为一次测量的结束。

（2）吹气时，吹嘴要紧靠面部，不可使吹出的气体通过吹嘴与面部之间的空隙溢出，否则影响测量结果。

（3）吹气时不可堵住下端出气孔，否则影响测试结果。

（4）测量结束后的吹嘴应放入桶或盒中集中消毒。

三、1000 m跑（男）、800 m跑（女）与50 m跑

1000 m跑（男）与800 m跑（女）是一项要求学生较长时间保持较高速度行进的项目，是对学生的速度、耐力、协调性、灵敏性、柔韧性和放松能力等要求较高的体能类测试项目。

50 m跑是国家通用的测试项目，通过较短距离的高强度跑测试学生的速度素质。速度素质测试可以反映人体中枢神经系统的技能状态和神经与肌肉的调节机能，也可以综合反映人体的爆发力、灵敏度、反应速度、柔韧性等素质。

注意事项：

受试者至少两人一组进行测试，站立式起跑。当听到“跑”的口令后开始起跑。计时员看到发令旗挥动开表计时，当受试者的躯干部到达终点线垂直面时停止计时。

1000 m跑（男）与800 m跑（女）的测量单位为min和s，不计小数；50 m跑的测量单位为 s，保留 1 位小数。

四、坐位体前屈

受试者两伸直，两脚平蹬测试纵板坐在平地上，两脚分开 10 ~ 15 厘米，上体前屈，两臂伸直前，用两手中指尖逐渐向前推动游标，直到不能前推为止。测试计的脚蹬纵板内沿平面为点，向内为负值，向前为正值。记录以厘米为单位，保留一位小数。测试两次，取最好成绩。

注意事项：

（1）身体前屈，两臂向前推游标时两腿不能弯曲。

（2）受试者应习速向前推动游标，不得突然发力。

五、立定跳远

受试者两脚自然分开站立，站在起跳线后，脚尖不得踩线。两脚原地同时起跳，不得有垫步和连跳动作。

测试要求：

（1）受试者一律穿运动鞋或平底鞋，不得穿硬底皮鞋、高跟鞋、运动钉鞋和凉鞋测试。

（2）每次跳完后，应向前走出测试区域，然后绕回到起跳点。

（3）受测者应将衣服口袋内的物品取出，以防跳远时跌落地面造成物品损坏。

六、引体向上（男）

受试者跳起双手正握杠，两手与肩同宽成直臂悬重。静止后，两臂同时用力引体（身体不能有附加动作），上拉到下颌超过横杠上缘为完成一次。记录引体次数。

注意事项：

（1）受试者应双手正握单杠，待身体静止后开始测试。

（2）引体向上时，身体不得做大的摆动，也不得借助其他附加动作撑起。

七、仰卧起坐（女）

受试者仰卧于垫上，两稍分开，屈膝呈 90°左右，两手指交叉贴于脑后。另一同伴压住其踝关节，以固定下肢。受试者坐起时两肘触及或超过双膝为完成一次。仰卧时两肩胛必须触垫。测试人员发出“开始”口令的同时开表计时，记录 1 分钟内完成次数。1 分钟到时，受试者虽已坐起但肘关节未达到双膝者不计该次数，精确到个位。

注意事项：

（1）如发现受试者借用肘部撑垫或臂部起落的力量起坐时，该次不计数。

（2）测试过程中，观测人员应向受试者报数。

（3）受试者双脚必须放于垫上。

附录二　大学生体质健康标准及测定

一、《国家学生体质健康标准》说明

（1）《国家学生体质健康标准》（以下简称《标准》）是国家学校教育工作的基础性指导文件和教育质量基本标准，是评价学生综合素质、评估学校工作和衡量各地教育发展的重要依据，是《国家体育锻炼标准》在学校的具体实施，适用于全日制普通小学、初中、普通高中、中等职业学校、普通高等学校的学生。

（2）本标准的修订坚持健康第一，落实《国家中长期教育改革和发展规划纲要（2010—2020年）》、《国务院办公厅转发教育部等部门关于进一步加强学校体育工作若干意见的通知》（国办发〔2012〕53号）和《教育部关于印发〈学生体质健康监测评价办法〉等三个文件的通知》（教体艺〔2014〕3号）有关要求，着重提高《标准》应用的信度、效度和区分度，着重强化其教育激励、反馈调整和引导锻炼的功能，着重提高其教育监测和绩效评价的支撑能力。

（3）本标准从身体形态、身体机能和身体素质等方面综合评定学生的体质健康水平，是促进学生体质健康发展、激励学生积极进行身体锻炼的教育手段，是国家学生发展核心素养体系和学业质量标准的重要组成部分，是学生体质健康的个体评价标准。

（4）本标准将适用对象划分为以下组别：小学、初中、高中按每个年级为一组，其中小学为6组、初中为3组、高中为3组。大学一、二年级为一组，三、四年级为一组。

（5）各组别的测试指标均为必测指标。其中，身体形态类中的身高、体重，身体机能类中的肺活量，以及身体素质类中的50米跑、坐位体前屈为各年级学生共性指标。

（6）本标准的学年总分由标准分与附加分之和构成，满分为120分。标准分由各单项指标得分与权重乘积之和组成，满分为100分。附加分根据实测成绩确定，即对成绩超过100分的加分指标进行加分，满分为20分；大学的加分指标为男生引体向上和1000米跑，女生1分钟仰卧起坐和800米跑，各指标加分幅度均为10分。

（7）根据学生学年总分评定等级：90.0分及以上为优秀，80.0～89.9分为良好，60.0～79.9分为及格，59.9分及以下为不及格。

二、大学生体质健康评价指标与权重

《标准》中大学生体质健康的评价指标与权重如表1所示。

表1　大学生体质健康的评价指标与权重

评价指标（测试项目）	权重
身高标准体重	15
肺活量体重指数	15
50米跑	20
坐位体前屈	10
立定跳远	10
引体向上（男）/1分钟仰卧起坐（女）	10
1000米跑（男）/800米跑（女）	20

注：体重指数（BMI）＝体重（千克）/身高^2（米^2）。

三、评分表

（一）单项指标评分表（见表2～表8）

表2　大学生体重指数（BMI）单项评分表　　千克/米^2

等级	单项得分	男生	女生
正常	100	17.9～23.9	17.2～23.9
低体重	80	≤17.8	≤17.1
超重		24.0～27.9	24.0～27.9
肥胖	60	≥28.0	≥28.0

表3　大学生肺活量单项评分表　　毫升

等级	单项得分	男生		女生	
		大一、大二	大三、大四	大一、大二	大三、大四
优秀	100	5040	5140	3400	3450
	95	4920	5020	3350	3400
	90	4800	4900	3300	3350
良好	85	4550	4650	3150	3200
	80	4300	4400	3000	3050

续表

等级	单项得分	男生		女生	
		大一、大二	大三、大四	大一、大二	大三、大四
及格	78	4180	4280	2900	2950
	76	4060	4160	2800	2850
	74	3940	4040	2700	2750
	72	3820	3920	2600	2650
	70	3700	3800	2500	2550
	68	3580	3680	2400	2450
	66	3460	3560	2300	2350
	64	3340	3440	2200	2250
	62	3220	3320	2100	2150
	60	3100	3200	2000	2050
不及格	50	2940	3030	1960	2010
	40	2780	2860	1920	1970
	30	2620	2690	1880	1930
	20	2460	2520	1840	1890
	10	2300	2350	1800	1850

表4　大学生50米跑单项评分表　　秒

等级	单项得分	男生		女生	
		大一、大二	大三、大四	大一、大二	大三、大四
优秀	100	6.7	6.6	7.5	7.4
	95	6.8	6.7	7.6	7.5
	90	6.9	6.8	7.7	7.6
良好	85	7.0	6.9	8.0	7.9
	80	7.1	7.0	8.3	8.2
及格	78	7.3	7.2	8.5	8.4
	76	7.5	7.4	8.7	8.6
	74	7.7	7.6	8.9	8.8
	72	7.9	7.8	9.1	9.0
	70	8.1	8.0	9.3	9.2
	68	8.3	8.2	9.5	9.4
	66	8.5	8.4	9.7	9.6
	64	8.7	8.6	9.9	9.8
	62	8.9	8.8	10.1	10.0
	60	9.1	9.0	10.3	10.2

续表

等级	单项得分	男生		女生	
		大一、大二	大三、大四	大一、大二	大三、大四
不及格	50	9.3	9.2	10.5	10.4
	40	9.5	9.4	10.7	10.6
	30	9.7	9.6	10.9	10.8
	20	9.9	9.8	11.1	11.0
	10	10.1	10.0	11.3	11.2

表 5 大学生坐位体前屈单项评分表

厘米

等级	单项得分	男生		女生	
		大一、大二	大三、大四	大一、大二	大三、大四
优秀	100	24.9	25.1	25.8	26.3
	95	23.1	23.3	24.0	24.4
	90	21.3	21.5	22.2	22.4
良好	85	19.5	19.9	20.6	21.0
	80	17.7	18.2	19.0	19.5
及格	78	16.3	16.8	17.7	18.2
	76	14.9	15.4	16.4	16.9
	74	13.5	14.0	15.1	15.6
	72	12.1	12.6	13.8	14.3
	70	10.7	11.2	12.5	13.0
	68	9.3	9.8	11.2	11.7
	66	7.9	8.4	9.9	10.4
	64	6.5	7.0	8.6	9.1
	62	5.1	5.6	7.3	7.8
	60	3.7	4.2	6.0	6.5
不及格	50	2.7	3.2	5.2	5.7
	40	1.7	2.2	4.4	4.9
	30	0.7	1.2	3.6	4.1
	20	-0.3	0.2	2.8	3.3
	10	-1.3	-0.8	2.0	2.5

表 6 大学生立定跳远单项评分表

厘米

等级	单项得分	男生		女生	
		大一 大二	大三 大四	大一 大二	大三 大四
优秀	100	273	275	207	208
	95	268	270	201	202
	90	263	265	195	196

续表

等级	单项得分	男生		女生	
		大一 大二	大三 大四	大一 大二	大三 大四
良好	85	256	258	188	189
	80	248	250	181	182
及格	78	244	246	178	179
	76	240	242	175	176
	74	236	238	172	173
	72	232	234	169	170
	70	228	230	166	167
	68	224	226	163	164
	66	220	222	160	161
	64	216	218	157	158
	62	212	214	154	155
	60	208	210	151	152
不及格	50	203	205	146	147
	40	198	200	141	142
	30	193	195	136	137
	20	188	190	131	132
	10	183	185	126	127

表 7　大学男生引体向上和 1000 米跑评分表

等级	单项得分	1 分钟引体向上/次		1000 米跑/（分·秒）	
		大一 大二	大三 大四	大一 大二	大三 大四
优秀	100	19	20	3′17″	3′15″
	95	18	19	3′22″	3′20″
	90	17	18	3′27″	3′25″
良好	85	16	17	3′34″	3′32″
	80	15	16	3′42″	3′40″
及格	78			3′47″	3′45″
	76	14	15	3′52″	3′50″
	74			3′57″	3′55″
	72	13	14	4′02″	4′00″
	70			4′07″	4′05″
	68	12	13	4′12″	4′10″
	66			4′17″	4′15″
	64	11	12	4′22″	4′20″
	62			4′27″	4′25″
	60	10	11	4′32″	4′30″

续表

等级	单项得分	1 分钟引体向上/次		1000 米跑/（分·秒）	
		大一、大二	大三、大四	大一、大二	大三、大四
不及格	50	9	10	4′52″	4′50″
	40	8	9	5′12″	5′10″
	30	7	8	5′32″	5′30″
	20	6	7	5′52″	5′50″
	10	5	6	6′12″	6′10″

表 8　大学女生仰卧起坐和 800 米跑评分表

等级	单项得分	1 分钟仰卧起坐/次		800 米跑/（分·秒）	
		大一、大二	大三、大四	大一、大二	大三、大四
优秀	100	56	57	3′18″	3′16″
	95	54	55	3′24″	3′22″
	90	52	53	3′30″	3′28″
良好	85	49	50	3′37″	3′35″
	80	46	47	3′44″	3′42″
及格	78	44	45	3′49″	3′47″
	76	42	43	3′54″	3′52″
	74	40	41	3′59″	3′57″
	72	38	39	4′04″	4′02″
	70	36	37	4′09″	4′07″
	68	34	35	4′14″	4′12″
	66	32	33	4′19″	4′17″
	64	30	31	4′24″	4′22″
	62	28	29	4′29″	4′27″
	60	26	27	4′34″	4′32″
不及格	50	24	25	4′44″	4′42″
	40	22	23	4′54″	4′52″
	30	20	21	5′04″	5′02″
	20	18	19	5′14″	5′12″
	10	16	17	5′24″	5′22″

（二）加分指标评分表（见表 9）

表 9　大学生加分指标评分表

加分	男生 1 分钟引体向上/次		女生 1 分钟仰卧起坐/（分·秒）		男生 1000 米跑/（分·秒）		女生 800 米跑/（分·秒）	
	大一、大二		大三、大四		大一、大二		大三、大四	
10	10	10	13	13	−35″	−35″	−50″	−50″
9	9	9	12	12	−32″	−32″	−45″	−45″

续表

加分	男生 1 分钟引体向上/次		女生 1 分钟仰卧起坐/（分 · 秒）		男生 1000 米跑/（分 · 秒）		女生 800 米跑/（分 · 秒）	
	大一、大二		大三、大四		大一、大二		大三、大四	
8	8	8	11	11	-29″	-29″	-40″	-40″
7	7	7	10	10	-26″	-26″	-35″	-35″
6	6	6	9	9	-23″	-23″	-30″	-30″
5	5	5	8	8	-20″	-20″	-25″	-25″
4	4	4	7	7	-16″	-16″	-20″	-20″
3	3	3	6	6	-12″	-12″	-15″	-15″
2	2	2	4	4	-8″	-8″	-10″	-10″
1	1	1	2	2	-4″	-4″	-5″	-5″

注：引体向上、一分钟仰卧起坐均为高优指标，学生成绩超过单项评分 100 分后，以超过的次数所对应的分数进行加分。